JN423556

홈-네트워크(HOME-NETWORK) 장비 실습

신경철 · 박양수 · 박정섭 · 김민정 공 저

이 결과물은 2006학년도 교육인적자원부 재정지원사업(특성화 2영역)에 의해 산업체와 공동으로 개발되었음.

光文閣
www.kwangmoonkag.co.kr

책 머리에……

인터넷과 PC의 발달로 인하여 집에 PC를 2대 이상 사용하는 경우가 발생하였다. 또 PC가 1대라도 인터넷에 접속하는 장치가 PC가 아닌 다른 장치들(PDA, 웹패드, IPTV 셋탑박스, IP캠, 독립형 인터넷 라디오 등)이 나타나게 되었다. 즉, 집안에도 LAN(Local Area Network)이 필요한 시대가 된 것이다. 이러한 집안의 LAN을 홈 네트워크라고 통칭해서 부르고 있으며, 홈 네트워크와 인터넷을 연동시켜 주는 장치를 홈 게이트웨이라고 부른다.

홈 네트워크는 가정 내의 정보 가전기기가 네트워크로 연결돼 기기, 시간, 장소에 구애받지 않고 서비스가 이뤄지는 미래 가정 환경인 '디지털 홈'을 구성하는 핵심 요소이다. 초고속 인프라를 기반으로 다양한 IT기기를 활용해 원격 교육, 엔터테인먼트, 헬스 케어, 정보 가전 제어 등을 할 수 있는 '디지털 컨버전스(융합)'의 대표적인 서비스로 꼽힌다. 외부에서도 집안일을 무선이나 인터넷으로 자동화할 수 있는 홈 네트워크 기술은 지난 1990년대 후반부터 미국, 일본 등이 앞다투어 미래 기술의 하나로 꼽아 개발에 전력하는 분야로서 인텔, 마이크로소프트 등 유명 기업들이 자사의 기술을 세계의 표준 홈 네트워크 기술로 인정받기 위해 노력하고 있다.

최근 들어 국내 통신업체와 전자업계도 이 분야의 기술 개발에 나서, 최근 입주하는 아파트 단지 등에 초보적인 형태의 홈 네트워크를 시도하면서 기술 경쟁을 벌이고 있다. 특히 국내 일부 기업이 개발한 관련 기술이 미국의 기술 표준으로 인정받아 국내 기술도 세계적인 수준에 달했음을 입증했다.

따라서 이 책에서는 홈 네트워크 시스템 데모룸을 통하여 홈 네트워크의 주요 구성과 동작 방식을 직접 체험함으로써 홈 네트워크 기술을 눈으로 확인할 수 있도록 되어 있다. 그리고 스마트 홈 모듈 장비를 통해 홈 네트워크 시스템의 동작 흐름을 학습하며, 직접 제어를 할 수 있도록 되어 있다.

이 책의 구성은 다음과 같다. 제1장에서는 유비쿼터스와 홈 네트워크 시스템에 대한 간단한 설명으로 홈 네트워크 기술을 이해한다. 제2장에서는 홈 네트워크 시스템 데모룸을 통하여 실제 사용되는 주된 홈 네트워크 기술을 체험하며 학습한다. 제3장에서 제8장까지는 스마트 홈 모듈 장비를 통하여 홈 게이트웨이, 조명, 난방, 가스, 센서, 홈 뷰어 제어를 실습을 통하여 학습하도록 되어 있다. 부록 A와 B는 홈 네트워크 제어를 위한 소프트웨어인 DCP의 설정 방법과 홈 디바이스의 제어패킷에 대하여 덧붙임하였다.

이 책을 통하여 홈 네트워크 시스템의 실무를 익히는데 도움이 되기를 바라며, 이 책의 출간을 위해 도움을 주신 광문각 박정태 사장님과 직원 여러분께 깊은 감사의 말씀을 전한다.

2007년 2월

著者

제1장 홈 네트워크 시스템의 개요

1-1 유비쿼터스 개요

유비쿼터스(Ubiquitous)란 라틴어로 '편재하다(보편적으로 존재하다)'라는 의미로 사용된다. 모든 곳에 존재하는 네트워크라는 것은 지금처럼 책상 위 PC의 네트워크화뿐만 아니라 휴대전화, TV, 게임기, 휴대용 단말기, 카 네비게이터, 센서 등 PC가 아닌 모든 비PC 기기가 네트워크화되어 언제, 어디서나, 누구나 대용량의 통신망을 사용할 수 있고, 저요금으로 커뮤니케이션 할 수 있는 것을 가리킨다.

1998년 유비쿼터스란 용어를 처음으로 사용한 미국 제록스 팰로앨토연구소의 마크 와이저(Mark Weiser) 소장은 유비쿼터스 컴퓨팅이 메인프레임, PC에 이은 제3의 정보혁명의 물결을 이끌 것이라고 주장하였다. 그 뒤, 마이크로소프트사의 빌 게이츠 회장이 'SPOT(Smart Personal Object Technology)'라고 유비쿼터스를 다르게 표현한 것으로 유비쿼터스 시대의 본격적인 개막을 선언하였다.

유비쿼터스 네트워크를 구축하기 위해서는 정보기술(IT)의 고도화가 전제되어야 한다. 유비쿼터스 네트워크를 위해서는 모든 전자기기에 컴퓨팅과 통신 기능이 부가되어야 한다. 이를 위하여 각 전자기기가 고유한 주소를 가져야 하며 유선 혹은 무선을 통해 광대역 네트워크에 접속될 수 있어야 한다. 이 같은 문제는 최근 관심을 끌고 있는 IPv6 기술이나 홈네트워크기술 등이 해결해 줄 것으로 기대된다.

현재 세계 유수의 IT 업체들이 시장 주도권을 장악하기 위해 홈네트워크 구성을 통한 가정내 유비쿼터스 구축에 주력하고 있다.

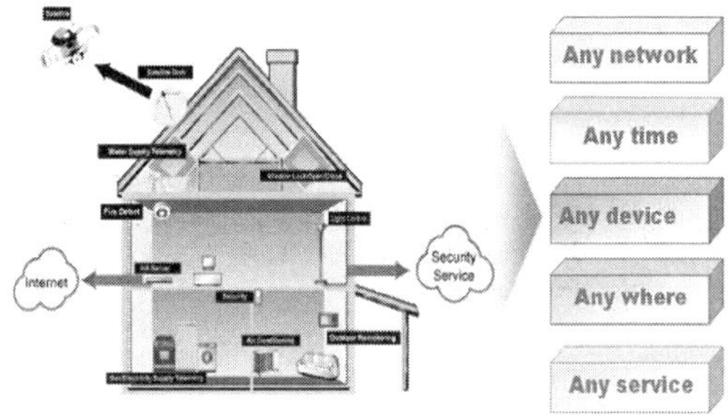

[그림 1-1] 유비쿼터스의 홈 네트워크

1-2 홈 네트워크의 개요

홈 네트워크는 가정내의 모든 정보가전기기가 유무선 네트워크로 연결되어 누구나 기기, 시간, 장소에 구애받지 않고, 홈 디지털서비스를 제공받을 수 있는 미래지향적인 가정환경을 구현할 수 있는 기술이다. 언제, 어디서나 다양한 정보를 수집・가공・처리하여 사용자 중심의 서비스를 제공하며, 정보이용 환경과 사용목적에 따라 기기의 지능화, 네트워크화를 통해 손쉬운 컨텐츠를 생성하고 접근을 가능하게 한다.

IPv6, FTTH/HFC/xDSL, IMT2000, HPi, ATSC-DASE, DM 휴먼인터페이스, 인식기술, UWB, PLC, OSGi, RTOS, SoC 등 미래형 기술을 검증하고 통합하여 유비쿼터스 환경의 기반을 구현한다.

[그림 1-2] 홈 네트워크 구성

지능형 홈 네트워크의 특징은 다음과 같다.

▶ 가정내의 사물 및 집 자체가 지능화
- 인간의 생활과 활동을 지능적으로 처리
- 지능화 기반 환경이 구축된 거주 공간

▶ Human Centered(인간중심)의 삶의 질 개선
- 편안함(방범, 방재, 안전한 개인정보 관리 등)
- 즐거움(대화형 D-TV, VOD, 온라인게임 등)
- 편리함(원격교육, 원격진료, 원격검침, 원격제어 등 편리한 생활)

▶ 혁신적인 산업 융합 기술 산업
- IT + BT + ET +ET2(Energy) + CT(6T)
- 건축기술 + 디지털 가전 + 보안기술
- 산업 전반에 다양한 파생 효과

1-3 홈 네트워크 시스템

1-3-1. 홈 네트워크 시스템의 구성과 제어

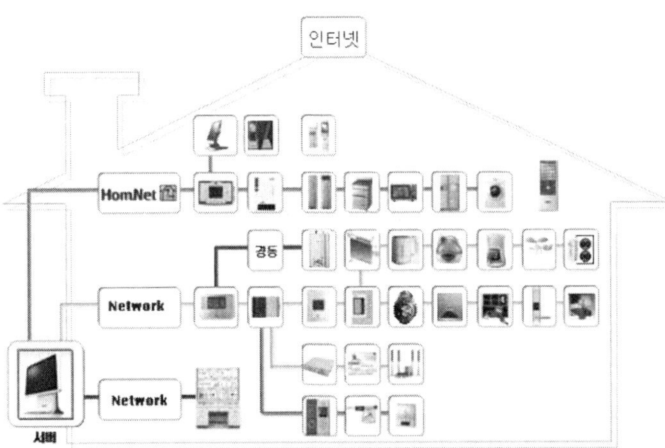

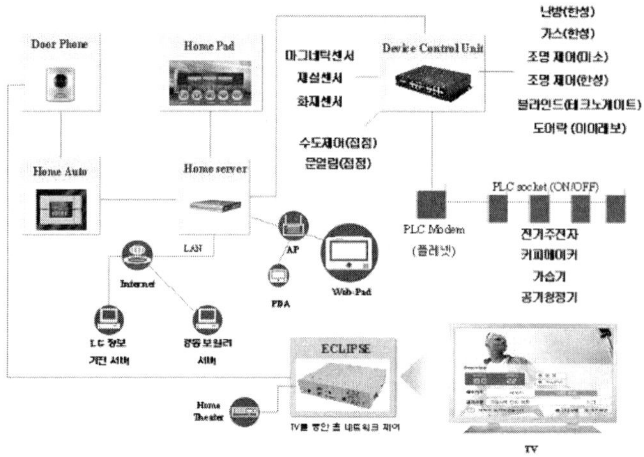

[그림 1-3] 홈 네트워크 시스템 구성도

1) Mode 제어

① 외출 Mode

: 조명 Off, 블라인드/커튼 Down, 가스/수도 밸브 Close
  방법 Mode On(재실 감지, 적외선, 유리창파손, 마그네틱 센서 On)

② 기상 Mode(Morning call)

: 조명 On, 블라인드/커튼 Up, TV/Audio On, 커피포트 On

③ 취침 Mode

: 조명 Off, 블라인드/커튼 Down, 출입문 Off, 방범 Mode On
  보일러/에어컨 On(설정값), 가습기 On(겨울)

④ 영화 Mode

: 블라인드/커튼 Down, 조명 Off

2) 개별제어

① 조명제어

: 조명 On/Off/Dimming/Schedule/시스템조명제어
  실외 이벤트 조명시스템 적용

② 블라인드/커튼 제어

: Up/Down/Stop/Schedule

③ 출입문 제어

: 도어폰, 지문인식 도어락, 거실 Video Phone, 주방 TV Phone Open/Close 영상녹화(부재시)/외부에서 녹화기록 확인

④ 수도/가스 밸브 제어

: 가스감지센서, 수도/가스밸브, 환풍기/주방 Hood Fan, Auto 유리창 Open /Close

⑤ 방범

: 재실감지, 적외선, 유리창 파손감지, 마그네틱센서 Status, 경보알림

⑥ 방재

: 화재감지 센서 Status, 경보알림

⑦ 쾌적한 실내 환경

: 난방시스템 → 보일러 연동

⑧ 댁내 원격 모니터링

: Web Camera Monitoring

1-3-2. 각종 네트워크 연동

1) 정보가전 연동

가정 내 인터넷 정보 가전기기들을 네트워크화 하여 외부에서 모니터링 하면서 원격 제어 할 수 있다.

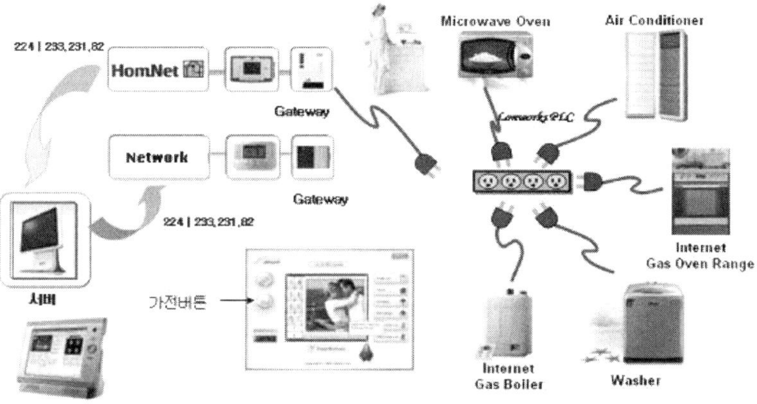

[그림 1-4] 정보가전 연동

가전버튼 클릭 시 정보가전 UI 화면(가전사 전용화면)이 네트워크를 통화여 전송하고, 제어한다.

2) 영상 관리 연동

영상전용 서버로 웹카메라 2대의 영상을 관리하며, 홈 뷰어용 카메라를 통하여 핸드폰으로 영상을 전송한다.

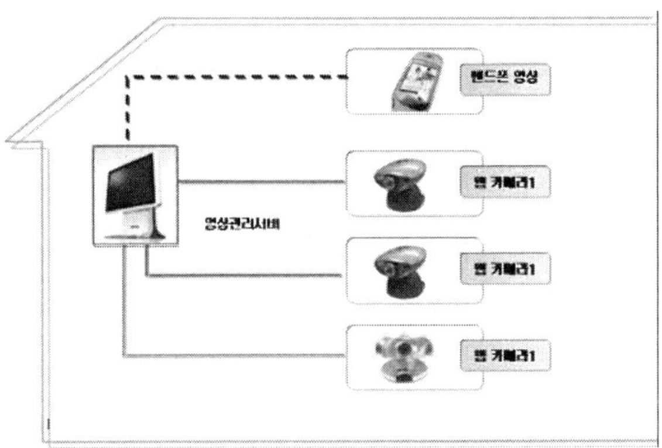

[그림 1-5] 영상 관리 연동

3) TV제어 연동

TV화면으로 조명, 난방, 가스, 모드제어, 출입문, 방문자 등을 확인 할 수 있다.

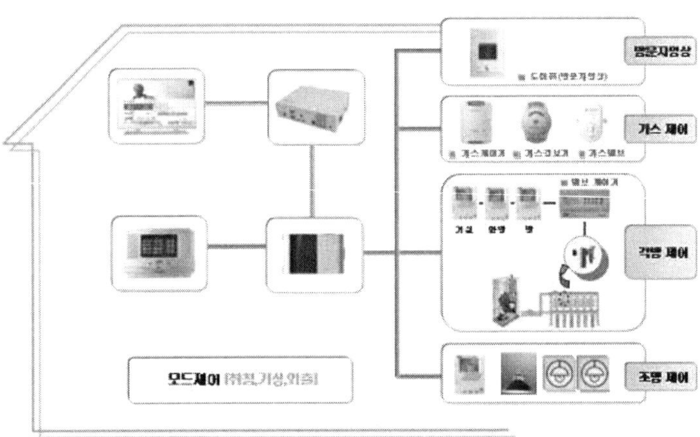

[그림 1-6] TV제어 연동

4) 제어네트워크 연동

제어부분의 통신은 PLC 와 RS485, 접점을 이용한 시스템을 구성하고 홈오토 연동(공동현관, TV폰)으로 기능을 검토한다.

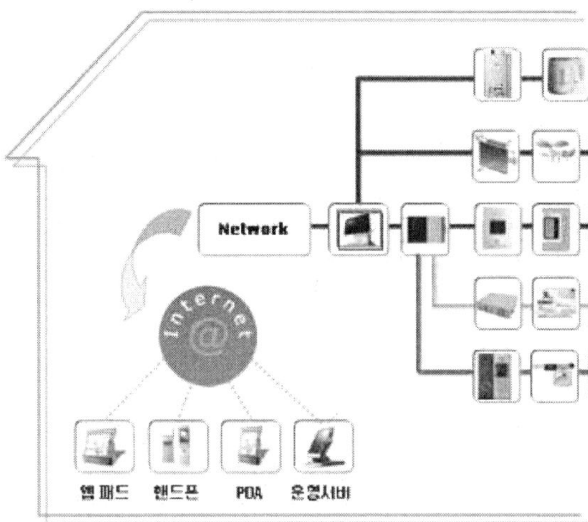

[그림 1-7] 제어네트워크 연동

1-4 스마트 홈 모듈장비

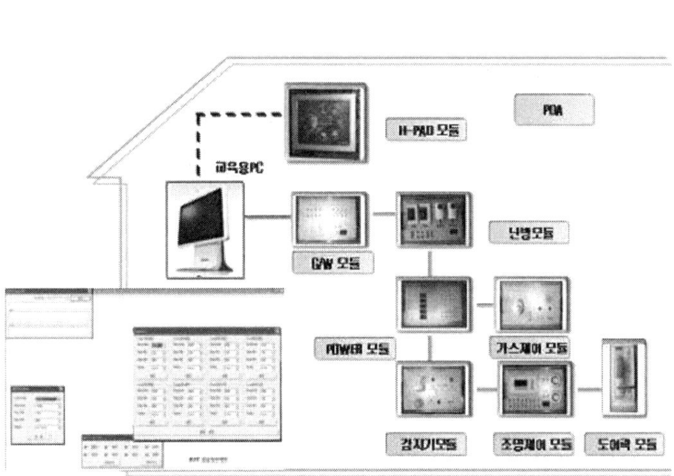

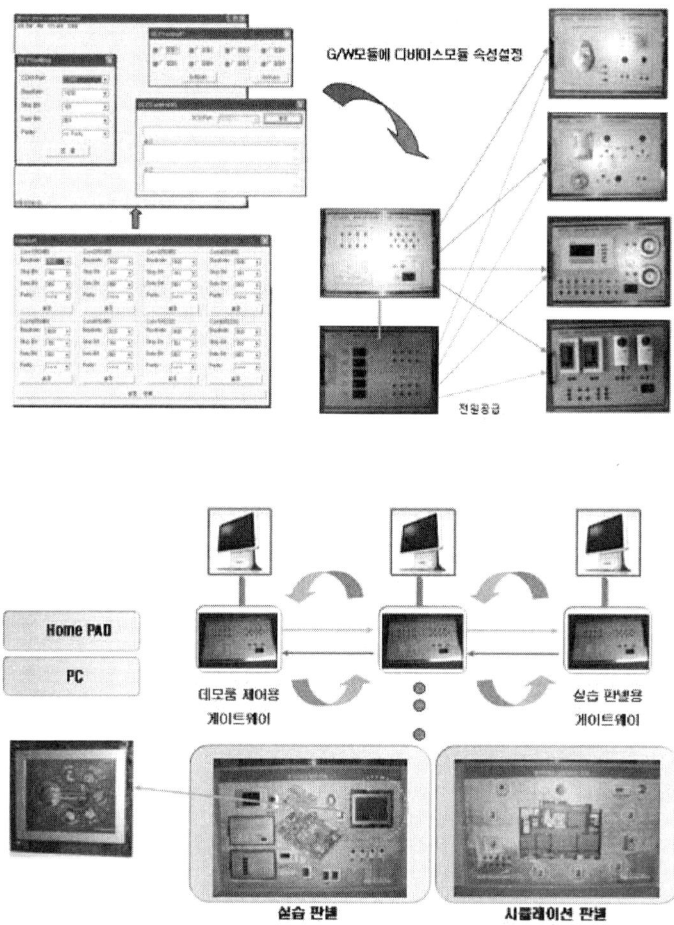

[그림 1-8] 스마트 홈 모듈 구성도

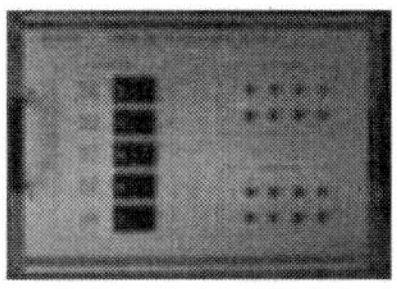	**전원공급 모듈** - 구성 : AC220V, DC24V, DC12V - 기능 : 모듈장비에 일정한 전원공급 - 전력선 통신용 블러킹 필터
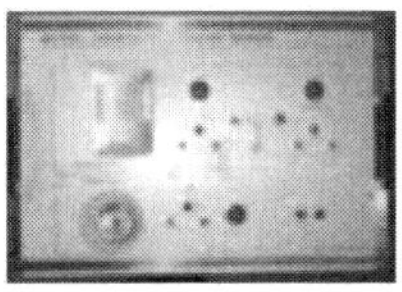	**감지기 모듈** - 구성 : 화재감지기, 재실감지기 - 통신방식 : 접점타입 - 기능 : 화재감지(일정온도 이상시 접점에 의한 신호 알림기능) 재실감지(방범, 외출 모드시 동작 물체의 움직임 감지) - 공급전원 : DC12~24V
	**Gateway 모듈** - 구성 : Gateway - 통신방식 : RS485, 전력선통신(PLC), TCP/IP - 기능 : 제어네트워크와 인터넷 네트워크 연결 - 공급전원 : AC220V
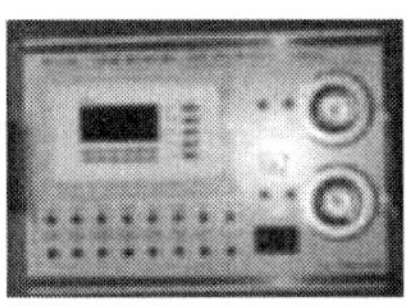	**조명시스템 모듈** - 구성 : 조명스위치 2구, 램프 - 통신방식 : RF, 전력선통신(PLC) - 기능 : 조명스위치에 의하여 ON/OFF 제어하며 핸드패드(통합리모콘)에 의한 무선제어가능, 모드제어시 동작, 원격제어기능 - 공급전원 : AC220V
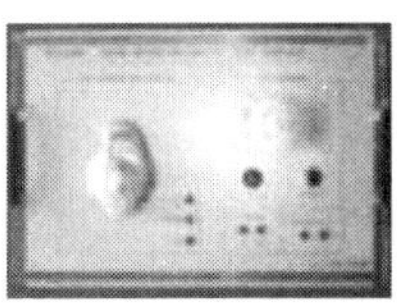	**가스제어시스템 모듈** - 구성 : 가스감지기, 제어기, 가스밸브 - 통신방식 : RF, RS485 - 기능 : 가스감지기에 의하여 밸브 OFF 제어하며 핸드패드에 의한 무선제어기능, 모드제어시 동작, 원격제어기능 - 공급전원 : AC220V/DC12V
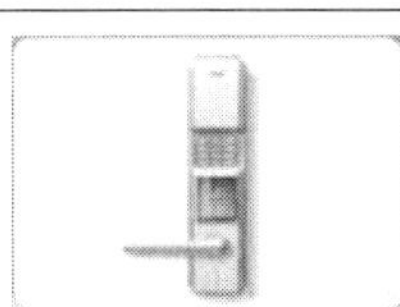	**Door Lock** - 구성 : 도어락, 카드 - 통신방식 :접점방식, RF 통신 - 기능 : 비밀번호, RF카드 인증시 도어개폐, 핸드패드에 의한 제어 - 공급전원 : 1.5V 건전지
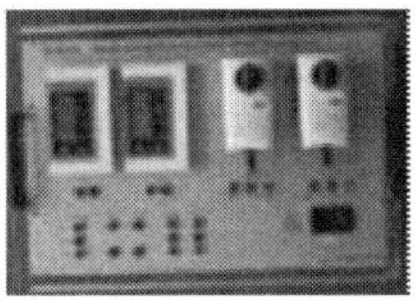	**난방제어모듈** - 구성 : 난방조절기, 구동기, 밸브, 제어기 - 통신방식 : RF, RS485, 전력선통신(PLC) - 기능 : 난방조절기의 온도설정에 의한 밸브 ON/OFF 제어하여 일정 온도 유지 - 공급전원 : AC220V/DC12V
	**홈 뷰어(웹카메라)** - 구성 : USB 카메라, 핸드폰 - 통신방식 : USB 통신 - 기능 : 카메라에 의한 영상신호를 유,무선 인터넷을 통한 원격지에서 감시, 핸드폰을 통한 동영상 감시 - 공급전원 : AC220V

스마트 홈 모듈 장비는 RF통신, PLC, RS485, RS232 통신 모듈을 이용하여 제어 모듈에 의한 실습을 하며, 게이트웨이 모듈에 의한 통신방식 및 설정에 의하여 다양한 통신방식으로 제어모듈을 이용하여 실험 가능하다. 또한 UI 화면을 이용한 홈패드, 광섬유를 이용한 시뮬레이션 판넬, TV를 이용한 멀티미디안 등 디스플레이의 다양성도 경험할 수 있다.

제2장 홈 네트워크 데모룸 시스템

2-1 출입문 제어 시스템

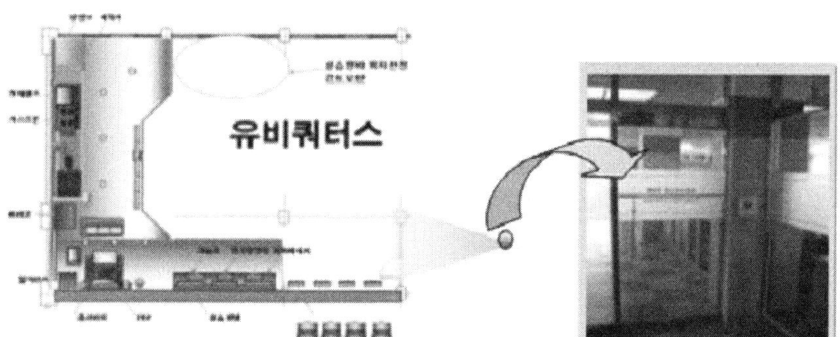

[그림 2-1] 데모룸의 출입문

RFID를 이용하여 출입문을 제어한다.
출입문 개폐 상태 및 출입자 인증을 홈 서버를 통하여 관리한다.

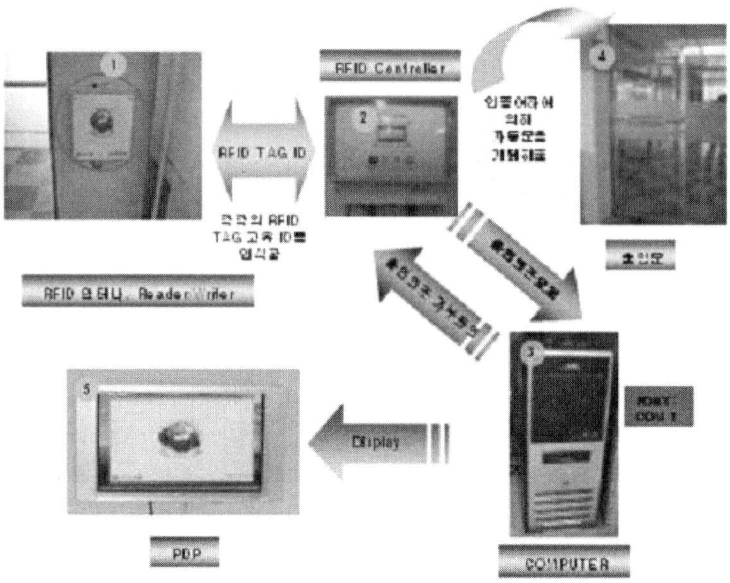

[그림 2-2] 출입문 제어 시스템

2-2 조명 제어 시스템

1) 홈 네트워크 시스템에 의한 거실조명 제어

거실에 설치된 홈 서버 UI 화면을 이용하여 거실조명을 제어한다.

홈 서버의 디스플레이 장비인 월 패드(터치스크린)의 메인 UI 화면에서 기기제어 화면을 클릭한다.

방 별 제어화면에 방1을  선택하면 방1에 설정된 제어화면이 나타난다.

제어화면에서 전등1  화면을 선택한다.

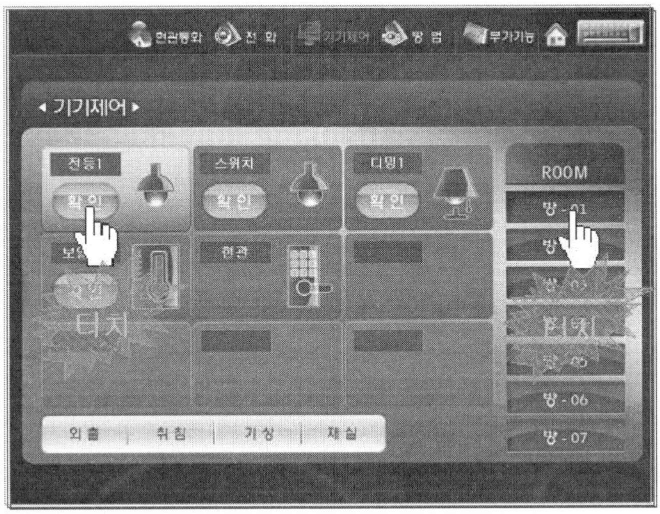

조명1 화면에 확인 버튼 시 현재 상태 조회 후에 기기제어를 실행한다.

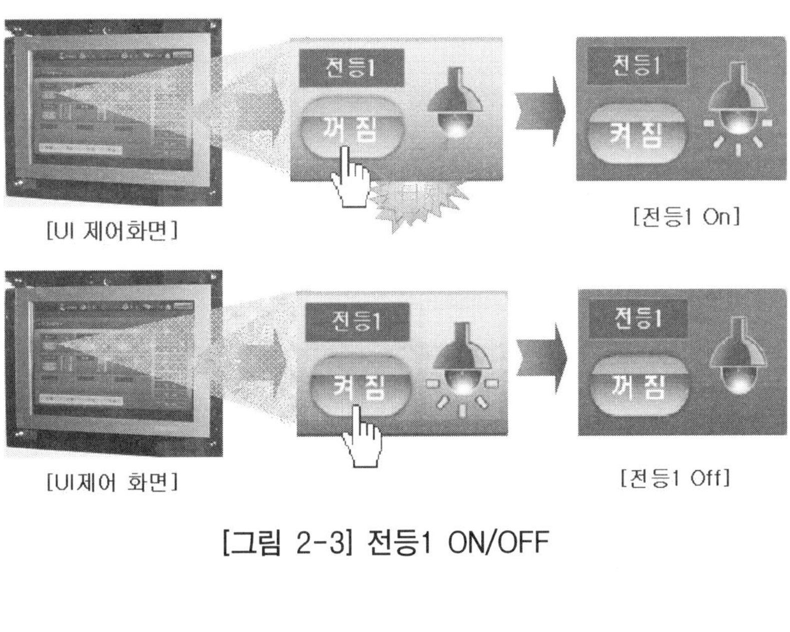

[그림 2-3] 전등1 ON/OFF

홈 패드의 UI화면에서 전등1 꺼짐 버튼을 터치하면 제어신호를 홈서버 및 홈 게이트웨이를 통하여 조명제어 스위치로 전달되어 거실전등이 ON된다. UI 화면에 켜짐 버튼 상태로 전환된다. 전등1 켜짐 버튼을 터치하면 거실전등이 OFF 되고 UI 화면에 꺼짐 버튼 상태로 전환된다.

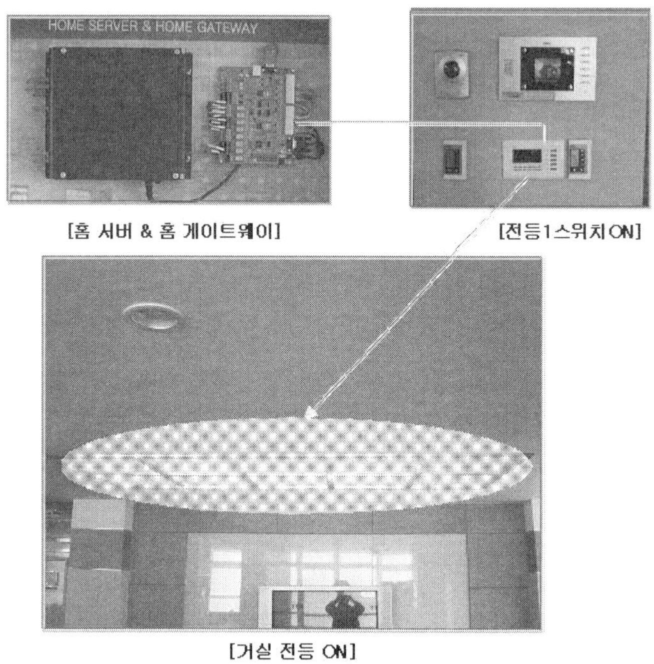

[그림 2-4] 거실 전등

2) 홈 네트워크 시스템에 의한 주방구역 조명제어

월 패드의 메인 UI 화면에서 기기제어 화면을 클릭한다.

방 별 제어화면에 방2를 선택하면 방2에 설정된 제어화면이 나타난다.

제어화면에서 전등2 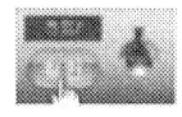 화면을 선택한다.

전등2 화면에 확인 버튼 시 현재 상태 조회 후에 기기제어를 실행한다.

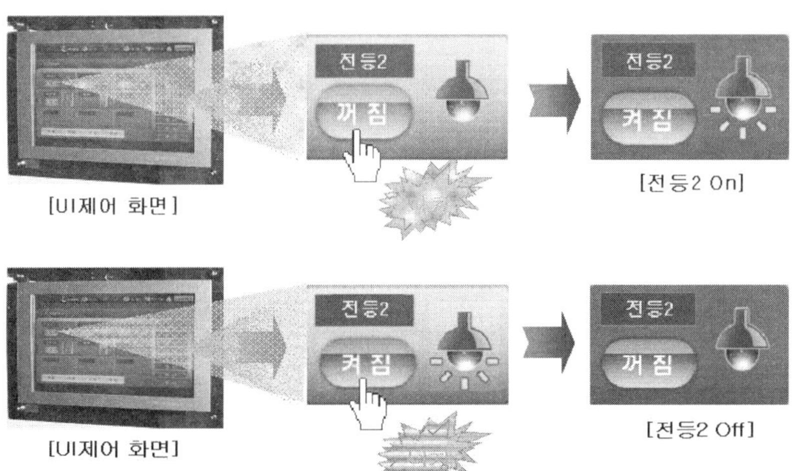

[그림 2-5] 전등2 ON/OFF

홈 패드의 UI 화면에서 전등2 꺼짐 버튼을 터치하면 제어신호를 홈서버 및 홈 게이트웨이를 통하여 조명제어 스위치로 전달되어 주방 구역의 전등이 ON 된다. UI 화면에 켜짐 버튼 상태로 전환된다. 전등2 켜짐 버튼을 터치하면 주방전등이 OFF 되고 UI 화면에 꺼짐 버튼 상태로 전환된다.

[그림 2-6] 주방 구역 조명

3) 홈 네트워크 시스템에 의한 실습 판넬 구역 조명제어

월 패드의 메인 UI 화면에서 기기제어 화면을 클릭한다.

방 별 제어화면에서 방3을 [방-03] 선택하면 방3에 설정된 제어화면이 나타난다.

제어화면에서 전등3 [전등3] 화면을 선택한다. 전등3 화면에 확인 버튼 시 현재 상태 조회 후에 기기제어를 실행한다.

홈 패드의 UI 화면에서 전등3 꺼짐 버튼을 터치하면 제어신호를 홈서버 및 홈 게이트웨이를 통화여 조명제어 스위치로 전달되어 실습 판넬 구역의 전등이 ON 된다. UI화면에 켜짐 버튼 상태로 전환된다. 전등3 켜짐 버튼을 터치하면 실습 판넬 구역 전등이 OFF 되고 UI 화면에 꺼짐 버튼 상태로 전환된다.

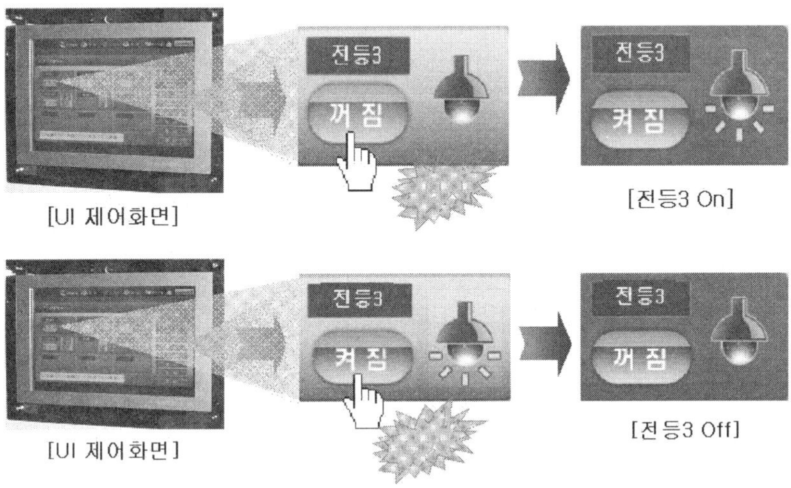

[그림 2-7] 전등3 ON/OFF

[그림 2-8] 실습판넬 구역 조명

4) 홈 네트워크 시스템에 의한 홍보 판넬 구역 조명제어

월 패드의 메인 UI 화면에서 기기제어 화면을 클릭한다.

방 별 제어화면에 방4를  선택하면 방4에 설정된 제어화면이 나타난다.

제어화면에서 전등4  화면을 선택한다.

전등4 화면에 확인 버튼 시 현재 상태 조회 후에 기기제어를 실행한다.

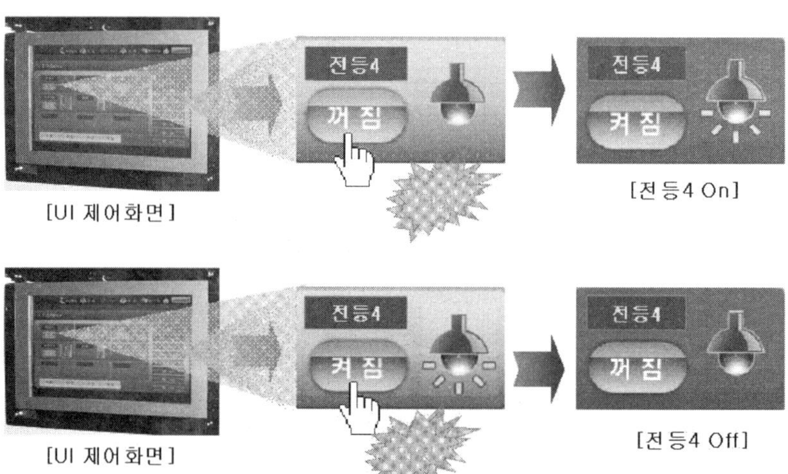

[그림 2-9] 전등4 ON/OFF

홈 패드의 UI 화면에서 전등4 꺼짐 버튼을 터치하면 제어신호를 홈서버 및 홈 게이트웨이를 통하여 조명제어 스위치로 전달되어 홍보 팬넬 구역의 전등이 ON 된다. UI 화면에 켜짐 버튼 상태로 전환된다. 전등4 켜짐 버튼을 터치하면 홍보 판넬 구역 전등이 OFF 되고 UI 화면에 꺼짐 버튼 상태로 전환된다.

[그림 2-10] 홍보 판넬 구역 조명

2-3 블라인드 제어 시스템

월 패드의 메인 UI 화면에서 기기제어 화면을 클릭한다.

방 별 제어화면에 방-02를  선택하면 방-02에 설정된 제어화면이 나타난다.

제어화면에서 커튼  화면을 선택한다.

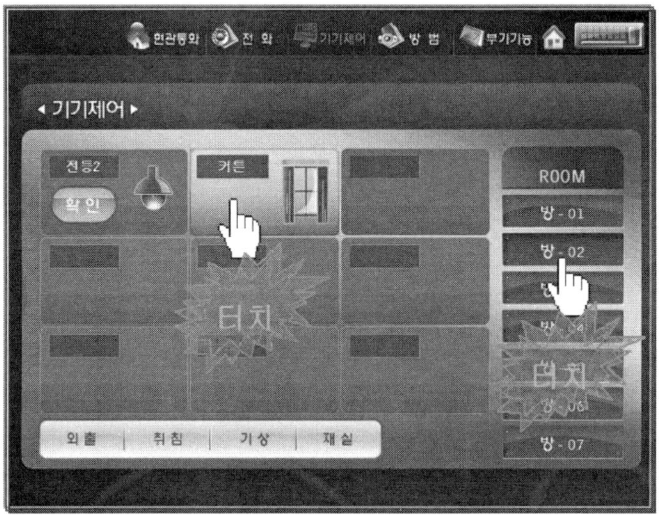

커튼 화면에 확인 버튼 시 현재 상태 조회 후에 기기제어를 실행한다.

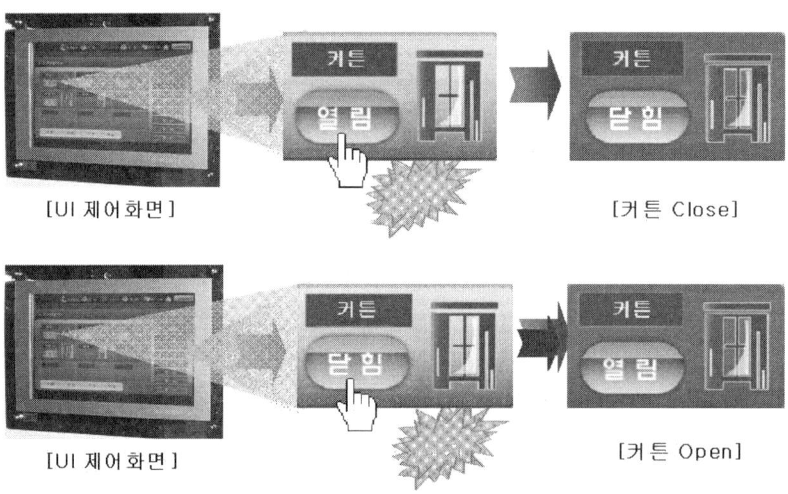

[그림 2-11] 커튼 ON/OFF

홈패드의 UI 화면에서 커튼 열림 버튼을 터치하면 제어신호를 홈서버 및 홈 게이트웨이를 통하여 블라인드 전동 모터로 전달되어 블라인드가 Down 된다. 그리고 UI 화면에 커튼 닫힘 버튼 상태로 전환된다.

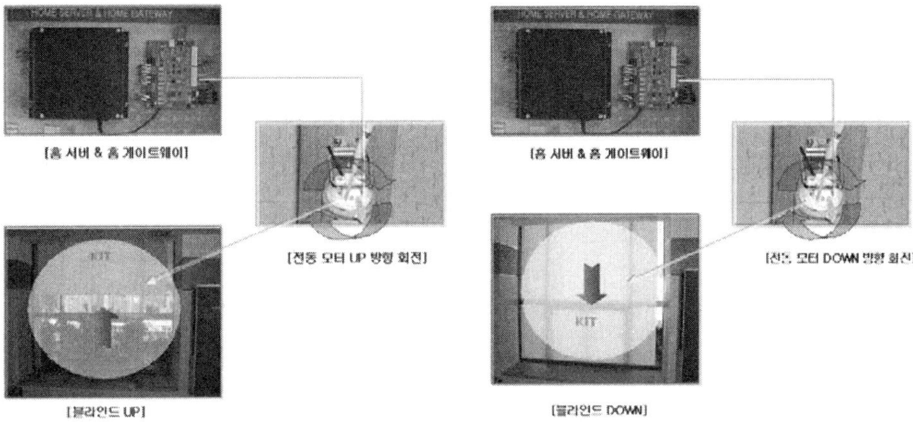

[그림 2-12] 블라인드 UP/DOWN

2-4 가스 제어 시스템

거실에 설치된 홈 서버 UI 화면을 이용하여 가스밸브를 제어한다.

월패드의 메인 UI 화면에서 기기제어 화면을 클릭한다. 방 별 제어화면에 방-06을  선택하면 방-06에 설정된 제어화면이 나타난다. 제어화면에서 가스밸브  화면을 선택한다.

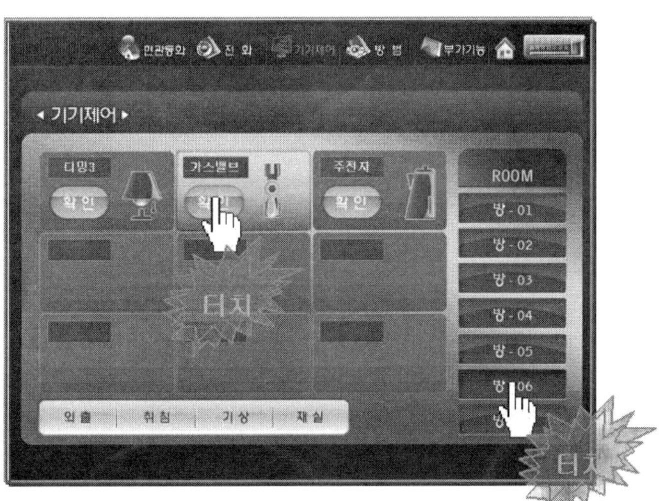

가스밸브 화면에 확인 버튼 시 현재 상태 조회 후에 기기제어를 실행한다.

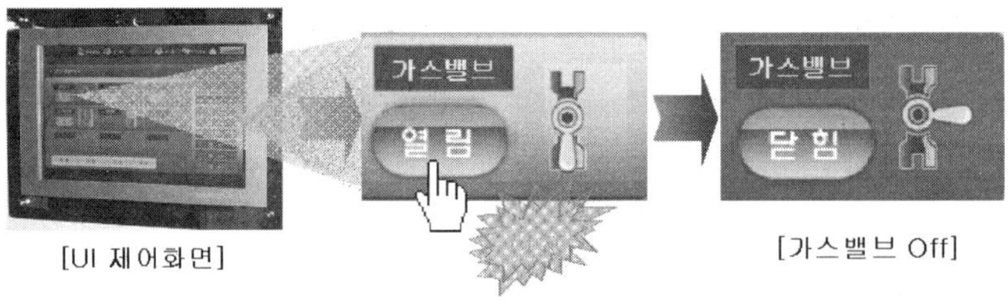

[그림 2-13] 가스밸브 OFF

홈 패드의 UI 화면에서 가스밸브 닫힘 버튼을 터치하면 제어 신호를 홈서버 및 홈 게이트웨이를 통하여 가스제어 밸브로 전달되어 가스를 차단한다. 그리고 UI 화면에 가스밸브 닫힘 버튼 상태로 전환된다.

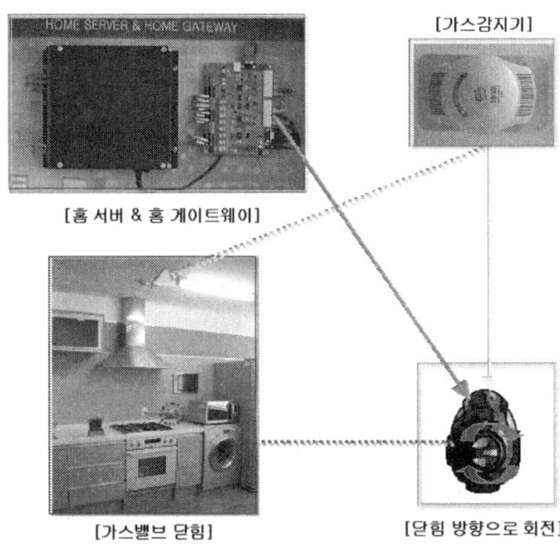

[그림 2-14] 가스밸브 닫힘

가스밸브는 가스관련 법률에 의해 차단 기능만 구현한다. 가스밸브를 OPEN할 때에는 사람이 직접 OPEN한다.

2-5 수도 제어 시스템

거실에 설치된 홈 서버 UI 화면을 이용하여 수도를 제어한다.

월패드의 메인 UI 화면에서 기기제어 화면을 클릭한다. 방 별 제어화면에 방-03을  선택하면 방-03에 설정된 제어화면이 나타난다. 제어화면에서 수

도제어 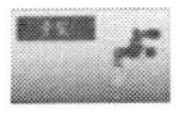 화면을 선택한다.

수도제어 화면에 확인 버튼 시 현재 상태 조회 후에 기기제어를 실행한다.

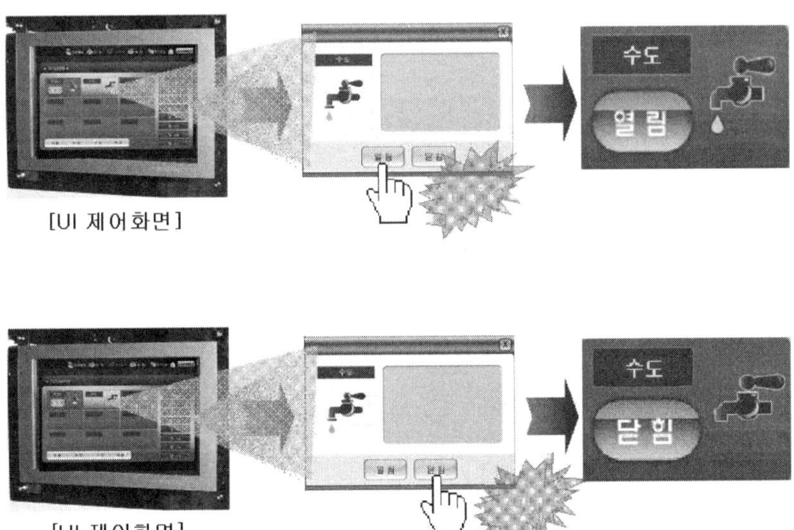

[그림 2-15] 수도 열림/닫힘

홈 패드의 UI 화면에서 수도제어 화면을 터치하면 수도제어화면이 나타난다. 제어화면의 열림버튼을 클릭하여 수도밸브가 OPEN된다. UI 화면이 열림 버튼으로 전환된다.

홈서버의 UI화면의 열림 명령신호를 홈 게이트웨이에서 접점으로 릴레이에 전달하여 수도 펌프가 동작하여 물이 공급된다. 단, 수도 손잡이는 OPEN 상태로 유지한다.

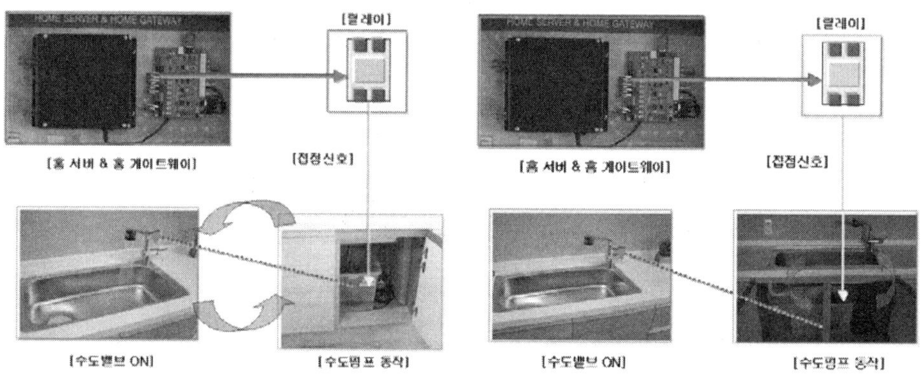

[그림 2-16] 수도 제어 시스템의 동작

2-6 소형가전 제어 시스템(PLC 콘센트)

1) 홈 네트워크 시스템에 의한 가습기(PLC콘센트-1) 제어

거실에 설치된 홈서버 UI 화면을 이용하여 가습기를 제어한다.

월 패드의 메인 UI 화면에서 기기제어 화면을 클릭한다. 방 별 제어화면에 방-04를 선택하면 방-04에 설정된 제어화면이 나타난다. 제어화면에서 가습기 제어 화면을 선택한다.

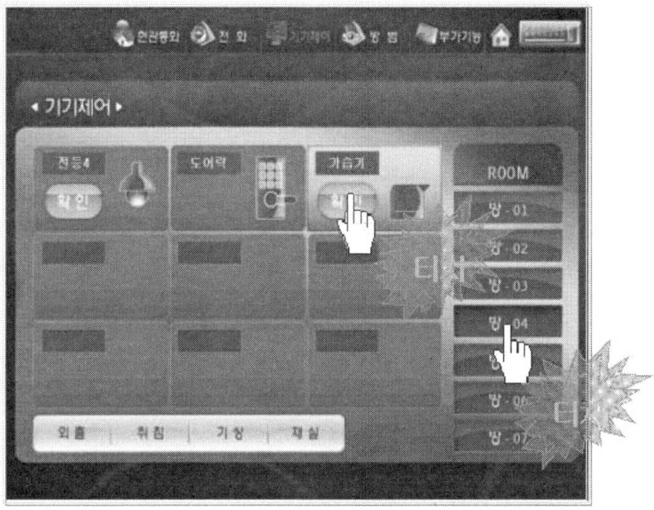

가습기 제어 화면에 확인 버튼 시 현재 상태 조회 후에 기기제어를 실행한다.

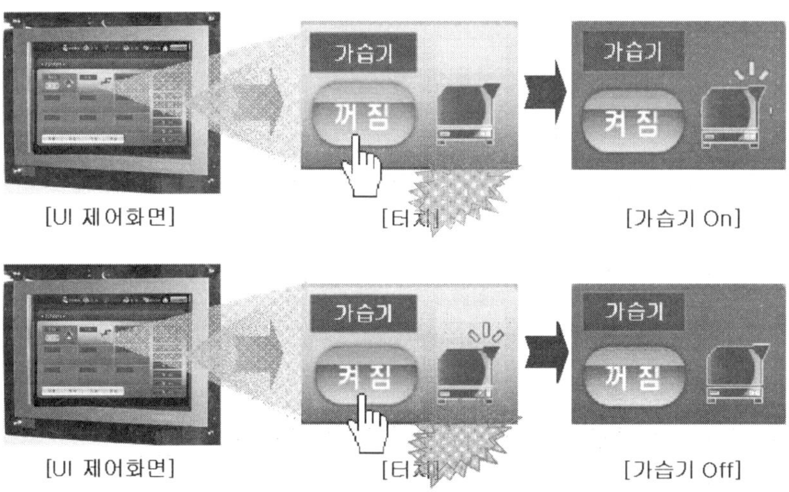

[그림 2-17] 가습기 켜짐/꺼짐

홈 패드의 UI 화면에서 가습기 제어 화면을 터치하면 가습기 제어화면이 나타난다. 제어화면의 꺼짐 버튼을 클릭하여 가습기가 동작한다. UI 화면이 켜짐 버튼으로 전환된다.

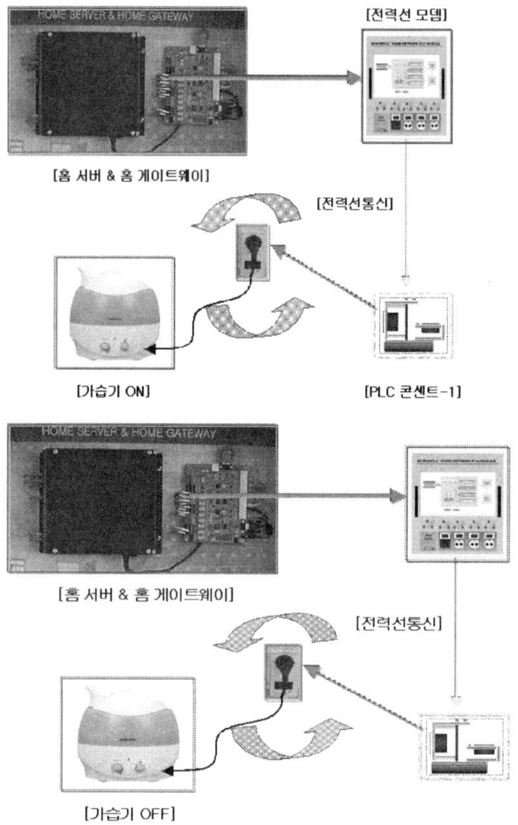

[그림 2-18] 가습기(PLC 콘센트-1) 제어 시스템 ON/OFF

홈 서버의 UI 화면의 열림 명령신호를 홈 게이트웨이에서 RS232 통신으로 PLC 모뎀에 전달하면 PLC 모뎀과 PLC 콘센트-1 모듈이 전력선 통신하여 가습기를 동작시킨다.

2) 홈 네트워크 시스템에 의한 커피메이커(PLC콘센트-2) 제어

월 패드의 메인 UI 화면에서 기기제어 화면을 클릭한다. 방 별 제어화면에 방-07을

선택하면 방-07에 설정된 제어화면이 나타난다. 제어화면에서 커피메이커 제어 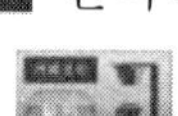 화면을 선택한다.

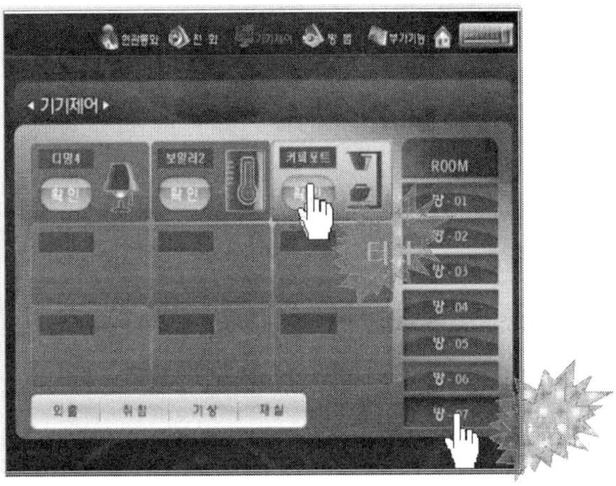

커피메이커 제어화면에 확인 버튼 시 현재 상태 조회 후에 기기제어를 실행한다.

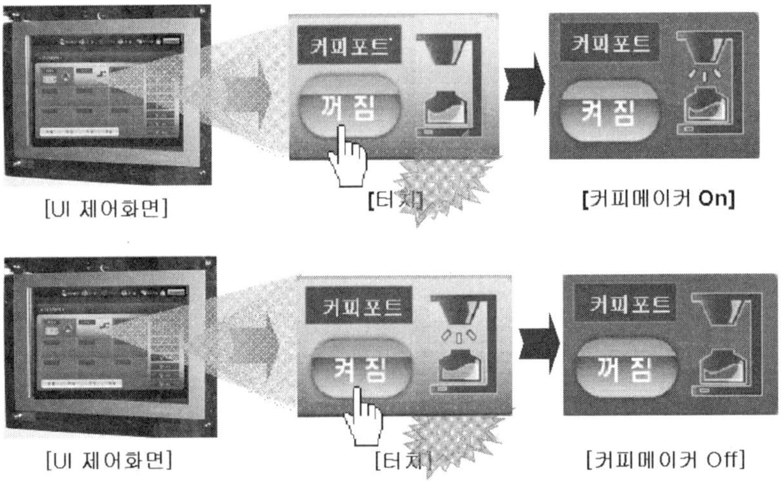

[그림 2-19] 커피메이커 ON/OFF

홈 패드의 UI 화면에서 커피메이커 제어화면을 터치하면 커피메이커 제어화면이 나타난다. 제어화면의 꺼짐 버튼을 클릭하여 커피메이커가 동작한다. UI 화면이 켜짐 버튼으로 전환된다.

홈서버의 UI 화면의 열림 명령신호를 홈 게이트웨이에서 RS232 통신으로 PLC 모뎀에 전달하면 PLC 모뎀과 PLC콘센트-2 모듈이 전력선 통신하여 커피메이커를 동작한다.

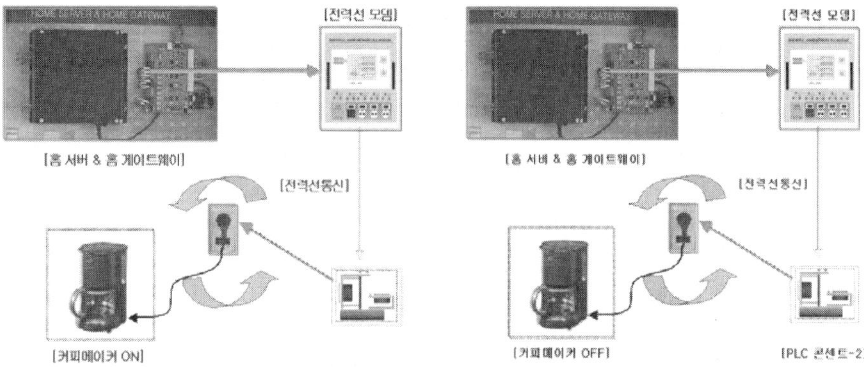

[그림 2-20] 커피메이커 제어(PLC콘센트-2) ON/OFF

3) 홈 네트워크 시스템에 의한 전자주전자(PLC콘센트-3) 제어

월 패드의 메인 UI 화면에서 기기제어화면을 클릭한다. 방 별 제어화면에 방-06을  선택하면 방-06에 설정된 제어화면이 나타난다. 제어화면에서 전자주전자 제어  화면을 선택한다.

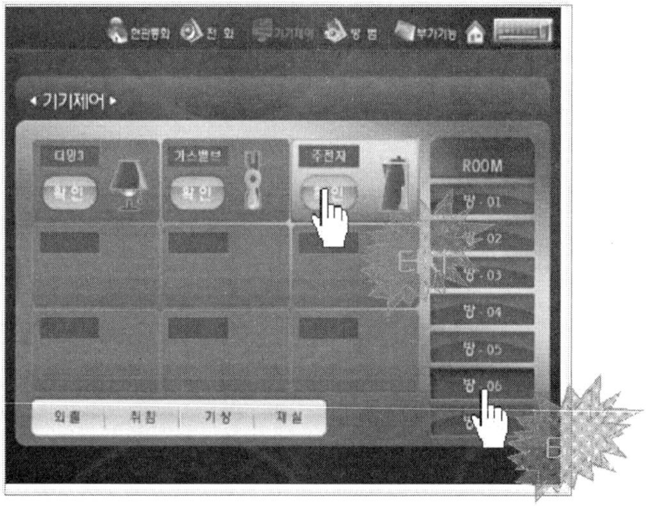

전자주전자 제어 화면에 확인 버튼 시 현재 상태 조회 후에 기기제어를 실행한다.

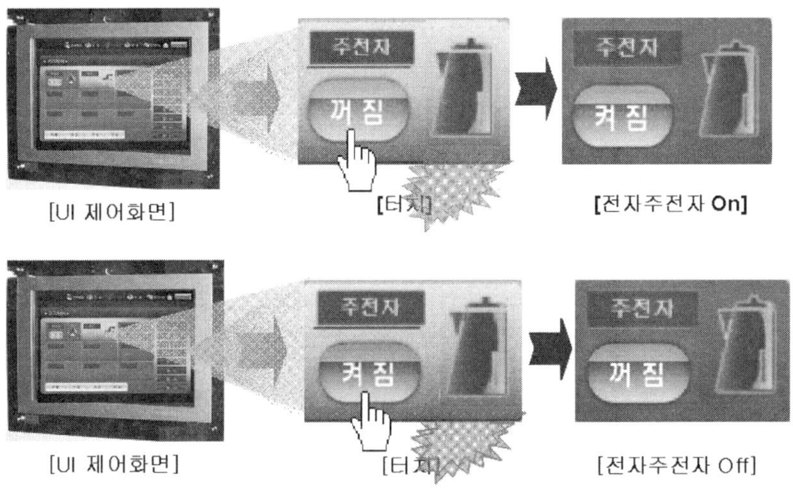

[그림 2-21] 전자주전자 ON/OFF

홈 패드의 UI 화면에서 전자주전자 제어 화면을 터치하면 전자주전자 제어화면이 나타난다. 제어화면의 꺼짐 버튼을 클릭하여 전자주전자가 동작한다. UI 화면이 켜짐 버튼으로 전환된다.

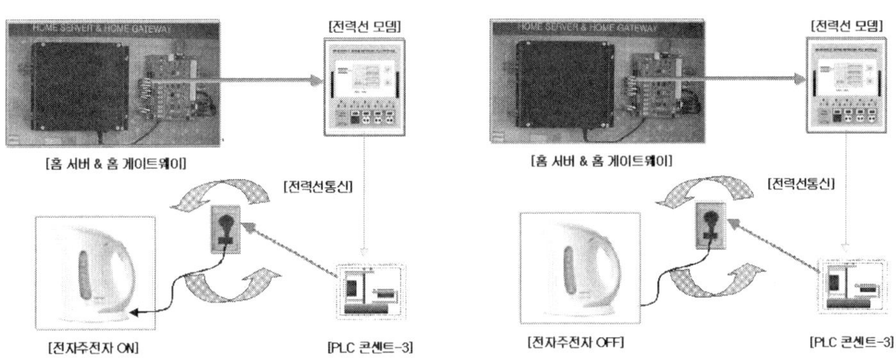

[그림 2-22] 전자주전자 제어(PLC콘센트-3) ON/OFF

홈 서버의 UI 화면의 열림 명령신호를 홈 게이트웨이에서 RS232 통신으로 PLC 모뎀에 전달하면 PLC 모뎀과 PLC콘센트-3 모듈이 전력선 통신하여 전자주전자를 동작한다.

2-7 난방 제어 시스템

월 패드의 메인 UI 화면에서 기기제어화면을 클릭한다. 방 별 제어화면에 방-01을 선택하면 방-01에 설정된 제어화면이 나타난다. 제어화면에서 보일러1(난방제어)화면을 선택한다.

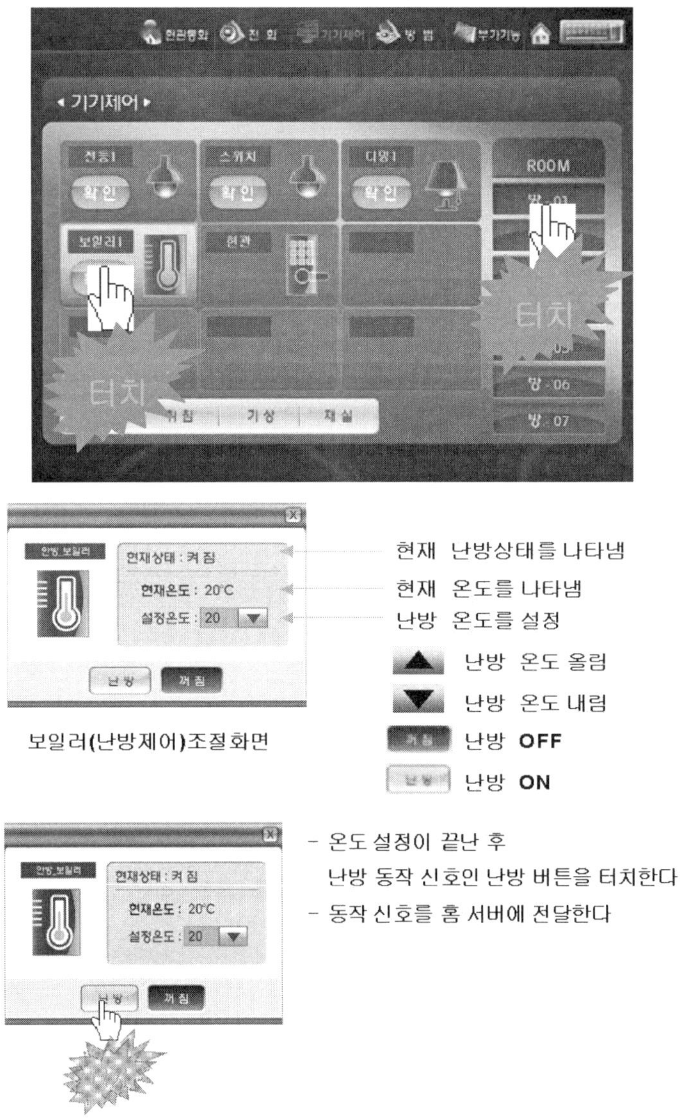

[그림 2-23] 난방제어 동작화면

온도 설정이 끝난 후 난방 동작 신호인 난방 버튼을 터치한다. 동작신호를 홈 서버에 전달한다.

[그림 2-24] 난방 제어 시스템 동작

홈 서버의 동작신호를 홈 게이트웨이에서 홈 디바이스로 명령을 전달한다. 이때 스마트 홈 모듈장비의 통신 및 프로토콜 규정의 실습에 따라 전달되는 명령의 신호체계가 정확하게 설정되어야 밸브 구동기가 동작한다. 난방 밸브 제어기에서 동작 설정 온도값에 따라 구동기를 ON/OFF 한다. 온도조절기에 동작 설정온도값을 전달한다.

제3장 홈 게이트웨이 모듈 장비

3-1 개요

홈 네트워크 시스템의 중심이 되는 홈 게이트웨이는 홈 디바이스와 연동하여 세 대내 제어 네트워크를 구성하며 홈 서버와 연계하여 Home Automation System과 인터넷을 이용한 원격제어와 홈 엔터테인먼트 등의 IT 서비스를 구현한다. 현재 많은 종류의 게이트웨이를 사용하고 있으며 업체의 특성에 따라 다양한 게이트웨이를 이용한 홈 솔루션을 개발하고 있다. 특히 건설사에 보급하던 홈 오토맨션 업체 중심으로 홈 서버 일체형의 RS485 제어통신의 게이트웨이를 건설사에서 사용 중에 있으며, 전력선 통신 중심의 제어 네트워크를 구성하는 가전사는 정보가전중심의 홈 솔루션에 적합한 고급형의 게이트웨이를 사용하며 무선 제어네트워크를 중심으로 통신사에서는 셋탑 형 게이트웨이를 사용하고 있다.

스마트 홈 모듈장비를 통하여 홈 게이트웨이와 디바이스의 배선 및 제어와 다양한 통신방식의 종류 및 통신 프로토콜의 data 패킷 분석에 따른 모듈의 제어를 학습한다.

홈 게이트웨이 운영 프로그램인 DCP를 이용하여 데이터 통신체계가 어떻게 구성되는가를 체계적으로 학습하며 또한 홈 게이트웨이 모듈과 디바이스 모듈 간의 데이터 통신에 의한 구현을 학습하고 홈 게이트웨이를 홈 서버에 연결하여 UI화면을 통한 제어학습과 실습 판넬, 시뮬레이션 판넬을 이용하여 실제 세대의 시스템 구축 상태를 분석하고 연동하는 학습을 한다.

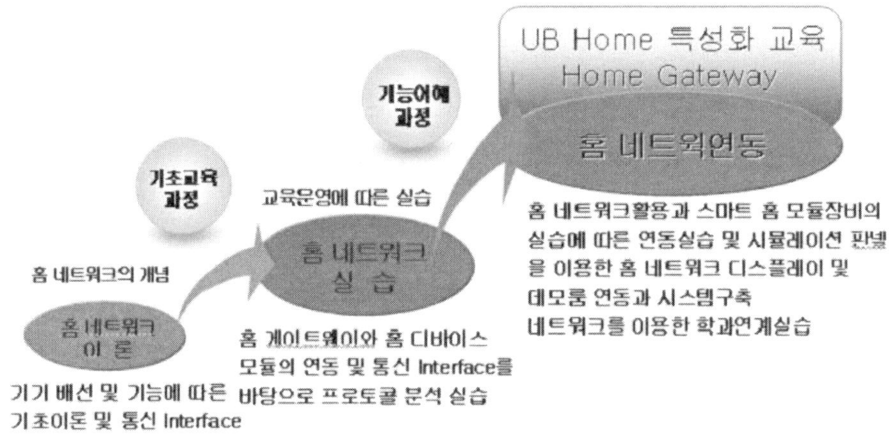

[그림 3-1] 홈 네트워크 학습과정

3-2 홈 게이트웨이 모듈장비 구조

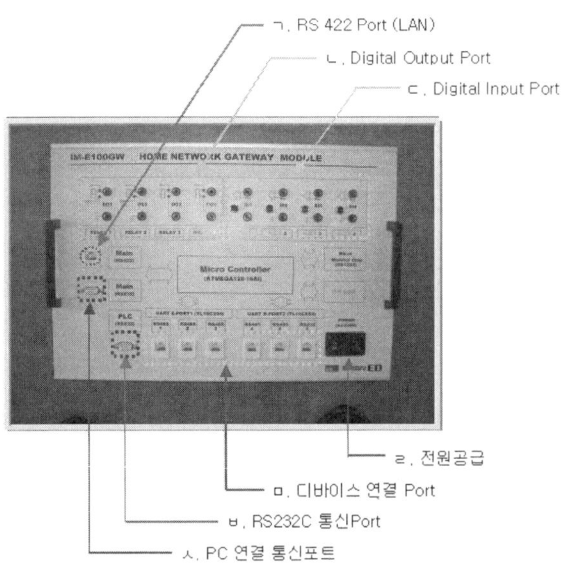

ㄱ. RS422 Port : RS485통신의 거리가 길 때 사용하기 위한 포트(LAN Port로 사용)

ㄴ. Digital Output Port : 외부 출력 접점으로 사용하기 위한 포트(4 Point 사용)

ㄷ. Digital Input Port : 외부 입력 접점으로 사용하기 위한 포트(4Point 사용)
ㄹ. 전원공급 : 전원공급 실습장비 모듈에서 AC220V 전원을 공급 받는다.
ㅁ. 디바이스 연결포트 : RS485 Port로 홈 디바이스 모듈 연결포트로 사용 (6Port)
ㅂ. RS232C 통신 Port : 외부 디바이스 연결포트로 사용(전력선 통신연결)
ㅅ. PC연결 Port : PC 운영프로그램(DCP)과 연결하기 위한 Port

3-2-1. 홈 게이트웨이의 구성

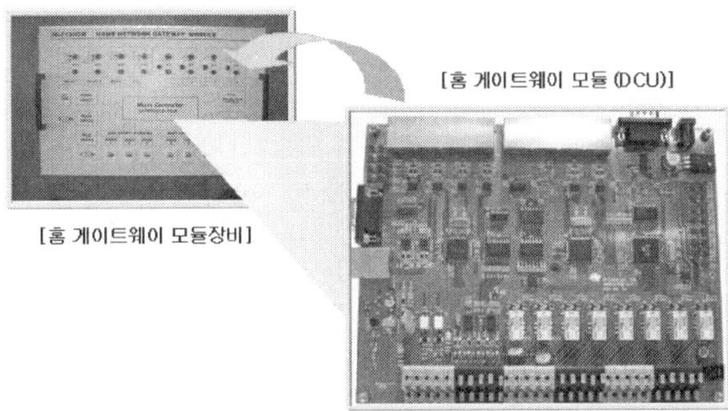

[그림 3-2] 홈게이트웨이의 구성

3-2-2. 홈 게이트웨이(DCU)의 기능

1) 기기제어기능

- DCU는 총 8개의 Comm Port가 내장되어 있어 RS485 및 RS232 통신을 할 수 있다.
- DCU Ver 1.0에는 6개의 RS485 Port와 2개의 RS232 Port를 내장하고 있다.
- DCU와 제어기와의 통신은 RS232 및 RS485 방식으로 제어가 가능하다.
- PLC 통신, Zigbee 통신과 연결은 RS232와 RS485통신 포트를 이용한다.

2) 접점 제어기능

- DCU에는 총 8개의 Output 접점이 내장되어 있다.

3) 방범 기능

- DCU에는 화재 감시 및 가스 감시, 4개의 동체 감지기, 비상 감지기의 신호

를 받아 처리할 수 있다.

3-2-3. 방범 시나리오

1) 퇴실 시

- 퇴실 지연시간 설정(30초 간격으로 30~600초까지 설정 가능)
- 퇴실 지연시간 동안은 동체, 마그네틱이 감지되어도 무시
- 사용자의 외출 설정(문이 열려있는 경우는 문 열림 메시지를 보내고 외출 설정이 되지 않는다.)
- 사용자가 문을 닫고 나간다. → 무조건 퇴실 지연시간 동안 기다린다.

2) 입실 시

- 사용자문을 연다. → 마그네틱 센서 감지 메시지와 다른 문 열림 메시지를 보낸다.
- 입실 지연시간 동안 기다린다.(30초 간격으로 30~600초까지 설정 가능)
- 외출 해제하면 입실 퇴실 지연시간이 초기화된다.
- 입실 지연시간이 지나도 외출 해제가 안되면, 센서가 감지되면 센서 감지 메시지를 보낸다.

입실 퇴실 시간이 경과 된 경우 DCU가 리셋되면 DCU는 홈 서버로 바로 센서 감지 메시지를 보낸다. 또한 문 열림은 Bypass 기능을 설정 할 수 없다.

3-2-4. 홈 게이트웨이 연결도

[그림 3-3] 홈 게이트웨이(DCU)

1) 통신포트

번호	Description	비 고
1	RS485 Port0	한성 보일러
2	RS485 Port1	한성 스위치
3	RS485 Port2	한성 가스
4	RS485 Port3	
5	RS485 Port4	미소 조명
6	RS485 Port5	
7	RS232 Port0	아이레보 도어락
8	RS232 Option Port	사용하지 않음
PLC	RS232 Port1	PLC

2) 접점포트

번호	Description	비 고	번호	Description	비 고
1	Fire_O		10	GND	
2	FIre_I		11	동체 감지기1	
3	GAS(-)		12	GND	
4	GAS-S		13	마그네틱 감지기	
5	GAS(+)		14	GND	
6~7	사용하지 않음		15	동체 감지기2	
8	GND		16	GND	
9	비상		17	동체 감지기3	
18~19	사용하지 않음		35	커튼 CLOSE	
21	GND		40	커튼 GND	
22~23	사용하지 않음		41	커튼 STOP	
24	접점(현관)		42~55	사용하지 않음	
25	GND		56	12V	
26~27	사용하지 않음		57	GND	
28	커튼 GND		58	12V	
29	커튼 OPEN		59	GND	
30~33	사용하지 않음		60	5V	
34	커튼 GND				

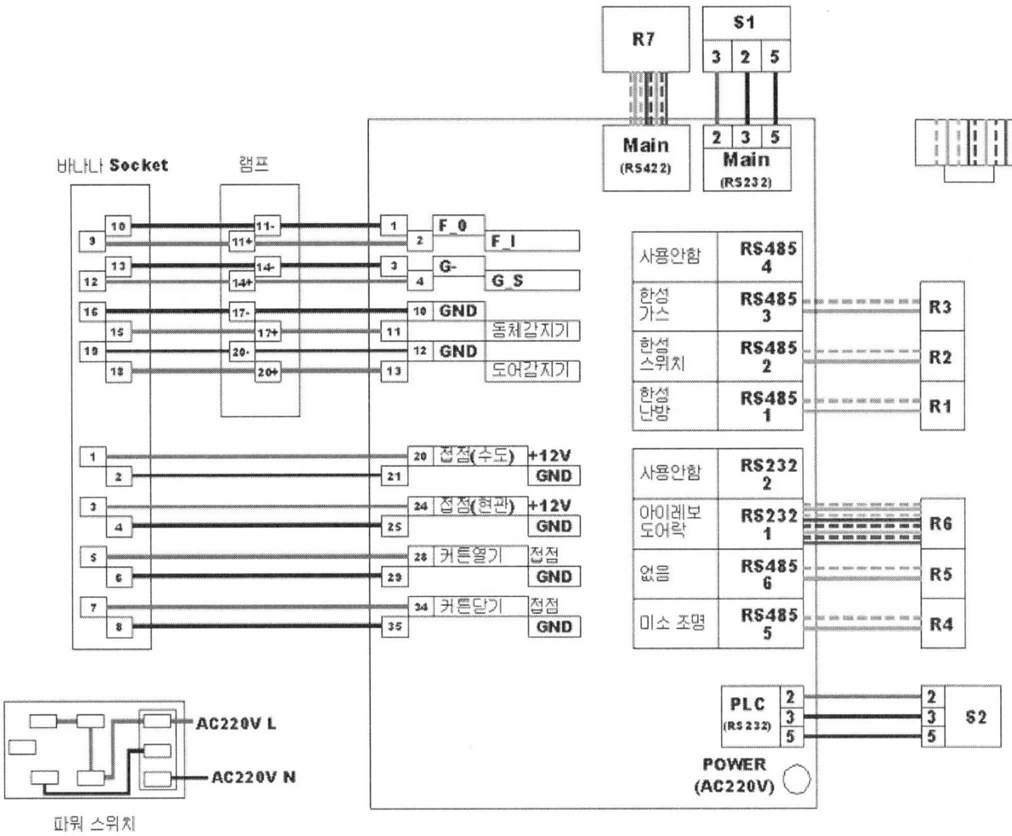

[그림 3-4] 홈 게이트웨이 모듈장비 결선도

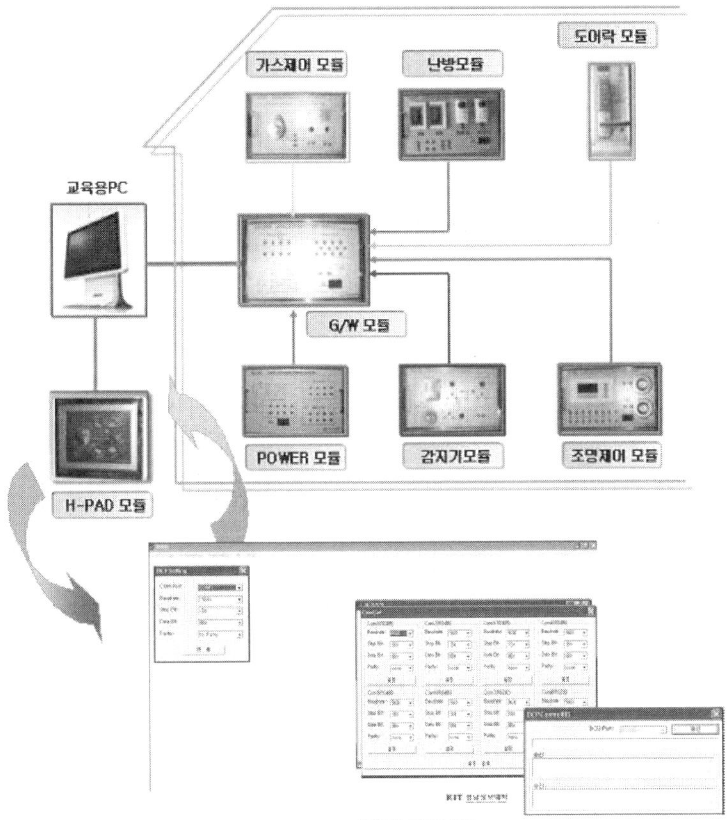

[그림 3-5] 홈 게이트웨이 운영도

3-3 홈 게이트웨이 모듈장비 전원 공급

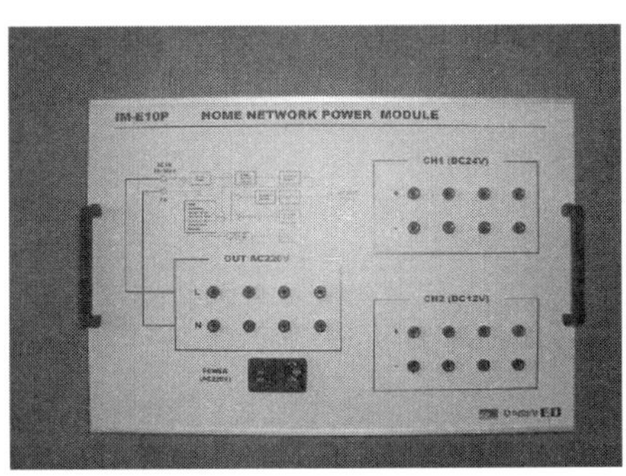

[그림 3-6] 전원공급 모듈장비

조명제어 실습 모듈장비의 전원 공급은 전원공급 모듈장비에서 AC220V 전원을 공급받는다. AC220V 공급용 전원케이블을 전용 Power 소켓에 연결하고 전원차단 스위치를 ON하면 전원이 조명제어실습 모듈장비로 공급된다.

3-4 홈 게이트웨이 모듈장비의 PC 연결

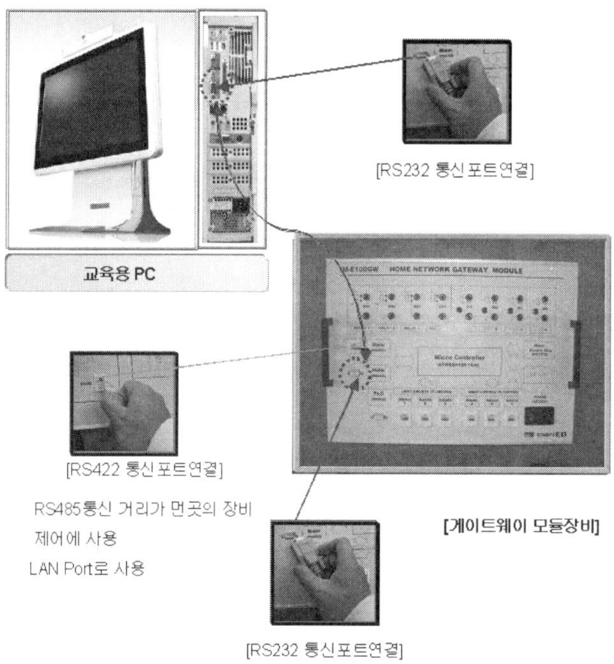

[그림 3-7] 홈 게이트웨이 모듈장비와 PC의 연결

게이트웨이 모듈장비의 RS232-1과 PC의 RS232 통신포트에 연결하여 홈 디바이스 제어 프로토콜 패킷 데이터를 전송한다.

3-5 홈 디바이스 모듈 제어하기

각 디바이스 모듈의 단일제어는 스마트 홈 모듈장비 각각의 시스템에서 자세히 설명되어 있다. 게이트웨이 모듈에서는 간단하게 설명하고 DCP 운영 프로그램의 제어에서 그룹제어 및 전체제어부분을 자세히 학습하도록 한다.

3-5-1. 단일제어

조명제어를 하기 위해 게이트웨이 운영프로그램인 DCP에서 제어/단일/RS485를 선택하면 제어 화면창 "DCPControlRS"가 생성된다.

"DCPControlRS"창에 송, 수신 메시지 Packet 분석에 의한 게이트웨이(DCU) 프로토콜 명령의 메시지를 입력 한 다음 송신 버튼을 클릭한다. 송신 메시지에 따른 게이트웨이 모듈장비에서 조명제어 모듈장비로 전송된 메시지 명령의 송신상태가 송신창에 나타나며 조명이 제어된 후 수신 창에 동작 상태의 메시지가 생성된다.

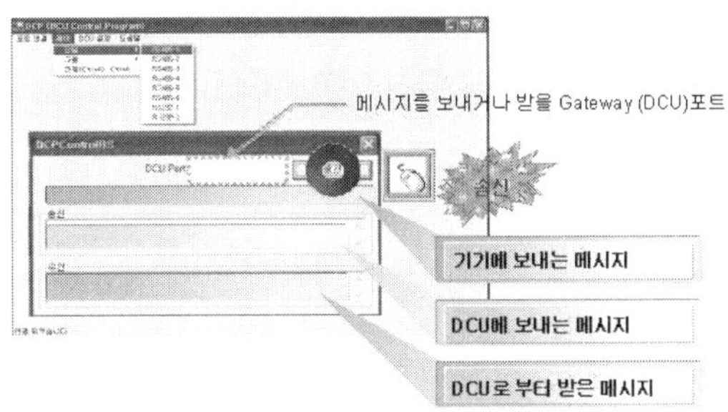

조명 제어의 송, 수신 흐름의 구성은 다음과 같이 진행된다.

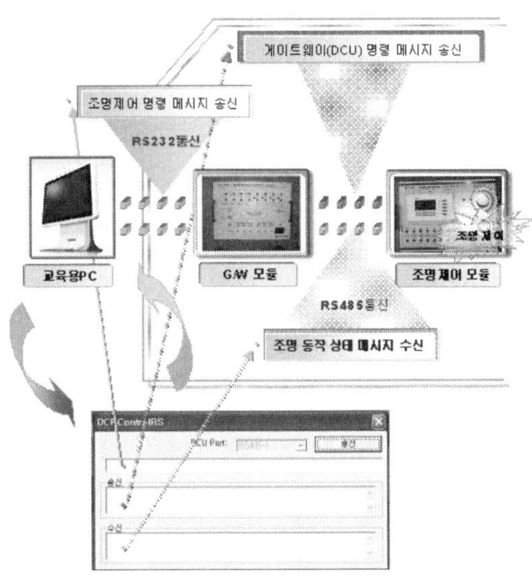

[그림 3-8] 조명제어의 송,수신 흐름 구성도

난방제어, 가스제어, PLC콘센트 제어, 도어락 제어 역시 위와 같은 방법으로 실행할 수 있다.

3-5-2. 그룹제어

그룹제어는 홈 게이트웨이 운영프로그램(DCP)에서 RS485, RS232, 접점제어를 단일제어방식을 1:1제어에서 1:n으로 여러개의 장비를 제어할 수 있도록 한다. DCP 그룹제어는 RS485:6개, RS232:2개, 접점:8개 가지를 한번에 제어 가능하다. DCP에서 "제어/그룹"을 선택하면 RS485, RS232, 접점의 3가지의 제어선택 중 하나를 선택하며, "DCPControlRS"창(RS485, RS232의 경우)이 생성된다.

- RS485 제어 선택 시 "DCPControlRS"창이 6개 생성
- RS232 제어 선택 시 "DCPControlRS"창이 2개 생성
- 접점제어 선택 시 "DCPControlP"창이 생성되며 8개의 접점을 제어

1) RS485 제어 선택

RS485로 제어하는 조명, 가스, 난방 등의 제어모듈 장비를 한번에 동작시킨다. "제어/그룹/RS485"를 선택한다. "DCPControlRS"창이 6개가 생성된다.

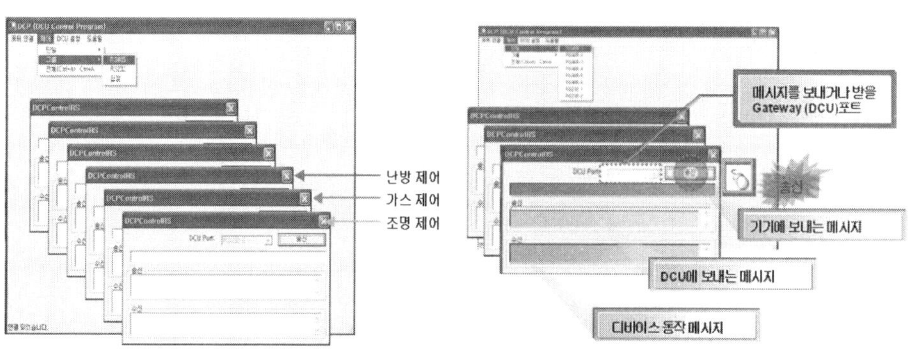

[그림 3-9] RS485에 의한 난방, 가스, 조명 그룹제어

"DCPControlRS"창이 6개가 생성되면 송, 수신 메시지 Packet 분석에 의한 조명, 가스, 난방 게이트웨이(DCU) 프로토콜 명령의 메시지를 제어할 "DCPControlRS"에 입력 한 다음 송신 버튼을 클릭한다.

ㄱ) RS485(조명, 가스, 난방)제어 구성

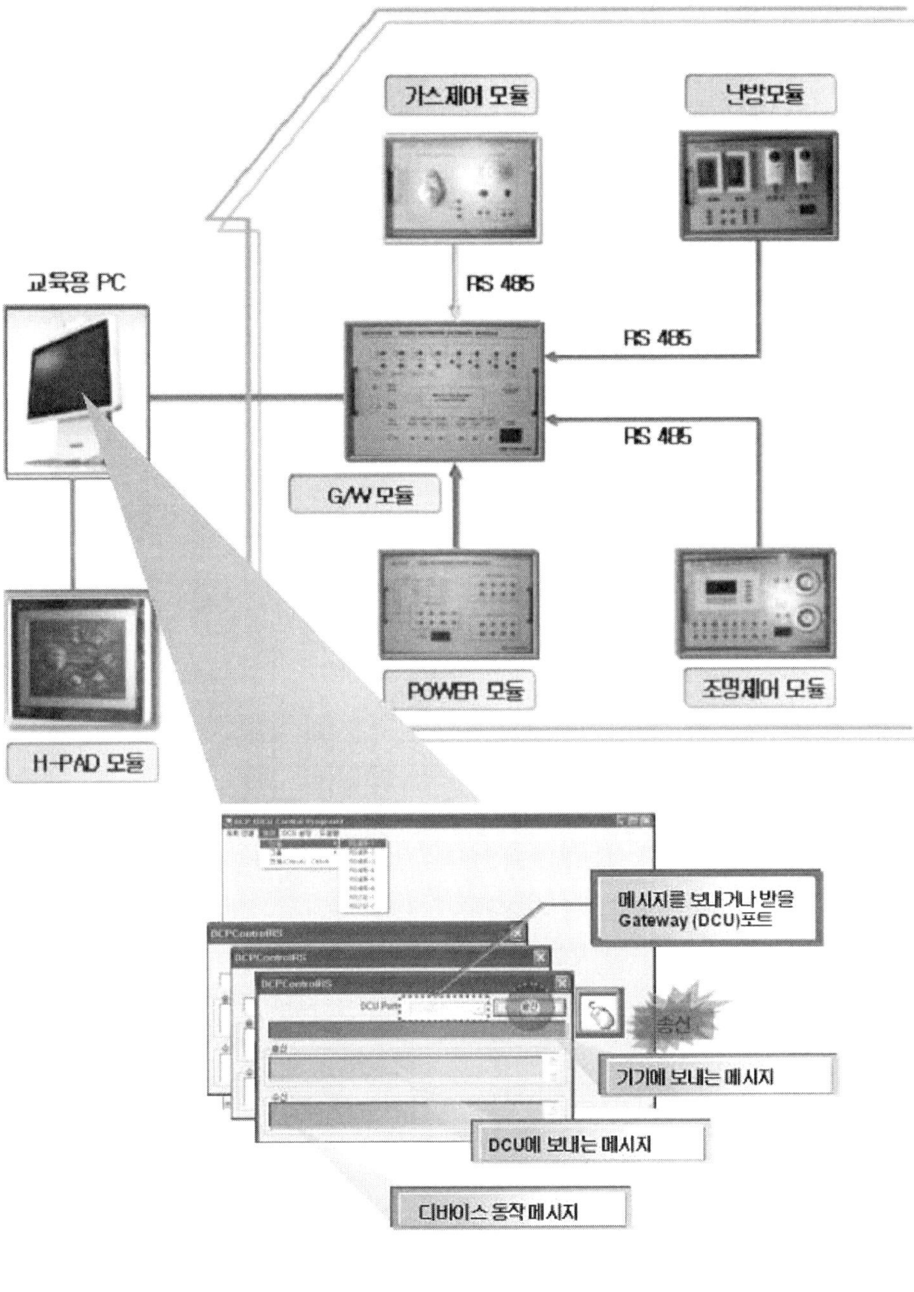

ㄴ) RS485(조명, 가스, 난방)제어 배선 학습

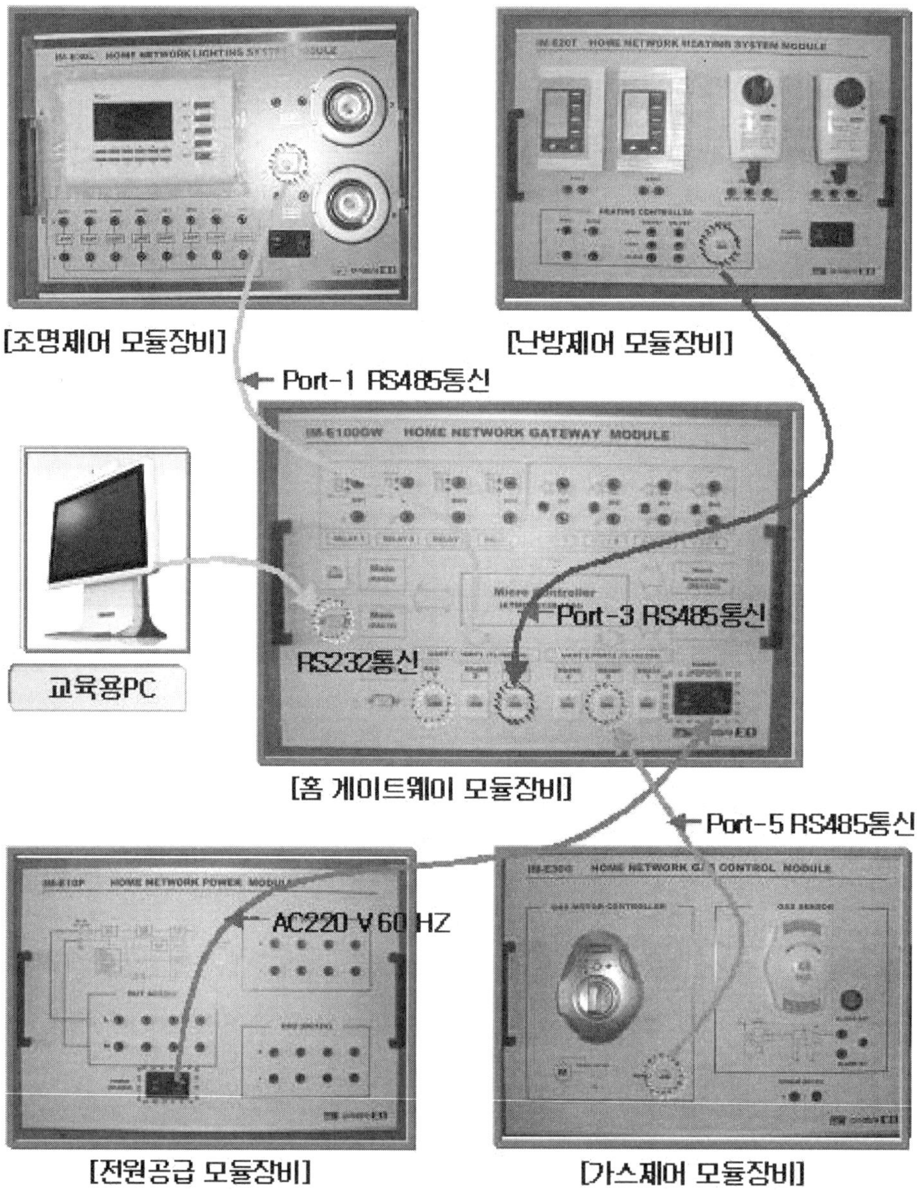

ㄷ) RS485(조명, 가스, 난방)제어 학습

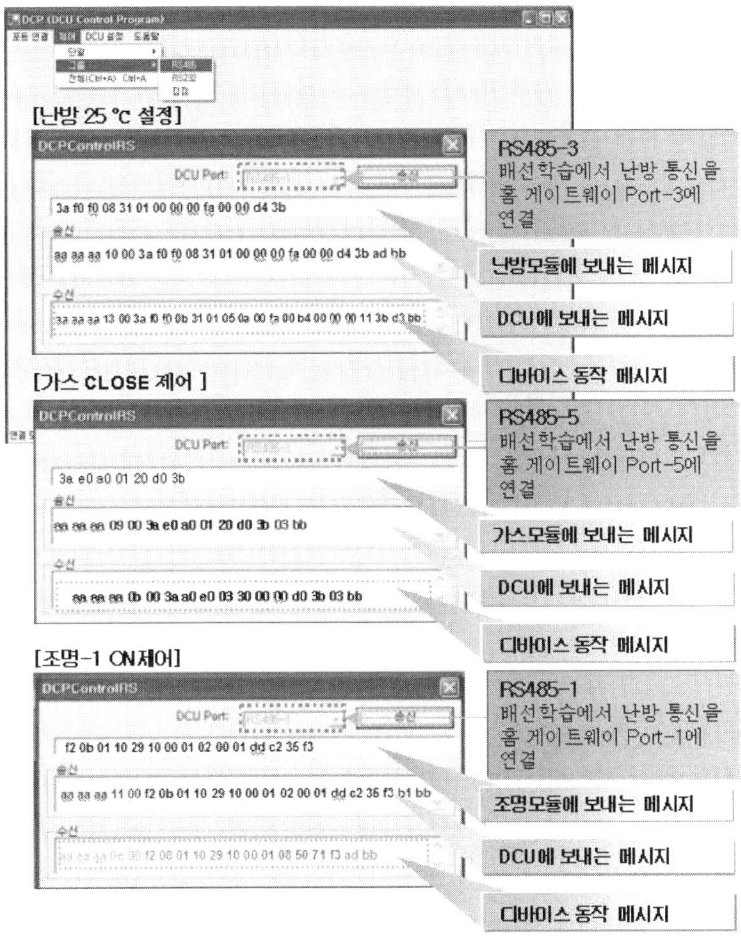

조명, 가스, 난방 RS485 통신을 게이트웨이 운영프로그램 DCP의 "제어/그룹/RS485"를 선택하여 "DCPControlRS" 창 RS485-1,3,5에 제어 프로토콜 명령어를 송신하여 제어한다.

2) RS232 제어 선택

RS232로 제어하는 전력선콘센트 제어모듈 장비를 동작시키기 위해 게이트웨이 운영프로그램인 DCP 프로그램의 그룹제어를 사용한다.

DCP프로그램에서 "제어/그룹/RS232"를 선택한다. "DCPControlRS"창이 두 개의 RS232창이 생성된다. 송, 수신 메시지 Packet 분석에 의한 전력선 콘센트의 게이트웨이(DCU) 프로토콜 명령의 메시지를, 제어할 "DCPControlRS"에 입력한 다음 송신 버튼을 클릭한다.

ㄱ) RS232(전력선 콘센트) 제어 구성

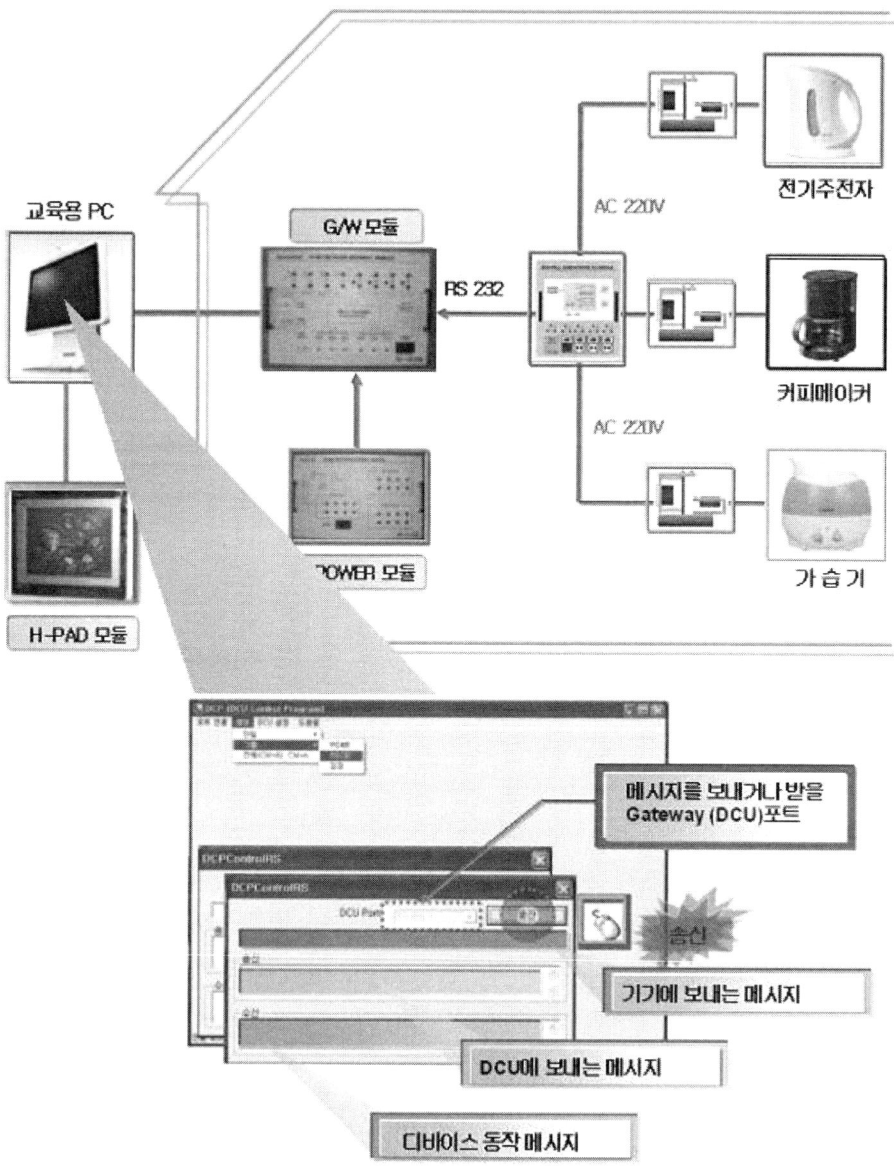

ㄴ) RS232(전력선 콘센트) 제어 배선 학습

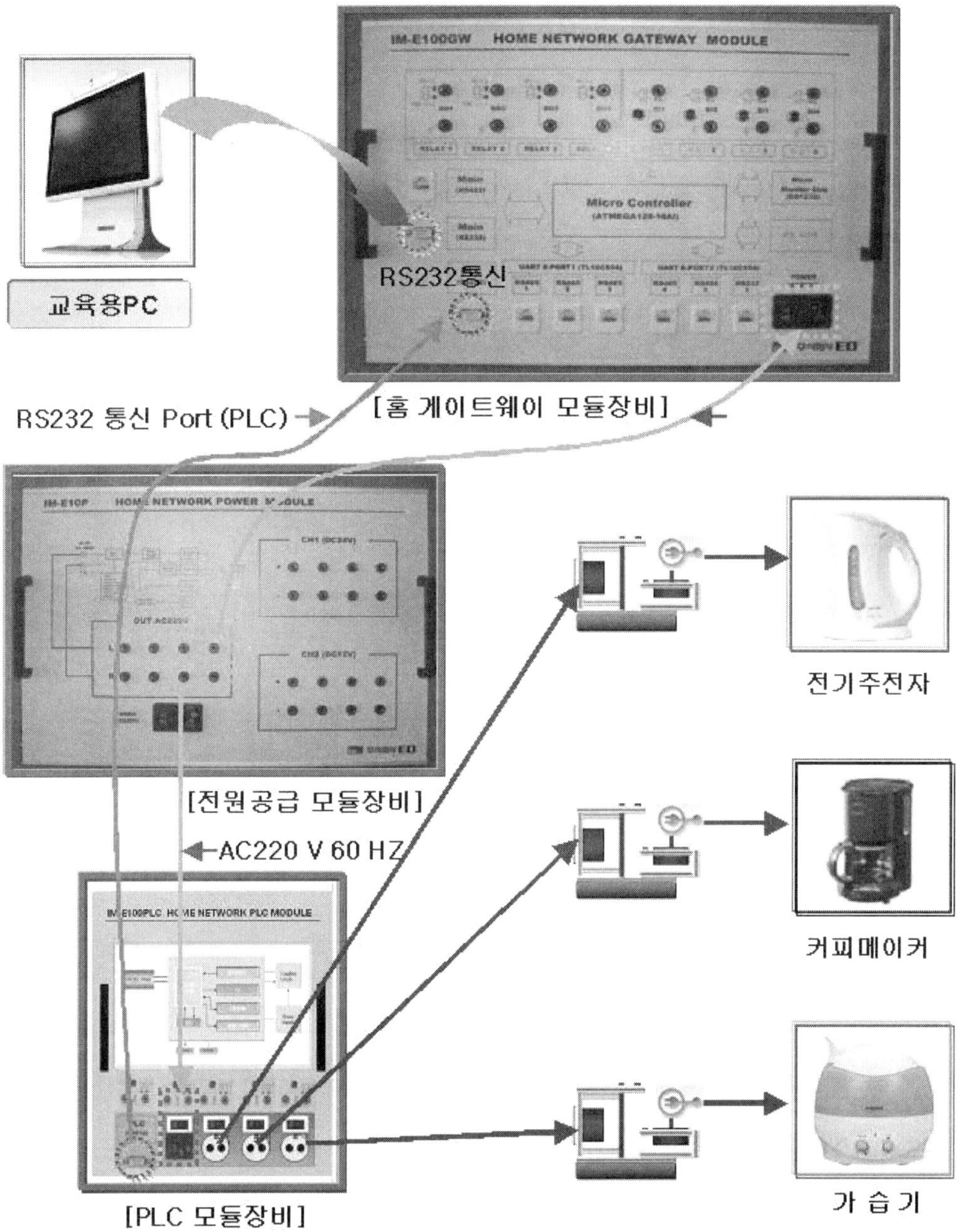

ㄷ) 전력선 콘센트 제어학습

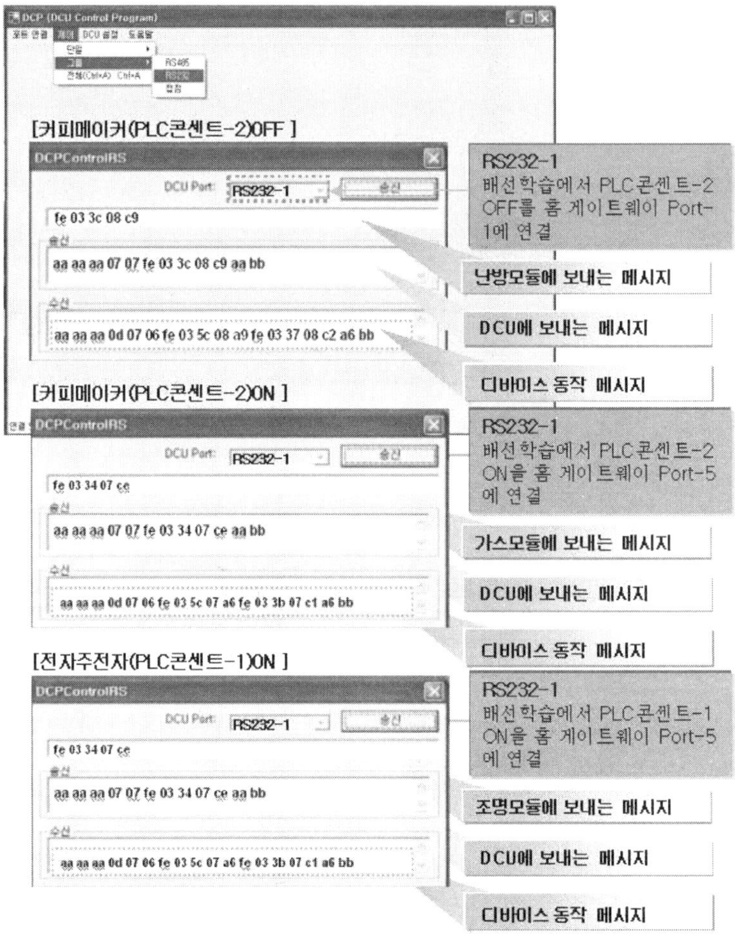

전력선 콘센트 제어의 전력선 통신모뎀은 RS232 통신을 게이트웨이 운영프로그램 DCP의 "제어/그룹/RS232"를 선택하여 "DCPControlRS"창 RS232-1에 제어 프로토콜 명령어를 송신하여 제어한다.

3) 접점 제어 선택

접점으로 제어하는 수도제어, 커튼, 도어락 장비를 동작 시키기 위해 홈 게이트웨이 운영프로그램인 DCP 프로그램의 그룹제어를 사용한다.

DCP 프로그램에서 "제어/그룹/접점"을 선택하면 8Point 제어 가능한 "DCP ControlP"창이 생성된다.

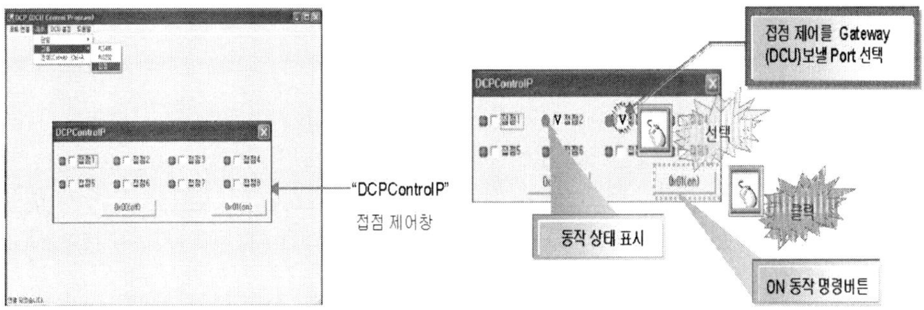

[그림 3-10] 접점제어 DCP

접점 수도, 접점 도어락, 접점 커튼은 실제로 보내고 받는 바이트 메시지는 존재(내부적으로)하나 DCP에서 바이트 메시지는 확인 할 수 없다. 이를 확인하는 방법은 DCP에서 그룹제어 접점제어를 선택한 다음 해당 접점을 체크하고 On(Off)메세지를 보내 확인해야 한다.

ㄱ) 접점 제어 구성

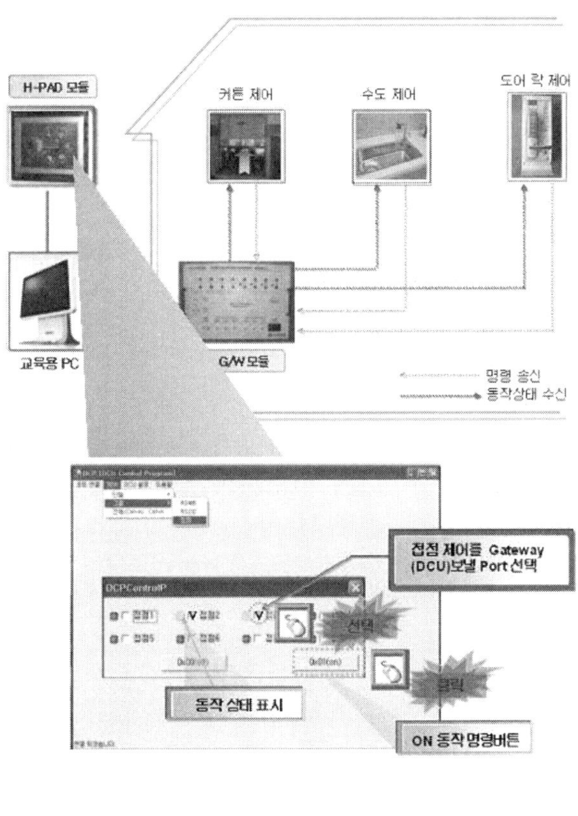

ㄴ) 접점 제어 배선 학습

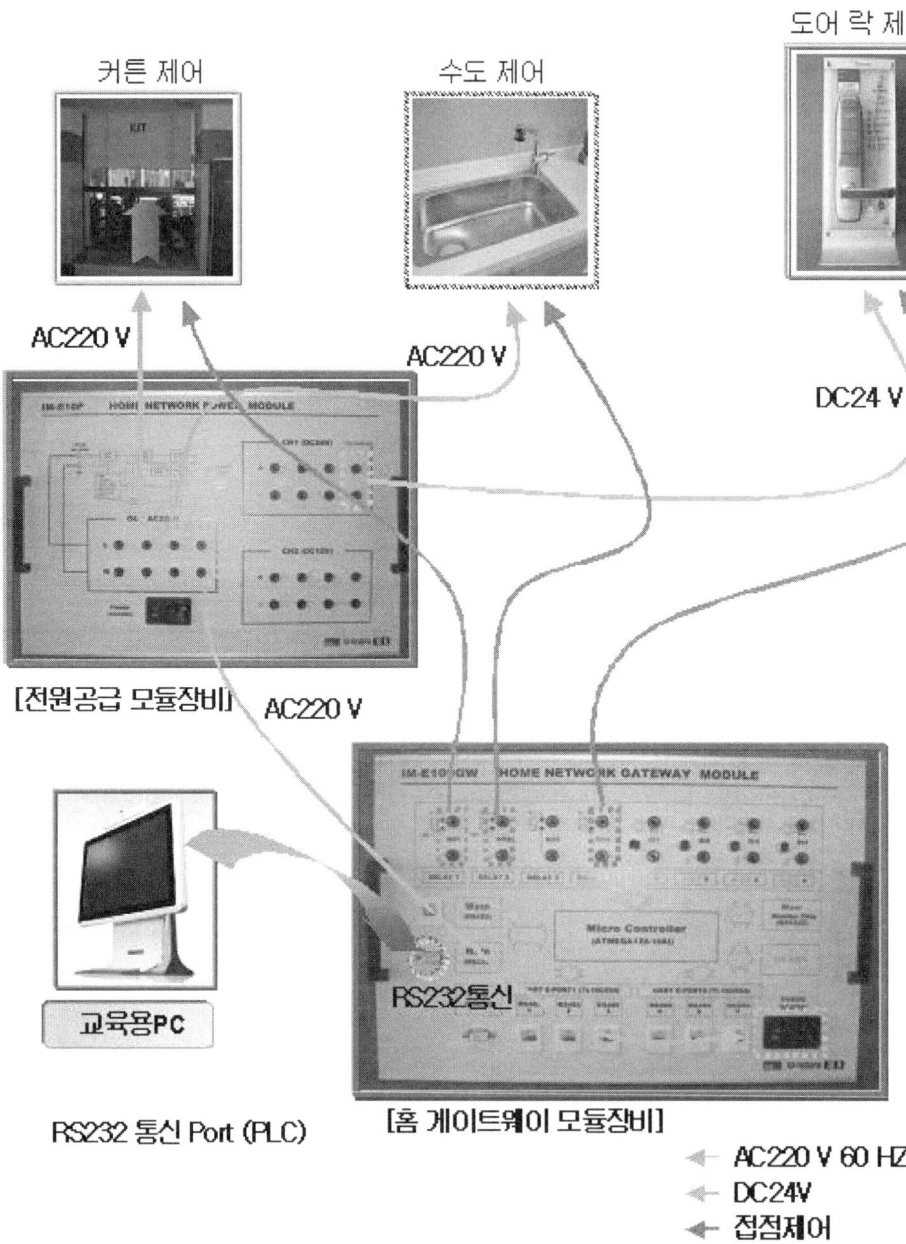
도어 락 제어
커튼 제어
수도 제어
AC220 V
AC220 V
DC24 V
HOME NETWORK POWER MODULE
[전원공급 모듈장비]
AC220 V
HOME NETWORK GATEWAY MODULE
Micro Controller
RS232통신
교육용PC
RS232 통신 Port (PLC)
[홈 게이트웨이 모듈장비]
AC220 V 60 HZ
DC24V
접점제어

제4장 조명제어 모듈 장비

4-1 개요

홈 네트워크 시스템의 제어시스템에서 중요한 부분을 하는 조명제어 시스템의 사용 디바이스의 배선 및 제어원리와 통신방식의 종류 및 통신 프로토콜의 data 패킷 분석에 따른 모듈의 제어를 학습하며 조명 디바이스의 데이터 통신체계가 어떻게 구성되는가를 체계적으로 학습한다.

또한 홈 게이트웨이와 조명 디바이스 간의 데이터 통신에 의해 구현 학습한다. 조명제어 모듈 장비를 학습 후에 실제 세대의 구축현황을 분석하고 연동하는 학습을 연동실습 판넬과 시뮬레이션 판넬을 통하여 학습한다.

홈 네트워크 시스템에서 조명제어는 기본으로 선택되는 제어시스템이다. 인터넷 보급의 확대로 발전해온 홈 네트워크 시스템에서 구현되는 조명제어 시스템은 다양한 통신체계로 아파트, 주택, 오피스텔 등에 적용되고 있으며 시스템 구현회사의 조명제어 통신 방식에 따라 제어성격이 다변화되고 있다.

주로 전력선 통신을 사용하는 가전사에서는 홈 게이트웨이와 조명 디바이스 간의 데이터 통신을 전력선통신으로 사용하고 있다.

또한 기존의 홈 오토맨션 업체에서는 기존의 통신 방식인 RS485 통신방식으로 조명제어를 구현하며 현재 떠오르고 있는 무선네트워크 솔루션인 Zigbee 통신방식은 통신망 사업자인 KT, SKT에서 주로 조명제어를 무선으로 사용하고 있다.

이와 같이 조명제어의 통신방식은 회사의 기능과 성격상 통신 프로토콜을 체택하여 구현을 하며 서비스 기능도 다양하게 구현하고 있다. 가정 내 즉 세대에서 사용하는 조명제어를 네트워크를 이용하여 언제 어디서나 시간과 공간에 구애받지 않고 제어가 가능하며 방범용으로도 사용하고 있으며 효율적인 제어와 운영으로 활용한다.

▶ 홈 네트워크 시스템의 조명제어 기능
가) 개별 ON/OFF 제어
나) Dimming 제어
다) 모드제어(취침, 기상, 외출, 영화)
라) 스위치에 의한 제어
마) 인터넷에 의한 제어
바) Home PAD에 의한 제어
사) 방범용으로 사용에 의한 제어

4-2 조명제어 모듈장비 구조와 구성

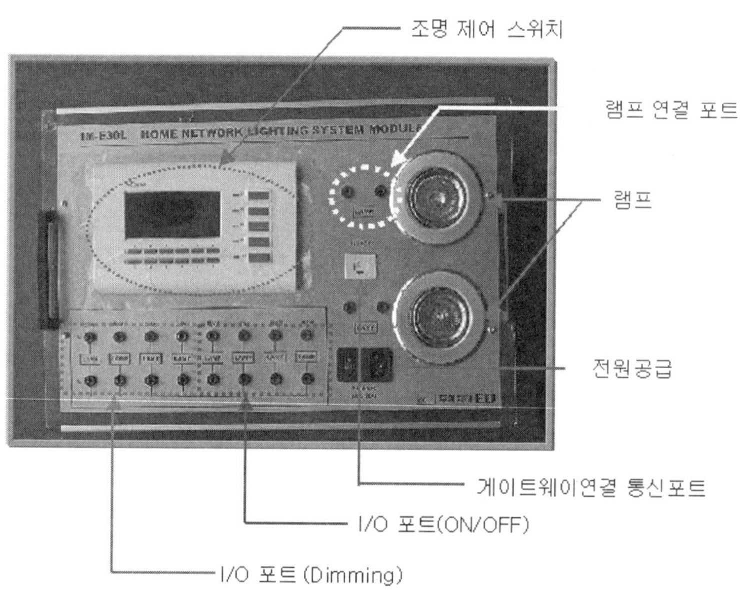

[그림 4-1] 조명제어 모듈장비의 구조

ㄱ. 통신포트 : 게이트웨이 실습 장비와 RS485 통신을 하기 위한 포트

ㄴ. 전원공급 : 전원공급 실습장비 모듈에서 AC220V 전원을 공급

ㄷ. 램프 연결포트 : I/O포트에서 Dimming & ON/OFF 선택 후 연결포트에 연결하여 램프를 동작한다.

ㄹ. I/O포트(Dimming) : 조명제어 스위치의 Dimming 신호를 램프연결포트와 연결하여 램프를 Dimming 제어한다.

ㅁ. I/O포트(ON/OFF) : 조명제어 스위치의 ON/OFF 신호를 램프연결포트와 연결하여 램프를 ON/OFF 제어한다.

ㅂ. 조명 제어 스위치 : 램프1과 램프2를 Dimming &ON/OFF 제어하기 위한 스위치로 그룹제어 및 조명 스위치 상태를 나타낸다.

ㅅ. 램프 : 조명제어 스위치의 ON/OFF & Dimming 신호에 따라 램프가 ON/OFF된다. I/O 연결포트의 선택에 따라 ON/OFF 제어 또는 Dimming 제어가 된다.

[그림 4-2]와 같이 점/소등 버튼을 눌러 램프1 & 램프2를 제어한다. 버튼을 한 번 누르면 점등 ON, 다시 버튼을 누르면 OFF된다. 소등 버튼을 누르면 전체 ON 상태의 전등이 OFF가 된다.

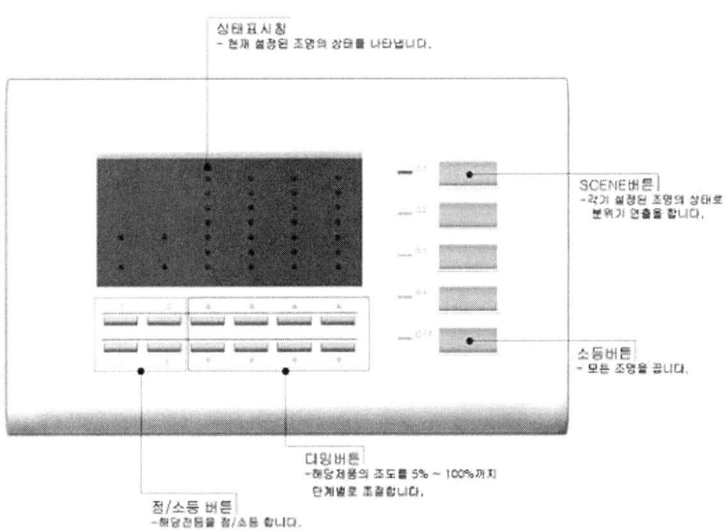

[그림 4-2] 조명제어 스위치

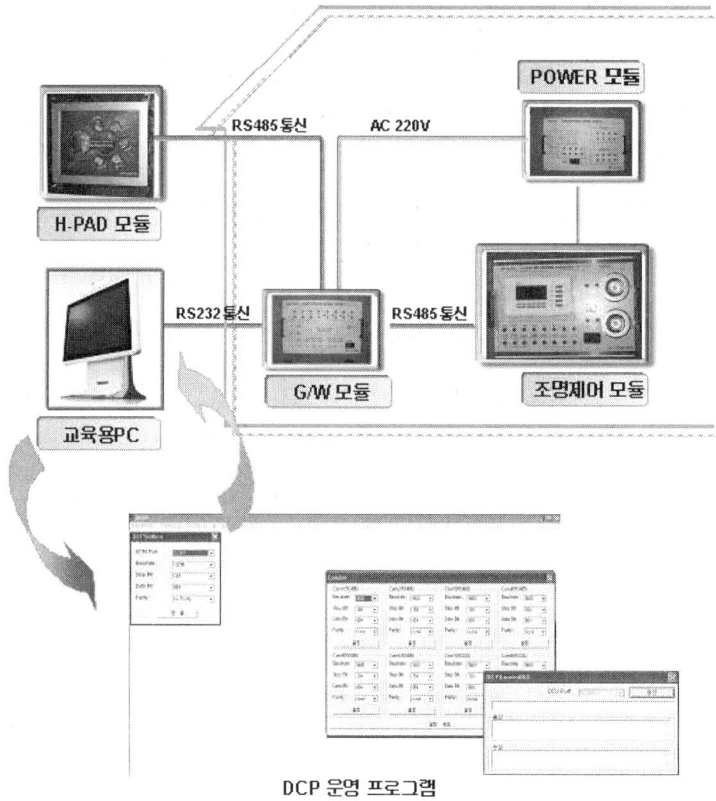

[그림 4-3] 조명제어 모듈장비 운영 구성도

4-3 조명제어 스위치 프로토콜

4-3-1 조명 스위치 프로토콜 개요

조명제어 스위치 프로토콜은 Safe Out Unit(일괄 소등 모듈)와 외부시스템과 연동제어를 위한 통신방법이다.

4-3-2 통신 사양

① 접속방식 : RS485

② 전송방식 : 반 이중 통신

③ 전송속도 : 9600bps

④ 데이터 구성 : 1start bit, 8data bit, non parity, 1stop bit

4-3-3 패킷 구성

1) Reading Command

구분	1	2	3	4	5	N	N+1	N+2
PC→조명	ID	CMD	ADH	ADL	NWH	NWL	CRCL	CRCH
PC←조명	ID	CMD	NBY	DATA			CRCL	CRCH

2) Writing Command

구분	1	2	3	4	5	6	7	-	N	N+1	N+2
PC→조명	ID	CMD	ADH	ADL	NWH	NWL	NBY	DATA		CRCL	CRCH
PC←조명	ID	CMD	ADH	ADL	NWH	NWL	CRCL	CRCH			

ㄱ. ID : Address(00h~FFh)

ㄴ. CMD : 04h - Read, 10h - Write

ㄷ. ADH, ADL : Data Address(0000h~FFFFh)

ㄹ. NWH, NWL : 전송할 Word 수

ㅁ. NBY : 전송할 Byte 수

ㅂ. DATA : 데이터

ㅅ. CRCL, CRCH : 1~ N까지 CRC-16

3) CRC-16 계산방법

int : 8bit, long : 16bit, msg : protocol format, offset : 2, end : 13

```
void Make CRC-16(byte[] msg, int offset, int end)
{
        int nDCnt, nData, nBitCnt;
        long uCarry;
        uCRC16 = 0xfff;
        for(nDCnt=0;nDCnt<nSize;nDCnt++)
        {
                nData = sio_buf[nDCnt] & 0xff;
                uCRC16^=nData;
```

```
                for(nBitCnt=0;nBitCnt<8;nBitCnt++)
                {
                        uCarry = uCRC16 & 0x0001;
                        uCRC16 >>= 1;
                        if(uCarry==1)
                                uCRC16^=0xa001;
                }
        }
}
```

4) Address Map

① Relay On/Off

ADD(Hex)	VAR	Descrption	Mode
2000h	RYA	Relay All(bit)	R/W
2001h	RY1	Relay 1	R/W
2002h	RY2	Relay 2	R/W

② Dimming

ADD(Hex)	VAR	Dscription
2903h	Dim1	Dimming channel 1(*1)
2904h	Dim2	Dimming channel 2(*1)
2905h	Dim3	Dimming channel 3(*1)
2906h	Dim4	Dimming channel 4(*1)
2910h	RYS	Relay(*2)

(*1) 디밍 제어 값 : 27~100% (1bh ~ 64h)
(*2) bit0 - Relay1, bit1 - Relay2, bit2 - Relay3, bit3 - Relay4,
bit5~bit15 : reserved(bit값이 1이면 해당릴레이 on, 0이면 off)

5) Header/Footer 추가 프로토콜

Protocol Format

Stx	Length	Packet	Check	Etx
F2	Packet	1 ~ N+2(상기3항)	xor	F3

ㄱ. Stx : Start Code(0xf2)

ㄴ. Length : Packet의 데이터 바이트 수

ㄷ. Packet : 상기 3항의 Packet data

ㄹ. Check : Packet의 모든 데이터를 Exclusive OR

ㅁ. Etx : End Code(0xf3)

4-4 조명제어 모듈장비 설정

4-4-1. 조명제어 모듈 결선하기

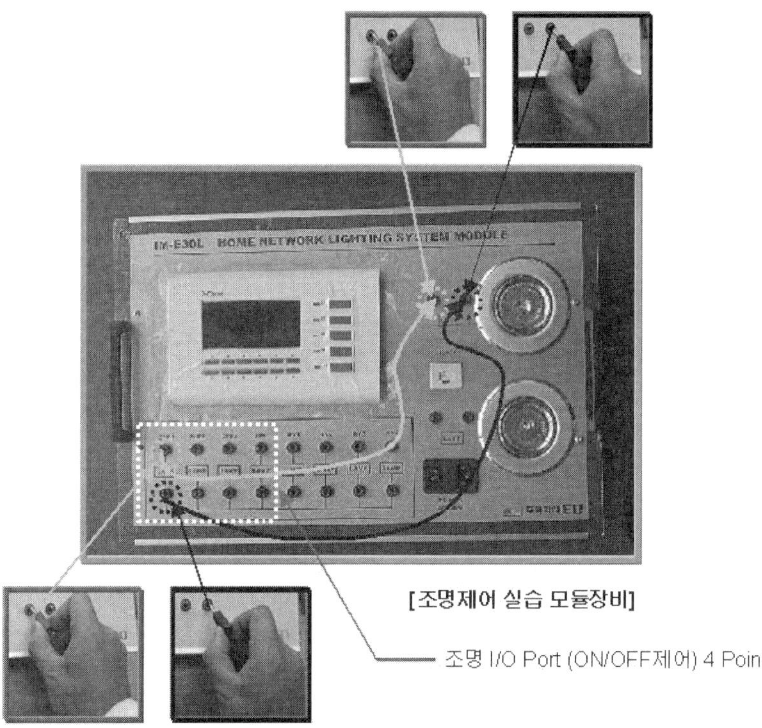

[그림 4-4] 조명제어 모듈장비의 결선

조명제어 Controller의 Output의 AC220V의 한 단자에 연결 잭(빨간색)을 연결한 다음 램프1의 연결 잭(빨간색)에 반대부분을 연결하여 램프에 AC220V의 +전원을 공급한다. 또한 Controller의 Output의 스위치 단자에 연결 잭(검정색)을 연결한 다음 램프1의 연결 잭(검정색)의 반대부분을 연결하여 스위치에 의한 신호라인을 연결한다.

같은 방식으로 램프2도 배선한다.

4-4-2. 조명모듈 장비에 전원공급

조명제어 실습 모듈장비의 전원공급은 전원공급 모듈장비에서 AC220V 전원을 공급받는다. AC220V 공급용 전원 케이블을 전용 Power 소켓에 연결하고 전원차단 스위치를 ON하면 전원이 조명제어 실습 모듈장비로 공급된다.

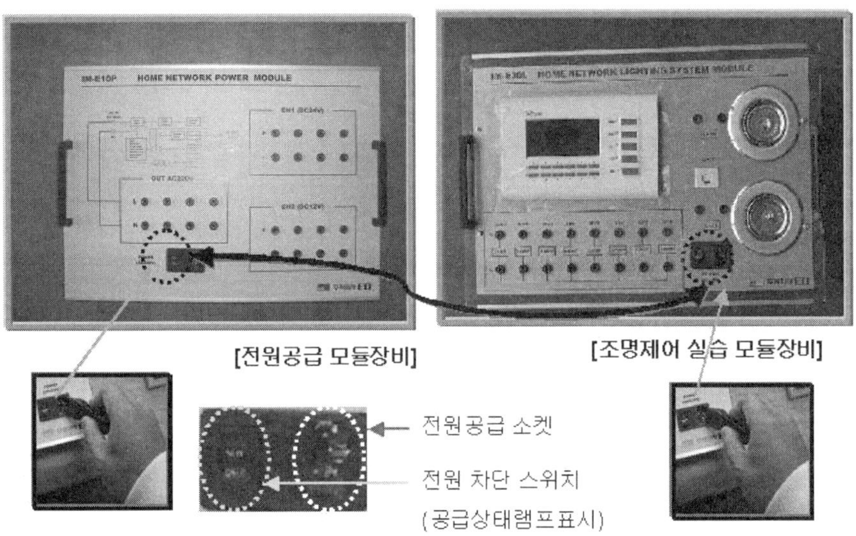

[그림 4-5] 전원공급

4-4-3. 조명 모듈장비와 PC 연결

조명제어 실습 모듈장비와 교육용 PC의 연결은 게이트웨이 모듈장비를 연결하여 진행된다. 조명제어 모듈장비의 통신포트에 통신전용 RJ45 커넥터를 연결한다. 또한 게이트웨이의 통신포트도 같은 방법으로 연결한다.

조명제어 모듈장비와 PC의 연결은 게이트웨이 모듈과 RS485 통신으로 연결한 뒤 PC와 게이트웨이 모듈장비간의 RS232 통신포트로 연결하여 데이터를 전송한다.

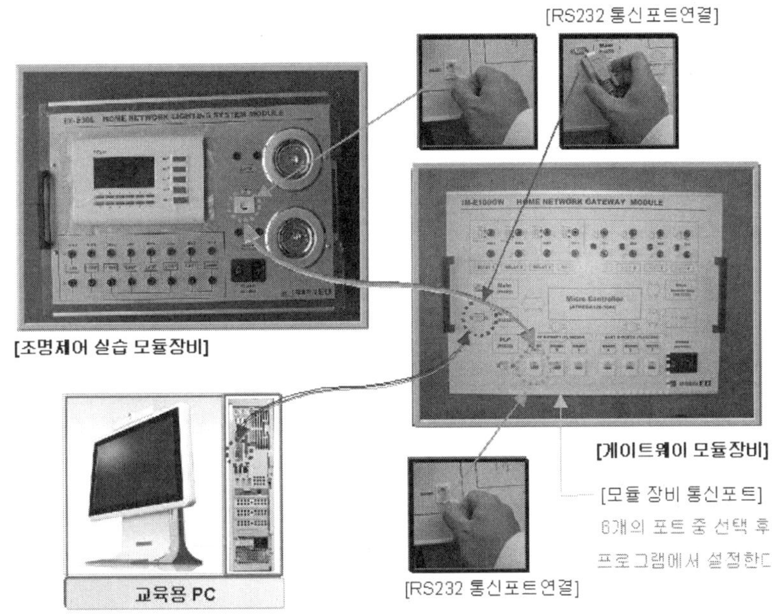

[그림 4-6] 조명 모듈장비와 PC의 연결

4-4-4. 조명제어 모듈장비 Local 제어

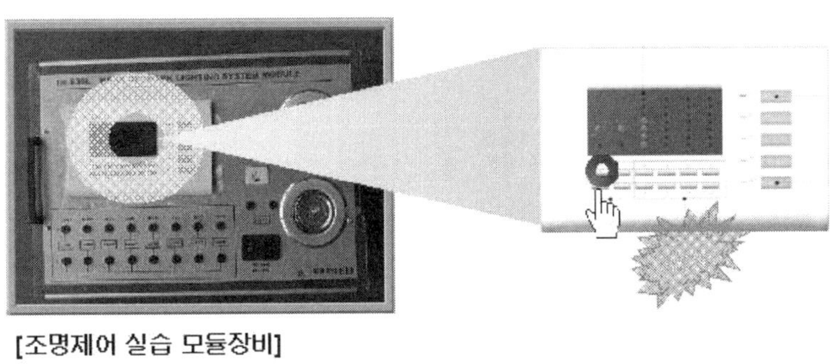

조명 모듈 장비에 설치된 조명 스위치를 조작하여 제어한다. 조명 ON/OFF 제어 1~4의 버튼을 눌러 제어한다.

4-4-5. 교육용 PC 운영프로그램에 의한 조명제어 설정

먼저 게이트웨이 모듈 장비와 교육용 PC의 RS232 Port 연결을 확인한 후 교육용 운용 프로그램(DCP)을  더블클릭하여 실행시킨다.

DCP가 실행되면 메인화면이 나타난다.

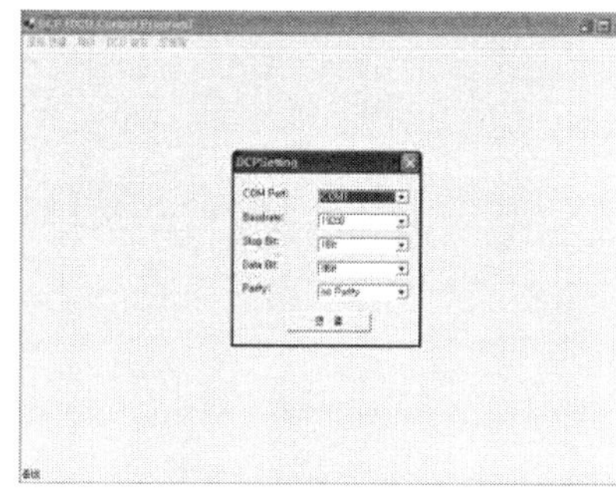

메뉴에서 "포트연결"을 선택하면 "연결 Ctrl +O"과 "닫기 Ctrl +C"창이 생성되며 "연결 Ctrl +O"을 선택하면 DCP Setting 창이 나타난다. 이 화면은 PC와 게이트웨이 장비간의 연결을 설정한다.

Com Port 설정 값을 입력한다.(COM1~COM7중 선택)

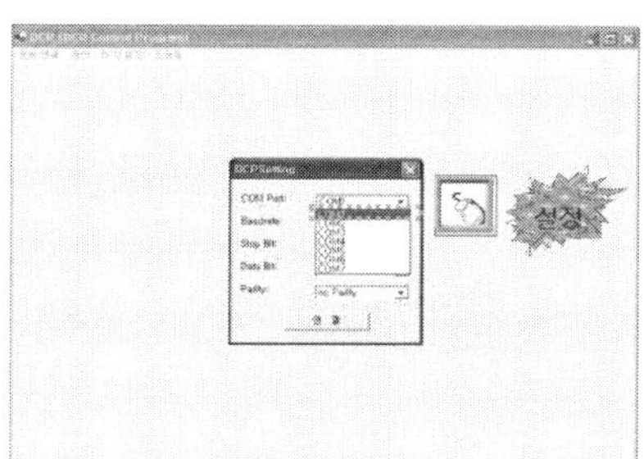

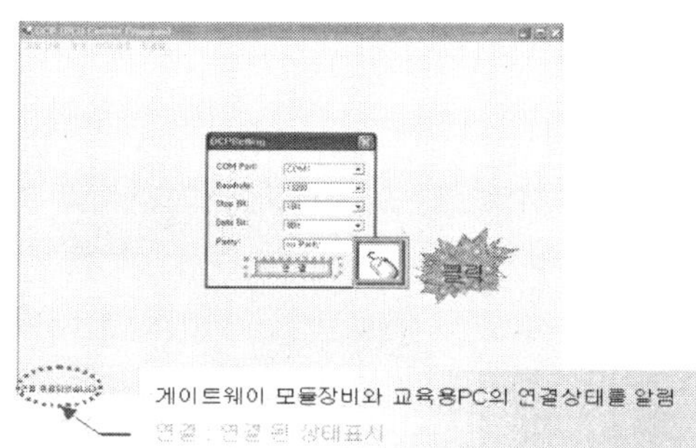

Com Port 설정을 하였으면 연결버튼을 클릭한다. Baudrate, Stop, Bit, Data Bit, Parity는 고정되어 있으므로 Com Port만 설정한다.

연결표시창에 "연결"표시가 나타나면 연결이 되며, "제어"메뉴와 "DCU설정"메뉴가 활성화된다. 또한 게이트웨이 모듈장비와 PC간의 연결이 되어 DCP로 게이트웨이를 제어할 수 있게된다.

이번에는 게이트웨이 장비와 조명제어 실습장비의 속성을 설정한다.

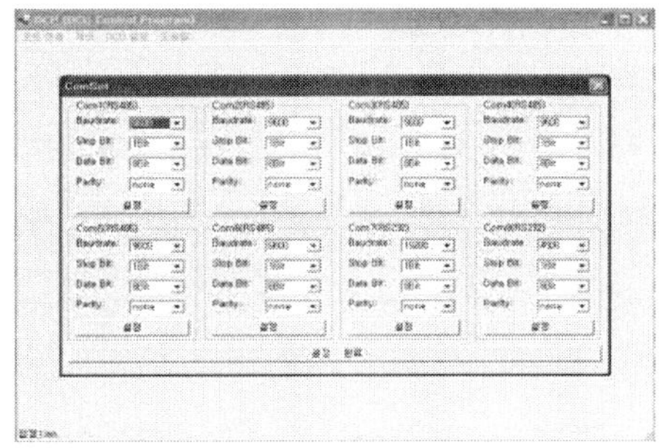

메뉴에서 "DCU설정"을 선택하면 "설정 Ctrl+S"창이 생성되며 "설정 Ctrl+S"를 선택하면 ComSet창이 나타난다. 이 ComSet창에서는 게이트웨이의 기기제어 Port를 각각에 대하여 설정한다.

그러면 조명제어모듈장비를 게이트웨이의 제어 Port에 설정하도록 한다. 먼저 게이트웨이의 RS485통신 Port1에 모듈장비의 통신 Port를 연결, 확인한다.

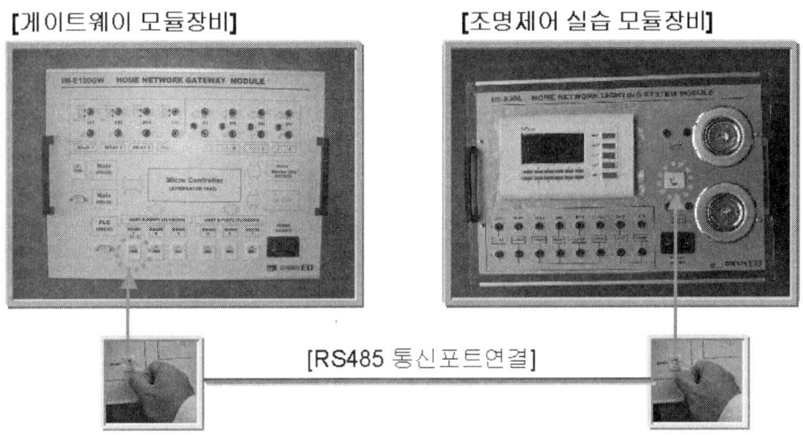

[그림 4-7] RS485 통신포트 연결

[표 4-1]은 각 기기의 정보(기기 ID 및 설정값)를 나타내는 표이다. 설정 시 [표4-1]을 보고 설정하도록 한다.

기기이름	기기 ID	통신방식	Baudrate
조명	010101~010104	RS485	9600
디밍	010301~010304	RS485	9600
가스밸브	050201	RS485	9600
보일러	040101~040103	RS485	9600
도어락	020101	RS232	19200
PLC 커피포트	050301	RS232	4800
PLC 주전자	050302	RS232	4800
PLC 가습기	050304	RS232	4800
커튼	080102	DCU접점	
현관	080103	DCU접점	
수도	080104	DCU접점	

[표 4-1] 기기ID 및 설정값

ComSet창에서 Com1(RS485)번 포트의 Baudrate를 9600으로 설정한다.

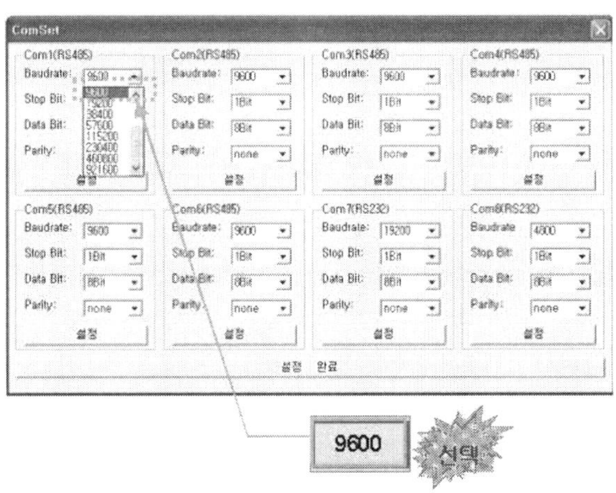

[표 4-1]에서 조명1의 Baudrate:9600 임을 확인할 수 있다. 따라서 DCU 포트1의 Baudrate를 9600으로 설정해 주어야 한다.

주의 사항

Baudrate를 다르게 변경하거나 다른 설정값들을 변경 할 경우 DCU와 기기 사이의 설정값이 달라져 통신이 되지 않는다.

ComSet 창에서 Com1(RS485)번 포트를 다음과 같이 설정한다.

- Stop Bit : 1Bit
- Data Bit : 8Bit
- Parity : none

ComSet 창에서 Com1(RS485)번 포트의 설정이 다 되었으면 설정버튼을 클릭한다. 설정버튼을 클릭하면 "설정되었습니다."의 창이 생성된다. 확인버튼을 클릭하면 게이트웨이 모듈의 RS4851(DCU1)에 조명제어 모듈의 통신 Port가 서로 연결되었으며 교육용 PC에서 조명제어가 가능하게 된다.

"설정 완료" 버튼을 클릭하면 조명제어장비의 통신설정이 완료된다.

모든 설정이 완료되면 교육용 PC에서 운영프로그램을 이용하여 조명제어 장비의 ON/OFF 제어를 시작한다.

먼저 메뉴화면에서 "제어"를 선택한다. "단일" "그룹" "전체 Ctrl+A"의 선택창이 생성된다.

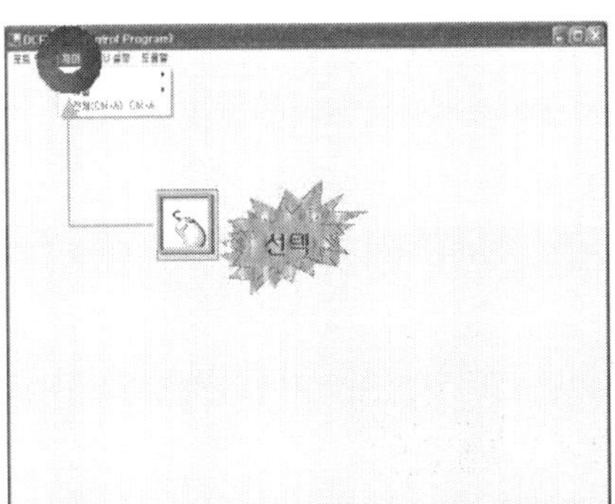

NOTE

1. 단일제어는 다음의 과정을 거쳐서 동작시킬 수 있다.
   1) 첫 번째 텍스트 창에 기기제어 메시지를 입력 후 송신버튼 클릭
   2) 송신창에 실제 기기에 보내지는 메시지 표시
   3) 수신창에 송신 메시지에 대한 수신 메시지 표시
2. 그룹제어는 RS485 단일제어의 창을 6개, RS232창을 2개 만들어준다. 또한 접점은 DCPControlP 창을 생성하여 On/OFF 버튼을 클릭하여 제어한다.
3. 전체제어는 그룹제어의 RS485, RS232, 접점의 창을 모두 띄워 각각에 대한 메시지를 입력한다.

제어화면에서 "단일" 선택하면 RS485-1~6, RS232-1,2의 선택창이 활성화된다.

DCU설정에서 조명제어 Port 설정한 RS485-1 선택하면 DCPControlRS창이 생성되며 이 창에서 조명제어 Control Data를 송수신하여 조명을 ON/OFF 제어한다.

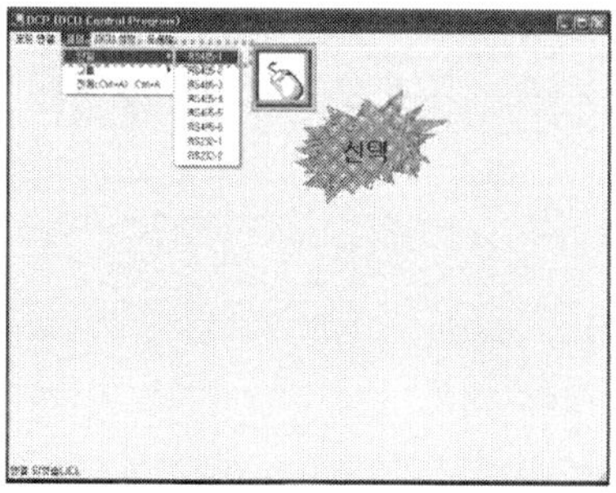

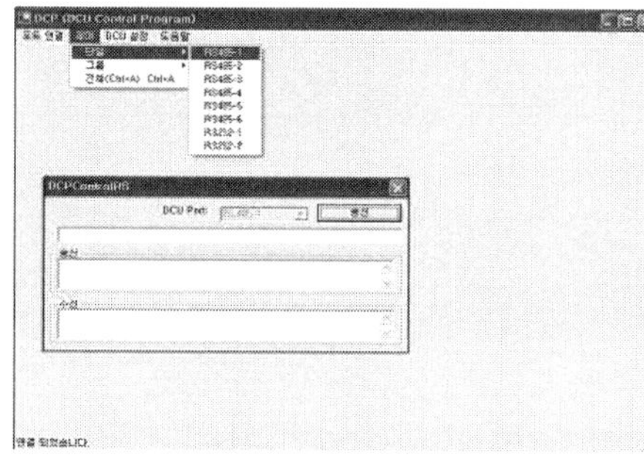

4-5 조명 ON/OFF 제어 실습

4-5-1. 조명1 ON/OFF 제어

조명제어 Controller의 조명1 OutPut1의 AC220V의 한 단자에 연결 잭(빨간색)을 연결한 다음 램프1의 연결 잭(빨간색)에 반대부분을 연결하여 램프에 AC220V의 +전원을 공급한다. 또한 Controller의 조명1 OutPut2의 스위치 단자에 연결 잭(검정색)을 연결한 다음 램프1의 연결 잭(검정색)의 반대부분을 연결하여 스위치에 의한 신호라인을 연결한다.

램프2로 동작할 경우에 램프1의 연결 잭(빨간색, 검정색)을 같은 방식으로 램프 2에 연결한다.

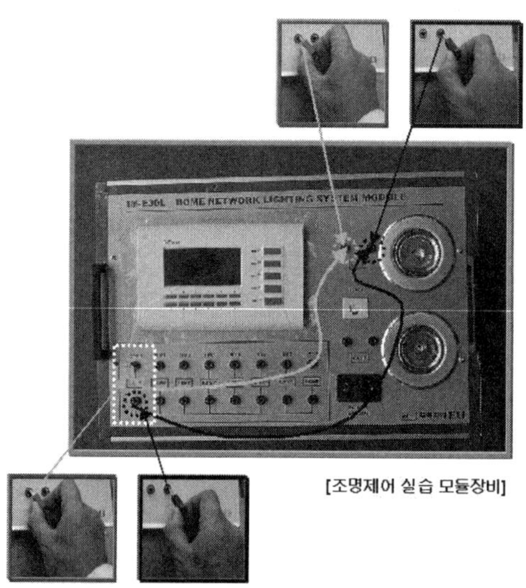

[그림 4-8] 조명1 결선

1) 조명1 ON 제어

조명1 ON 제어를 위한 “DCPControlRS”창의 설명은 다음과 같다.

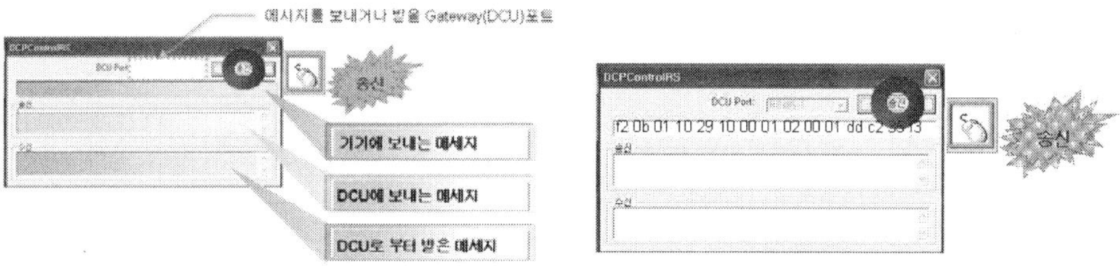

조명1 제어(ON/OFF)의 명령어는 조명 프로토콜의 분석에 의하여 송, 수신 메시지 Packet이 지정되므로 그 사용방법을 설명한다. 또한 홈 네트워크의 제어 네트워크에서 가장 요구되는 각 기기의 인터페이스에 대하여 스마트 홈 실습 장비를 가지고 공부하도록 한다.

먼저 조명1의 ON 메시지를 보내는 메시지에 입력을 한다.

조명켜기 메시지 : <u>f2 0b 01 10 29 10 00 01 02 00 01 dd c2 35 f3</u> 입력 후 송신버튼을 클릭한다.

조명1 ON 메시지 f2 0b 01 10 29 10 00 01 02 00 10 dd c2 35 f3은 조명 프로토콜에 의한 Packet 분석에 따라 명령 메시지가 생성되었다.

그러면 조명제어 스위치 프로토콜에서 조명 송수신 Packet 분석을 보면,

송신 메시지 : 조명1 ON 메시지(Relay 메시지)

f2(STX) 0b(Length) 01(ID고정) 10(CMD:write) 29(ADH) 10(ADL) 00(NWH) 01(NWL) 02(NBY) 00(Data) 01(Data:1번on) dd(CRCL) c2(CRCH) 35(Check) f3(ETX)

이와 같은 조명1의 ON을 하기 위한 값을 가지고 있음을 알 수 있다.

조명1 ON 메시지 f2 0b 01 10 29 10 00 01 02 00 01 dd c2 35 f3를 입력 후 송신 버튼을 클릭하면 송신메시지 창에 다음과 같은 명령어가 생성된다.

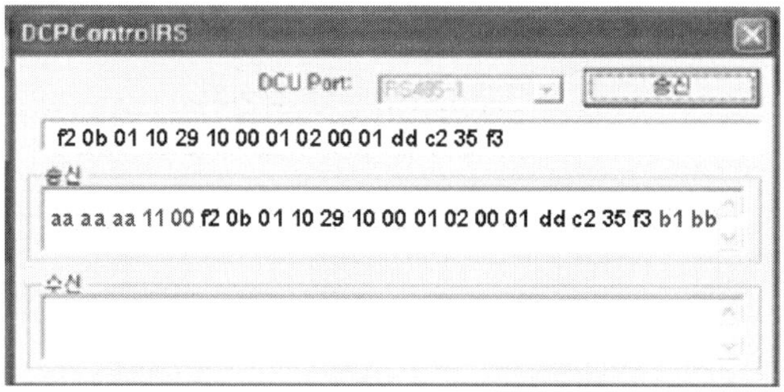

송신창의 메시지는 DCP의 조명1 ON 명령어를 게이트웨이(DCU)장비에 보내기 위하여 명령어를 DCU의 명령체계로 변환하여 보내게 된다. 보내는 메시지는 수정할 수 있는 부분이 없기 때문에 각각의 바이트들이 무엇을 나타내는지 간단히 설명하도록 한다.

조명켜기 메시지 : f2 0b 01 10 29 10 00 01 02 00 01 dd c2 35 f3
송신창 : aa aa aa 11 00 f2 0b 01 10 29 10 00 01 02 00 01 dd c2 35 f3 b1 bb

진한 글자로 표시된 부분이 DCU에서 만들어주는 부분이다. 송신창의 메시지 중에서

- aa aa aa : STX(고정)
- 11 : 검정색으로 표시된 data의 길이 +2 = 17(헥사로 표현하면 11)
- 00 : DCU의 포트 번호
- b1 : 처음부터 data까지의 XOR 값
- bb : ETX(고정)

조명1 ON 송신 메시지의 흐름은 다음과 같이 진행된다.

aa aa aa 11 00 f2 0b 01 10 29 10 00 01 02 00 01 dd c2 35 f3 b1 bb가 생성되면 게이트웨이 모듈장비에서 조명제어 모듈장비로 RS485 통신에 의하여 조명1 ON 명령이 전달되어 조명제어 스위치에 의해 램프1이 ON 동작한다.

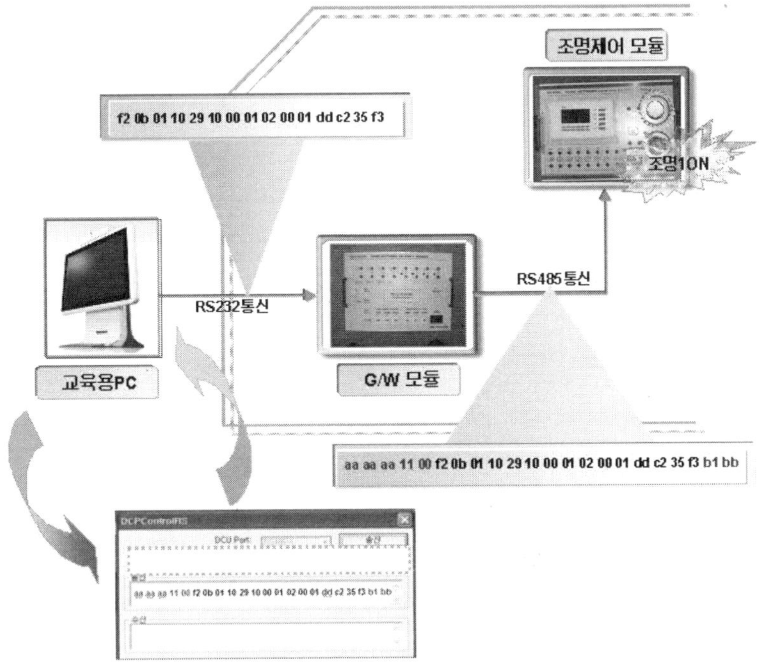

[그림 4-9] 조명1 ON 송신메시지의 흐름

조명1이 ON 동작하면 조명제어 장비에서 동작된 신호를 홈 게이트웨이 장비로 동작 Data Packet을 보낸다. DCP의 수신창에 다음과 같은 메시지가 생성된다.

aa aa aa 0e 00 f2 08 01 10 29 10 00 01 08 50 71 f3 ad bb

조명제어스위치 프로토콜에서 조명1 ON 동작의 수신 Packet 분석을 보면

수신메시지 : 조명1 ON 제어 메시지에 대한 응답
f2(STX) 08(Length) 01(ID고정) 10(CMD:write) 29(ADH) 10(ADL) 00(NWH) 01(NWL) 08(CRCL) 50(CRCH) 71(Check) f3(ETX)

이와 같은 조명1의 ON 동작 제어 한 상태 값을 가지고 있음을 알 수 있다.

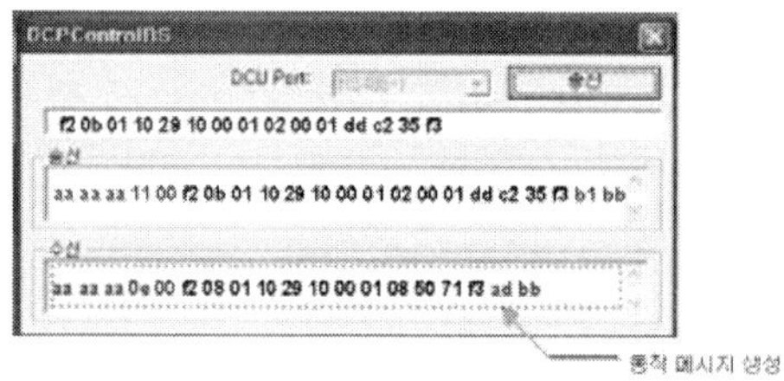

수신창 : aa aa aa 0e 00 f2 08 01 10 29 10 00 01 008 50 71 f3 ad bb

진한 글자로 표시된 부분이 DCU에서 만들어주는 부분이다. 수신창 메시지 중에서

- aa aa aa : STX(고정)
- 0e : 검정색으로 표시된 data의 길이 + 2 = 14(헥사로 표현하면 0e)
- 00 : DCU의 포트번호(현재 조명의 경우 DCU 포트 0번에 연결된 경우임)
- ad : 처음부터 data까지의 XOR 값
- bb : ETX(고정)

조명1 ON 수신 메시지의 흐름은 [그림 4-10]과 같이 진행된다.

aa aa aa 0e 00 f2 08 01 10 29 10 00 01 08 50 71 f3 ad bb 가 생성되면 조명제어 장비의 조명1이 ON 동작을 RS485 통신으로 게이트웨이 실습장비로 전달하고 DCP의 "DCPControlRS"의 수신창에 Data Packet 명령어를 생성하여 조명제어 교육장비의 램프1이 ON 동작 상태를 표시한다.

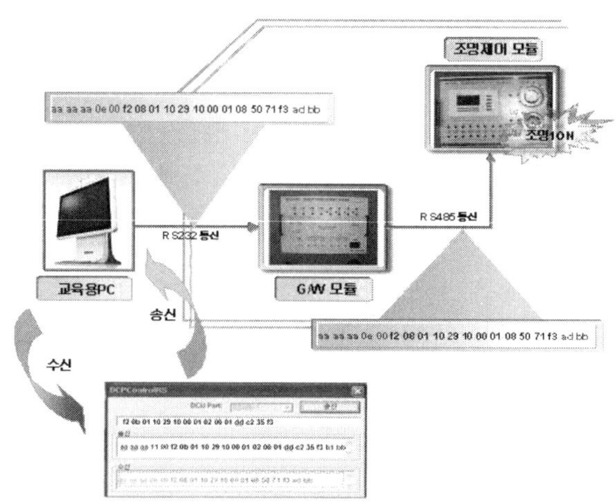

[그림 4-10] 조명1 ON 수신 메시지의 흐름

2) 조명1 OFF 제어

조명1 OFF 제어를 위한 "DCPControlRS" 창의 설명은 다음과 같다.

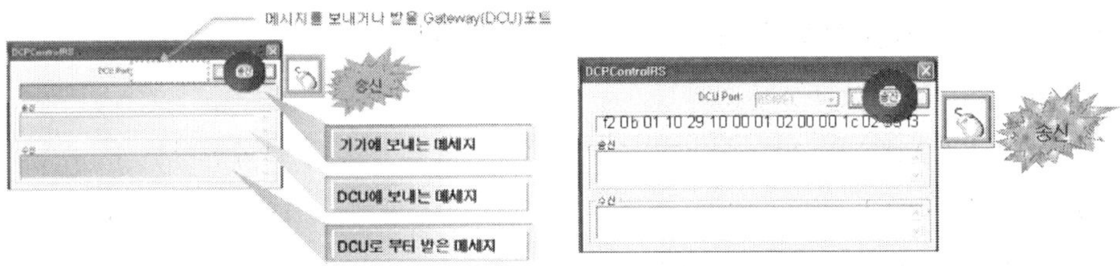

조명 끄기 메시지 : f2 0b 01 10 29 10 00 01 02 00 00 1c 02 35 f3 입력 후 송신버튼을 클릭한다.

조명1 OFF 메시지 f2 0b 01 10 29 10 00 01 02 00 00 1c 02 35 f3 를 조명제어 스위치 프로토콜에서 조명 송신 Packet 분석을 보면

송신 메시지 : 조명1 OFF 메시지(Relay 메시지)

f2(STX) 0b(Length) 01(ID고정) 10(CMD:write) 29(ADH) 10(ADL) 00(NWH) 01(NWL) 02(NBY) 00(Data:1번 off) 1c(CRCL) 02(CRCH) 35(Check) f3(ETX)

이와 같은 조명1의 OFF를 하기위한 값을 가지고 있음을 알 수 있다.

조명1 OFF 메시지를 입력 후 송신 버튼을 클릭하면 송신 메시지 창에 다음과 같은 명령어가 생성된다.

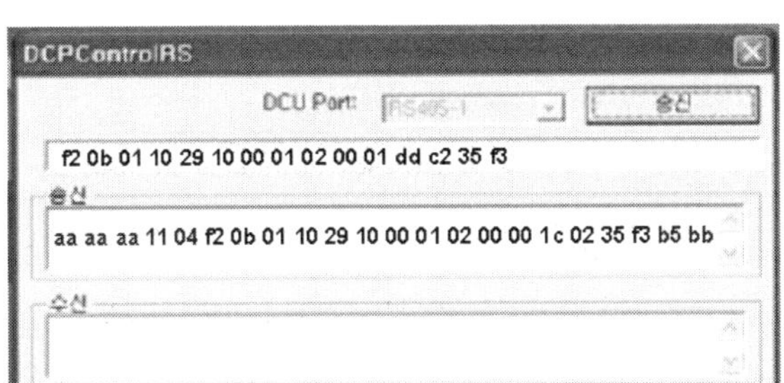

송신창의 메시지가 각각 무엇을 나타내는지 간단히 설명하도록 한다.

조명1 끄기 메시지 : f2 0b 01 10 29 10 00 01 02 00 00 1c 02 35 f3
송신창 메시지 : aa aa aa 11 04 f2 0b 01 10 29 10 00 01 02 00 00 1c 02 35 f3 b5 bb

진한 글씨로 표시된 부분이 DCU에서 만들어주는 부분이다. 송신창 메시지 중에서
- aa aa aa : STX(고정)
- 11 : 검정색으로 표시된 data의 길이 +2 = 17(헥사로 표현하면 11)
- 04 : DCU의 포트 번호(현재 조명의 경우 DCU 포트 4번에 연결된 경우임)
- b5 : 처음부터 data까지의 XOR 값
- bb : ETX(고정)

조명1 OFF 송신 메시지가 생성되면 게이트웨이 모듈장비에서 조명제어 모듈장비로 RS485 통신에 의하여 조명1 OFF 명령이 전달되어 조명제어 스위치에 의해 램프1이 OFF 동작한다. 조명1이 OFF 동작하면 조명제어 장비에서 동작된 신호를 홈 게이트웨이 장비로 동작 Data Packet을 보낸다.

DCP의 수신창에 다음과 같은 메시지가 생성된다. 진한 글씨로 표시된 부분이 DCU에서 만들어주는 부분이다.

aa aa aa 0e 04 f2 08 01 10 29 10 00 01 08 50 71 f3 a9 bb

조명제어 스위치 프로토콜에서 조명1 OFF 동작의 수신 Packet 분석을 보면

수신메시지 : 조명1 OFF 제어 메시지에 대한 응답
f2(STX) 08(Length) 01(ID고정) 10(CMD:write) 29(ADH) 10(ADL) 00(NWH) 01(NWL) 08(CRCL) 50(CRCH) 71(Check) f3(ETX)
- aa aa aa : STX(고정)
- 0e : 검정색으로 표시된 data의 길이 +2 = 14(헥사로 표현하면 0e)
- 04 : DCU의 포트번호(현재 조명의 경우 DCU 포트 4번에 연결된 경우임)
- a9 : 처음부터 dataRk지의 XOR값
- bb : ETX(고정)

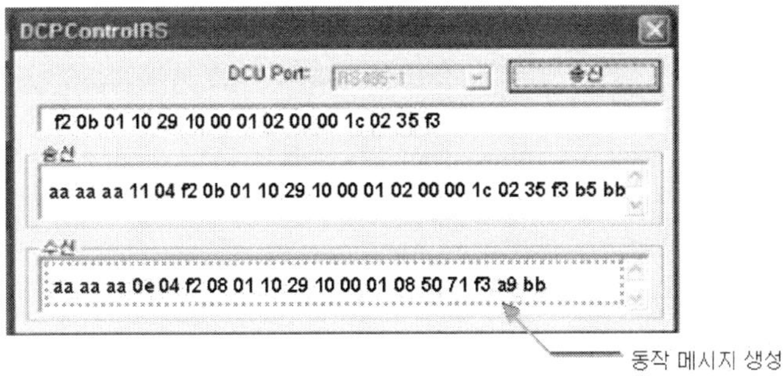

조명1 OFF 메시지가 생성되면 조명제어 장비의 조명1이 OFF 동작을 RS485 통신으로 게이트웨이 실습장비로 전달하고 DCP의 "DCPControlRS"의 수신창에 Data Packet 명령어를 생성하여 조명제어 교육장비의 램프1이 OFF 동작 상태를 표시한다.

4-5-2. 조명2 ON/OFF 제어

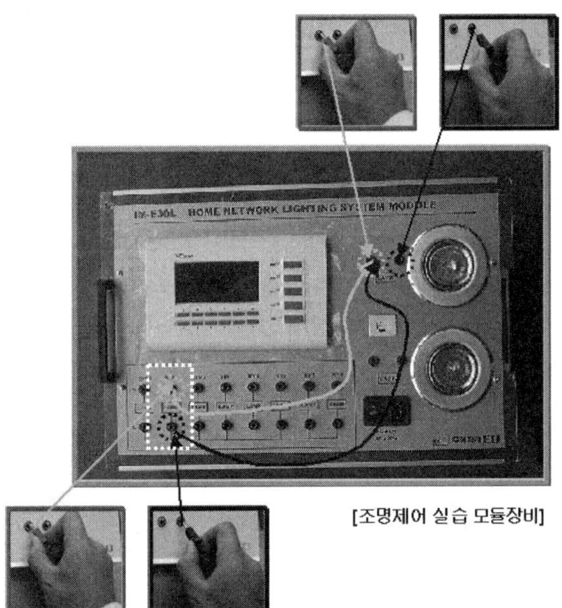

[그림 4-11] 조명2 ON/OFF 제어 결선

그림 4-11과 같이 결선한 후, 조명1 ON/OFF 제어와 동일한 방법으로 실험한다.

- 조명2 켜기 메시지 : f2 0b 01 10 29 10 00 01 02 00 02 9d c3 77 f3
- Packet 분석 : f2(STX) 0b(Length) 01(ID고정) 10(CMD:write) 29(ADH) 10(ADL)
  00(NWH) 01(NWL) 02(NBY) 00(Data) 02(Data:2번 on) 9d(CRCL)
  c3(CRCH) 77(Check) f3(ETX)
- 송신창 메시지 : aa aa aa 11 04 f2 0b 01 10 29 10 00 01 02 00 02 9d c3 77
  f3 b5 bb
  - aa aa aa : STX(고정)
  - 11 : 검정색으로 표시된 data의 길이 +2 = 17(헥사로 표현하면 11)
  - 04 : DCU의 포트번호(현재 조명의 경우 DCU포트 4번에 연결된 경우임)
  - b5 : 처음부터 dataRk지의 XOR값
  - bb : ETX(고정)
- 조명2 켜기 수신메시지 : aa aa aa 0e 04 f2 08 01 10 29 10 00 01 08 50 71
  f3 a9 bb
- 수신메시지 Packet 분석 : f2(STX) 08(Length) 01(ID고정) 10(CMD:write)
  29(ADH) 10(ADL) 00(NWH) 01(NWL) 08(CRCL)
  50(CRCH) 71(Check) f3(ETX)
  - aa aa aa : STX(고정)
  - 0e : 검정색으로 표시된 data의 길이 +2 = 14(헥사로 표현하면 0e)
  - 04 : DCU의 포트번호(현재 조명의 경우 DCU 포트 4번에 연결된 경우임)
  - a9 : 처음부터 data까지의 XOR값
  - bb : ETX(고정)

- 조명2 끄기 메시지 : f2 0b 01 10 29 10 00 01 02 00 00 1c 02 35 f3
- Packet 분석 : f2(STX) 0b(Length) 01(ID고정) 10(CMD:write) 29(ADH)
  10(ADL) 00(NWH) 01(NWL) 02(NBY) 00(Data) 00(Data:2
  번 off) 1c(CRCL) 02(CRCH) 35(Check) f3(ETX)
- 송신창 메시지 : aa aa aa 11 04 f2 0b 01 10 29 10 00 01 02 00 00 1c 02 35
  f3 b5 bb
  - aa aa aa : STX(고정)
  - 11 : 검정색으로 표시된 data의 길이 +2 = 17(헥사로 표현하면 11)
  - 04 : DCU의 포트번호(현재 조명의 경우 DCU포트 4번에 연결된 경우임)

- b5 : 처음부터 data까지의 XOR값
- bb : ETX(고정)

- 조명2 끄기 수신메시지 : aa aa aa 0e 04 f2 08 01 10 29 10 00 01 08 50 71 f3 a9 bb
- 수신메시지 Packet 분석 : f2(STX) 08(Length) 01(ID고정) 10(CMD:write) 29(ADH) 10(ADL) 00(NWH) 01(NWL) 08(CRCL) 50(CRCH) 71(Check) f3(ETX)
  - aa aa aa : STX(고정)
  - 0e : 검정색으로 표시된 data의 길이 +2 = 14(헥사로 표현하면 0e)
  - 04 : DCU의 포트번호(현재 조명의 경우 DCU 포트 4번에 연결된 경우임)
  - a9 : 처음부터 data까지의 XOR값
  - bb : ETX(고정)

4-5-3. 조명 ON/OFF 실습 예제

1) 조명3 제어하기

(1) 조명3 제어의 중점 학습과제

홈 네트워크의 조명제어에서 중요한 사항은 수많은 조명제품의 통신 인터페이스가 중요하며 통신체계의 구성도 전력선통신, RS485통신, RS232C통신, RF & Zigbee 통신 등 다양한 통신체계의 프로토콜을 인터페이스 하여야 한다.

조명제어 모듈을 통하여 프로토콜을 이용한 조명제어를 학습한다. 또한 조명3의 구성과 결선을 이해하고 게이트웨이를 통한 홈 네트워크의 기능과 특성을 학습한다.

(2) 조명3 제어를 위한 학습 Point

- 조명제어 모듈의 조명3을 결선한다.
- 조명제어 모듈과 게이트웨이 모듈을 연결한다.
- PC의 운영프로그램 DCP에 조명제어 모듈을 설정한다.
- 조명제어 모듈의 통신 프로토콜을 분석한다.
- 제어 데이터 패킷의 명령어 메시지를 분석한다.
- 조명3을 제어 명령어에 의하여 램프를 켠다.

⑶ 조명3 제어를 이용한 응용 학습

조명1, 2를 이용하여 그룹제어와 전체 소등, SCENE 기능 등을 구현한다.

2) 조명4 제어하기

조명3 제어실습과 같은 방식으로 학습한다. 이 실습에서 가장 중요한 학습은 홈 네트워크 통신체계의 이해와 각 디바이스의 프로토콜 분석과 그 결과에 따른 제어이며, 디바이스간 또는 디바이스와 게이트웨이간의 인터페이스 교육과 제어의 방식과 구성을 학습하는데 있다.

4-6 조명 Dimming 제어 실습

4-6-1. 조명 Dimming1 제어

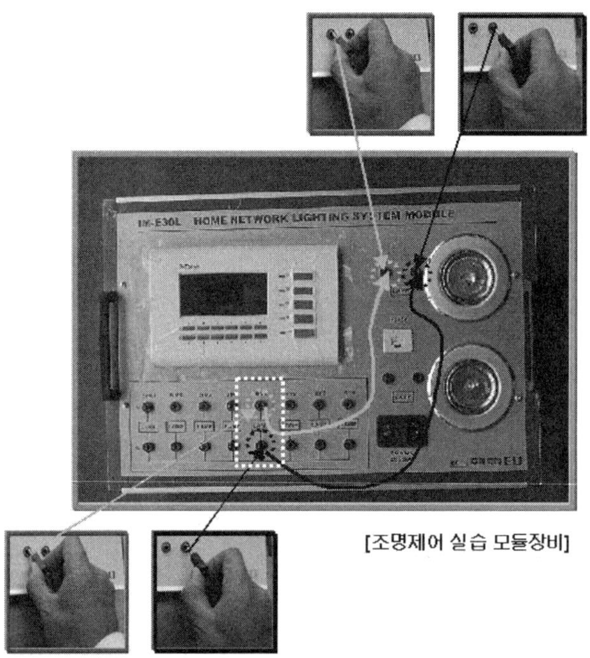

[그림 4-12] 조명 Dimming1 제어 결선

조명제어 Dimming Controller의 조명 Dimming-1 Output1의 Ac220V의 한 단자에 연결 잭(빨간색)을 연결한 다음 램프1의 연결 잭(빨간색)에 반대부분을 연결하여 램프에 AC220V의 전원을 가변하여 0%, 40%, 70%, 100%의 전원을 공급한다. 또한 Dimming Controller의 조명 Dimming-1 Output2의 스위치 단자에 연결 잭(검정색)을 연결한 다음 램프1의 연결 잭(검정색)의 반대부분을 연결하여 AC220V의 -전원을 연결한다.

램프2로 동작할 경우에 램프1의 연결잭(빨간색, 검정색)을 같은 방식으로 램프2에 연결한다.

1) 조명 Dimming1 0%(OFF) 제어

조명 Dimming1의 0% 제어를 위한 "DCPControlRS"창의 설명은 다음과 같다.

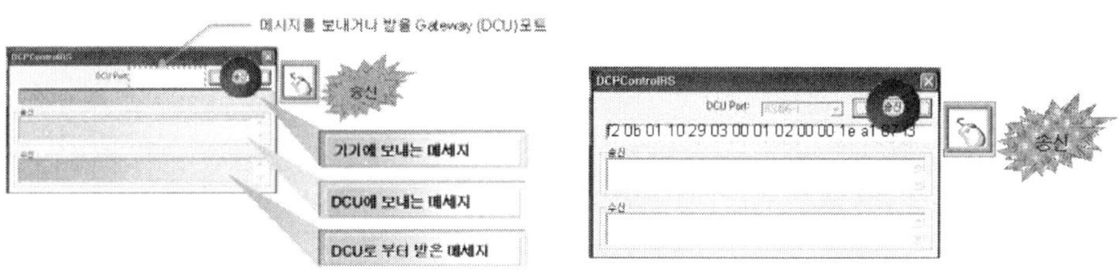

먼저 조명 Dimming1의 0%(OFF) 메시지를 입력한다.

조명 Dimming1 0% 메시지 : <u>f2 0b 01 10 29 03 00 01 02 00 00 1e a1 87 f3</u> 입력 후 송신버튼을 클릭한다.

조명 Dimming1 0% 메시지를 Packet 분석하면 다음과 같다.

f2(STX) 0b(Length) 01(ID고정) 10(CMD:write) 29(ADH) 03(ADL 1번 디밍) 00(NWH) 01(NWL) 02(NBY) 00(Data) 00(Data:0) 1e(CRCL) a1(CRCH) 87(Check) f3(ETX)

조명 Dimming1 0% 메시지를 입력 후 송신버튼을 클릭하면 송신 메시지 창에 다음과 같은 명령어가 생성된다.

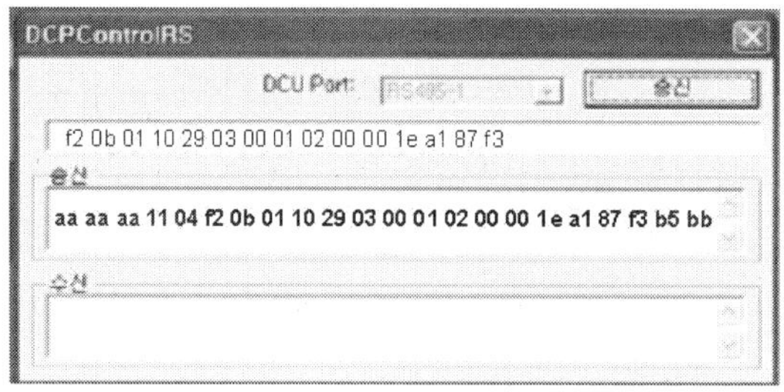

조명 Dimming1 0%(OFF) 송신 메시지 :

aa aa aa 11 04 f2 0b 01 10 29 03 00 01 02 00 00 1e a1 87 f3 b5 bb

진한 글씨로 표시된 부분이 DCU에서 만들어 주는 부분이다.

- aa aa aa : STX(고정)
- 11 : 검정색으로 표시된 data의 길이 +2 = 17(헥사로 표시하면 11)
- 04 : DCU의 포트번호(현재 조명의 경우 DCU 포트 4번에 연결된 경우임)
- b5 : 처음부터 data까지의 XOR값
- bb : ETX(고정)

조명 Dimming1 0%(OFF) 제어메시지가 생성되면 게이트웨이 모듈장비에서 조명제어 모듈장비로 RS485 통신에 의하여 조명 Dimming1 0% 명령이 전달되어 조명제어 스위치에 의해 램프1이 0%(OFF) 동작을 한다.

조명 Dimming1이 0%(OFF)의 밝기로 동작하면 조명제어 디바이스에서 동작된 신호를 홈 게이트웨이 모듈장비로 동작 data packet을 전송한다. DCP의 수신창에 다음과 같은 메시지가 생성된다.

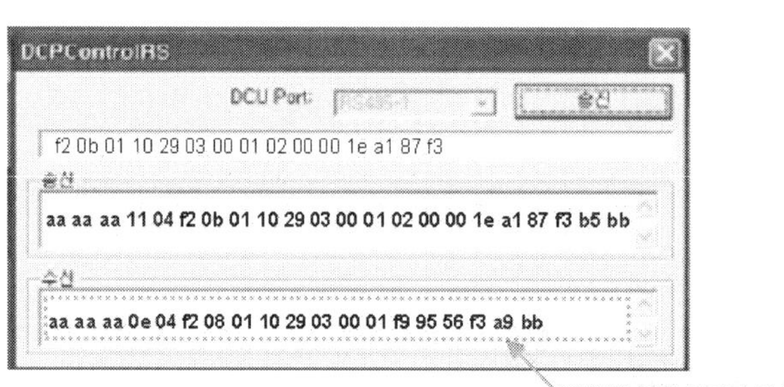

조명 Dimming1 0%(OFF) 수신 메시지 :

aa aa aa 0e 04 f2 08 01 10 29 03 00 01 f9 95 56 f3 a9 bb

수신 메시지의 Packet 분석 :

f2(STX) 08(Length) 01(ID고정) 10(CMD:write) 29(ADH) 03(ADL) 00(NWH) 01(NWL) f9(CRCL) 95(CRCH) 56(Check) f3(ETX)

- aa aa aa : STX(고정)
- 0e : 검정색으로 표시된 data의 길이 +2 = 14(헥사로 표현하면 0e)
- 04 : DCU의 포트번호(현재 조명의 경우 DCU포트 4번에 연결된 경우임)
- a9 : 처음부터 data까지의 XOR값
- bb : ETX(고정)

조명 Dimming1 0%(OFF) 메시지가 생성되면 조명제어 장비의 조명 Dimming1이 0%(OFF)동작을 RS485통신으로 홈 게이트웨이 실습장비로 전달하고 DCP의 "DCPControlRS"의 수신창에 Data Packet 명령어를 생성하여 조명제어 교육장비의 램프1이 0% 동작상태를 표시한다.

2) 조명 Dimming1 40% 제어

조명 Dimming1의 40% 켜기 제어를 위한 "DCPControlRS"창의 설명은 다음과 같다.

먼저 조명 Dimming1의 40%켜기 메시지를 입력한다.

조명 Dimming1 40% 켜기 메시지 :

f2 0b 01 10 29 03 00 01 02 00 28 1e bf b1 f3

Packet 분석 : f2(STX) 0b(Length) 01(ID고정) 10(CMD:write) 29(ADH)
03(ADL 1번 디밍) 00(NWH) 01(NWL) 02(NBY) 00(Data)
28(Data:40) 1e(CRCL) bf(CRCH) b1(Check) f3(ETX)

조명 Dimming1 40% 켜기 메시지를 입력 후 송신버튼을 클릭하면 송신 메시지 창에 다음과 같음 명령어가 생성된다.

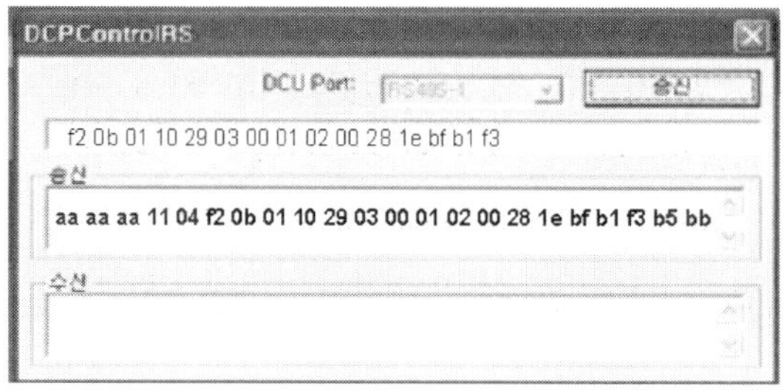

송신창의 메시지는 DCP의 조명 Dimming1 40% 켜기 명령어를 게이트웨이(DCU) 장비에 보내기 위하여 명령어를 DCU의 명령체계로 변환하여 보내게 된다.

조명 Dimming1 40% 켜기 송신 메시지 :

aa aa aa 11 04 f2 0b 01 10 29 03 00 01 02 00 28 1e bf b1 f3 b5 bb

- aa aa aa : STX(고정)
- 11 : 검정색으로 표시된 data의 길이 +2 = 17(헥사로 표현하면 11)
- 04 : DCU의 포트번호(현재 조명의 경우 DCU포트 4번에 연결된 경우임)
- b5 : 처음부터 data까지의 XOR값
- bb : ETX(고정)

조명 Dimming1 40%켜기 송신메시지가 생성되면 게이트웨이 모듈장비에서 조명제어 모듈장비로 RS485통신에 의하여 조명 Dimming1 40% 켜기 명령이 전달되어 조명제어 스위치에 의해 램프1이 40%의 전등 밝기로 동작한다.

조명 Dimming1이 40%의 밝기로 동작하면 조명제어 디바이스에서 동작된 신호를 홈 게이트웨이 모듈 장비로 동작 Data Packet을 전송한다.

DCP의 수신창에 다음과 같은 메시지가 생성된다.

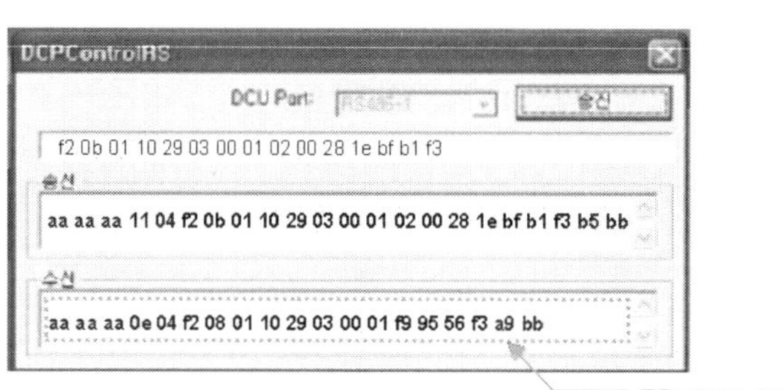

조명 Dimming1 40%켜기 수신 메시지 :

aa aa aa 0e 04 f2 08 01 10 29 03 00 01 f9 95 56 f3 a9 bb

Packet 분석 : f2(STX) 08(Length) 01(ID고정) 10(CMD:write) 29(ADH) 03(ADL)

00(NWH) 01(NWL) f9(CRCL) 95(CRCH) 56(Check) f3(ETX)

- aa aa aa : STX(고정)
- 0e : 검정색으로 표시된 data의 길이 +2 = 14(헥사로 표현하면 0e)
- 04 : DCU의 포트번호(현재 조명의 경우 DCU 포트 4번에 연결된 경우임)
- a9 : 처음부터 data 까지의 SOR값
- bb : ETX(고정)

조명 Dimming1 40% 켜기 메시지가 생성되면 조명제어 장비의 조명 Dimming1이 40% 밝기로 켜기 동작을 RS485 통신으로 홈 게이트웨이 모듈장비로 전달하고 DCP의 “DCPControlRS”의 수신창에 Data Packet 명령어를 생성하여 조명제어 교육장비의 램프1이 40% 밝기 동작상태를 표시한다.

3) 조명 Dimming1 70% 제어

이번 학습은 전등의 밝기를 70%의 Dimming 제어를 한다.

먼저 DCP 프로그램의 “DCPControlRS”를 연 다음 송, 수신 메시지에 의한 제어를 한다. 조명 Dimming1의 70% 밝기 메시지를 입력한다.

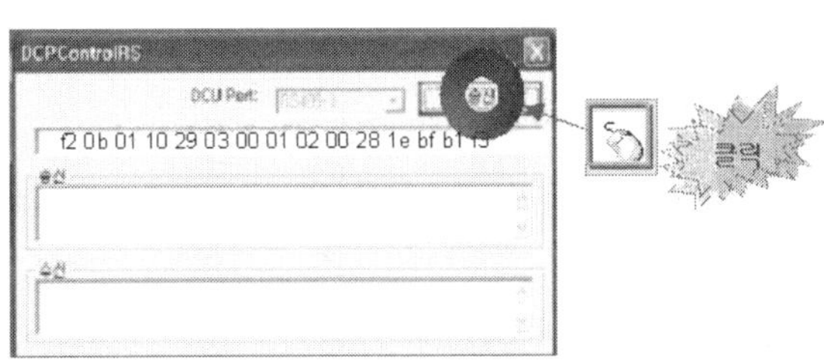

조명 Dimming1 70% 밝기 메시지 :

f2 0b 01 10 29 03 00 01 02 00 46 9f 53 b2 f3

Packet 분석 : f2(STX) 0b(Length) 01(ID고정) 10(CMD:write) 29(ADH)

03(ADL 1번 디밍) 00(NWH) 01(NWL) 02(NBY) 00(Data) 46(Data:70)

9f(CRCL) 53(CRCH) b2(Check) f3(ETX)

조명 Dimming1 70% 밝기 메시지를 입력 후 송신 버튼을 클릭하면 송신 메시지 창에 다음과 같은 명령어가 생성된다.

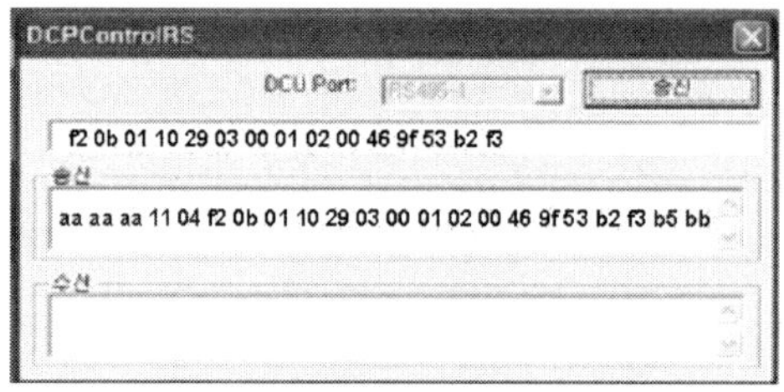

송신창의 메시지는 DCP의 조명 Dimming1 70% 밝기 조절 명령어를 게이트웨이(DCU) 장비에 보내기 위하여 명령어를 DCU의 명령체계로 변환하여 보내게 된다.

조명 Dimming1 70% 밝기 송신 메시지 :
aa aa aa 11 04 f2 0b 01 10 29 03 00 01 02 00 46 9f 53 b2 f3 b5 bb

- aa aa aa : STX(고정)
- 11 : 검정색으로 표시된 data의 길이 +2 = 17(헥사로 표현하면 11)
- 04 : DCU의 포트 번호(현재 조명의 경우 DCU 포트 4번에 연결된 경우임)
- b5 : 처음부터 data까지의 XOR값
- bb : ETX(고정)

조명 Dimming1 70% 밝기 조절 송신 메시지가 생성되면 홈 게이트웨이 모듈장비에서 조명제어 모듈장비로 RS485통신에 의하여 조명 Dimming1 70% 밝기 조절 명령이 전달되어 조명제어 스위치에 의해 램프1이 70%의 전등 밝기로 동작한다.

조명 Dimming1이 70%의 밝기로 동작하면 조명제어 디바이스에서 동작된 신호를 홈 게이트웨이 모듈 장비로 동작 Data Packet을 전송한다. DCP의 수신창에 다음과 같은 메시지가 생성된다.

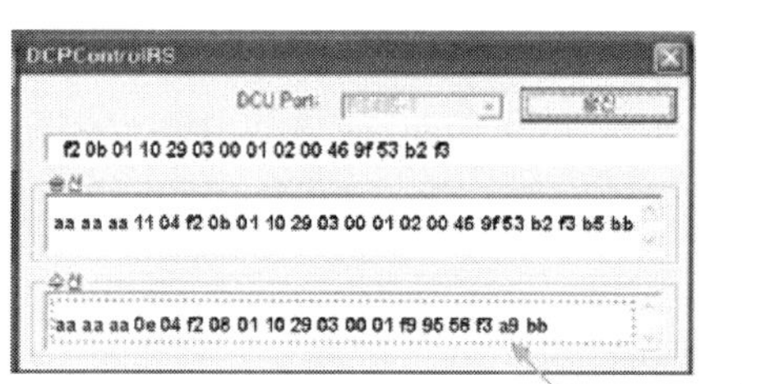

조명 Dimming1 70% 밝기 조절 수신 메시지 :

aa aa aa 0e 04 f2 08 01 10 29 03 00 01 f9 95 56 f3 a9 bb

Packet 분석 : f2(STX) 08(Length) 01(ID고정) 10(CMD:write) 29(ADH) 03(ADL)

00(NWH) 01(NWL) f9(CRCL) 95(CRCH) 56(Check) f3(ETX)

- aa aa aa : STX(고정)
- 0e : 검정색으로 표시된 data의 길이 +2 = 14(헥사로 표현하면 0e)
- 04 : DCU의 포트번호(현재 조명의 경우 DCU 포트 4번에 연결된 경우임)
- a9 : 처음부터 data 까지의 SOR값
- bb : ETX(고정)

조명 Dimming1 70% 밝기 조절 메시지가 생성되면 조명제어 장비의 조명 Dimming1이 70% 밝기로 켜기 동작을 RS485통신으로 홈 게이트웨이 모듈장비로 전달하고 DCP의 "DCPControlRS"의 수신창에 Data Packet 명령어를 생성하여 조명제어 교육장비의 램프1이 70%의 밝기 동작 상태를 표시한다.

4) 조명 Dimming1 100% 제어

이번 학습은 전등의 밝기를 100%의 Dimming 제어를 한다.

먼저 DCP 프로그램의 "DCPControlRS"를 연 다음 송, 수신 메시지에 의한 제어를 한다. 조명 Dimming1의 100% 밝기 메시지를 입력한다.

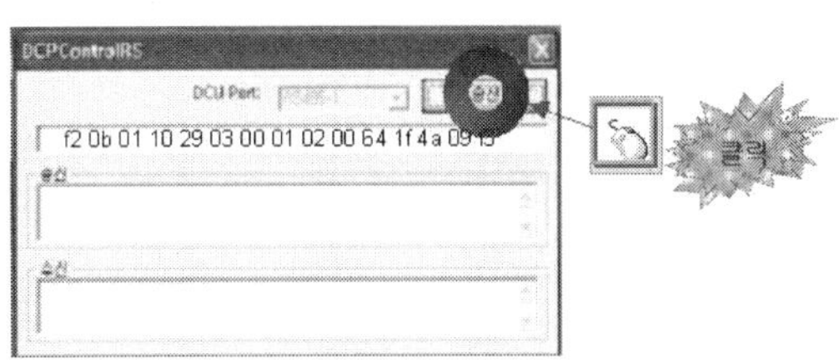

조명 Dimming1 100% 밝기 메시지 :

f2 0b 01 10 29 03 00 01 02 00 64 1f 4a 09 f3

Packet 분석 : f2(STX) 0b(Length) 01(ID고정) 10(CMD:write) 29(ADH)

03(ADL 1번 디밍) 00(NWH) 01(NWL) 02(NBY) 00(Data) 64(Data:100)

1f(CRCL) 4a(CRCH) 09(Check) f3(ETX)

조명 Dimming1 100% 밝기 메시지를 입력 후 송신 버튼을 클릭하면 송신 메시지 창에 다음과 같은 명령어가 생성된다.

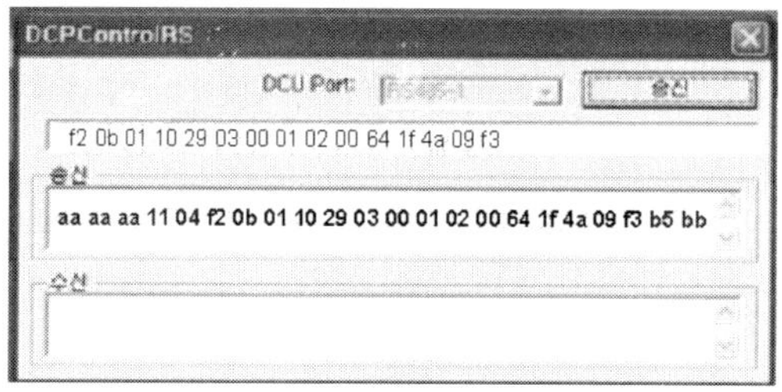

송신창의 메시지는 DCP의 조명 Dimming1 100% 밝기 조절 명령어를 게이트웨이(DCU) 장비에 보내기 위하여 명령어를 DCU의 명령체계로 변환하여 보내게 된다.

조명 Dimming1 100% 밝기 송신 메시지 :
aa aa aa 11 04 f2 0b 01 10 29 03 00 01 02 00 64 1f 4a 09 f3 b5 bb

- aa aa aa : STX(고정)
- 11 : 검정색으로 표시된 data의 길이 +2 = 17(헥사로 표현하면 11)
- 04 : DCU의 포트 번호(현재 조명의 경우 DCU 포트 4번에 연결된 경우임)
- b5 : 처음부터 data까지의 XOR값
- bb : ETX(고정)

조명 Dimming1 100% 밝기 조절 송신 메시지가 생성되면 홈 게이트웨이 모듈 장비에서 조명제어 모듈장비로 RS485통신에 의하여 조명 Dimming1 100% 밝기 조절 명령이 전달되어 조명제어 스위치에 의해 램프1이 100%의 전등 밝기로 동작한다.

조명 Dimming1이 100%의 밝기로 동작하면 조명제어 디바이스에서 동작된 신호를 홈 게이트웨이 모듈 장비로 동작 Data Packet을 전송한다. DCP의 수신창에 다음과 같은 메시지가 생성된다.

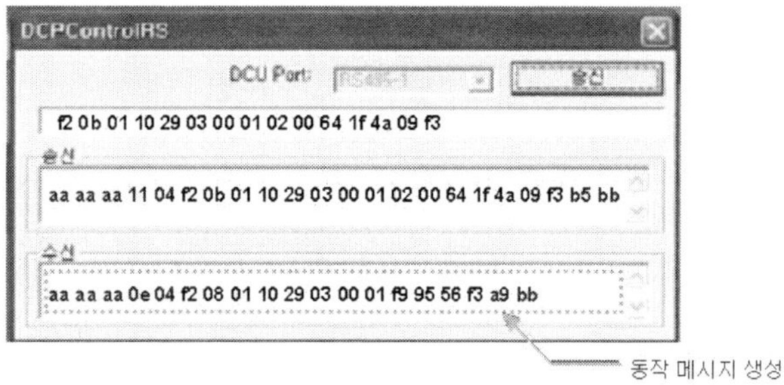

조명 Dimming1 100% 밝기 조절 수신 메시지 :

aa aa aa 0e 04 f2 08 01 10 29 03 00 01 f9 95 56 f3 a9 bb

Packet 분석 : f2(STX) 08(Length) 01(ID고정) 10(CMD:write) 29(ADH) 03(ADL)

00(NWH) 01(NWL) f9(CRCL) 95(CRCH) 56(Check) f3(ETX)

- aa aa aa : STX(고정)
- 0e : 검정색으로 표시된 data의 길이 +2 = 14(헥사로 표현하면 0e)
- 04 : DCU의 포트번호(현재 조명의 경우 DCU 포트 4번에 연결된 경우임)
- a9 : 처음부터 data 까지의 SOR값
- bb : ETX(고정)

조명 Dimming1 100% 밝기 조절 메시지가 생성되면 조명제어 장비의 조명 Dimming1이 100% 밝기로 켜기 동작을 RS485통신으로 홈 게이트웨이 모듈장비로 전달하고 DCP의 "DCPControlRS"의 수신창에 Data Packet 명령어를 생성하여 조명제어 교육장비의 램프1이 100%의 밝기 동작 상태를 표시한다.

4-6-2. 조명 Dimming2 제어

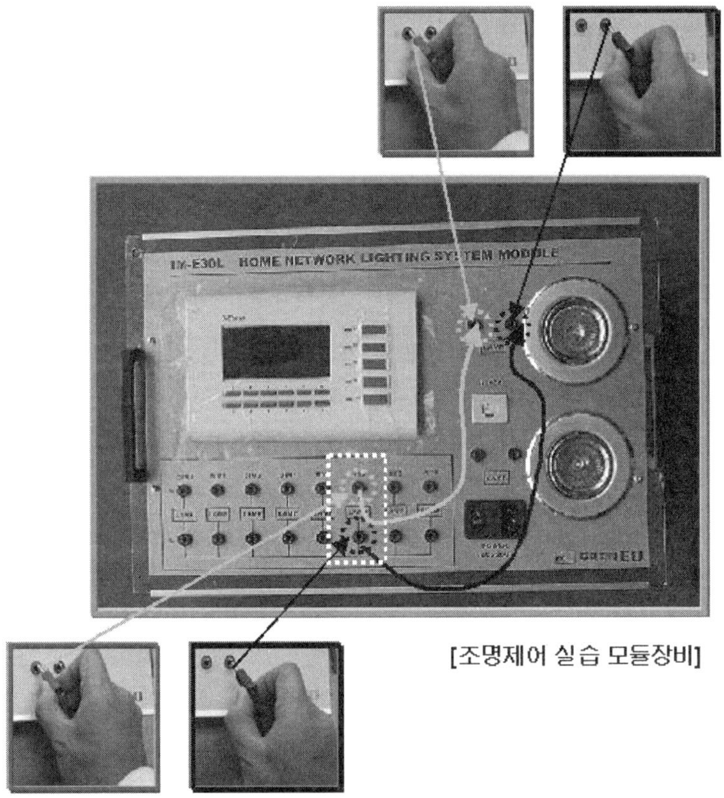

[그림 4-13] 조명 Dimming2 제어 결선

조명제어 Dimming Controller의 조명 Dimming-2 Output1의 Ac220V의 한 단자에 연결 잭(빨간색)을 연결한 다음 램프1의 연결 잭(빨간색)에 반대부분을 연결하여 램프에 AC220V의 전원을 가변하여 0%, 40%, 70%, 100%의 전원을 공급한다. 또한 Dimming Controller의 조명 Dimming-2 Output2의 스위치 단자에 연결 잭(검정색)을 연결한 다음 램프1의 연결 잭(검정색)의 반대부분을 연결하여 AC220V의 -전원을 연결한다.

램프2로 동작할 경우에 램프1의 연결잭(빨간색, 검정색)을 같은 방식으로 램프2에 연결한다.

1) 조명 Dimming2 0%(OFF) 제어

조명 Dimming2의 0% 제어를 위한 “DCPControlRS”창의 설명은 다음과 같다.

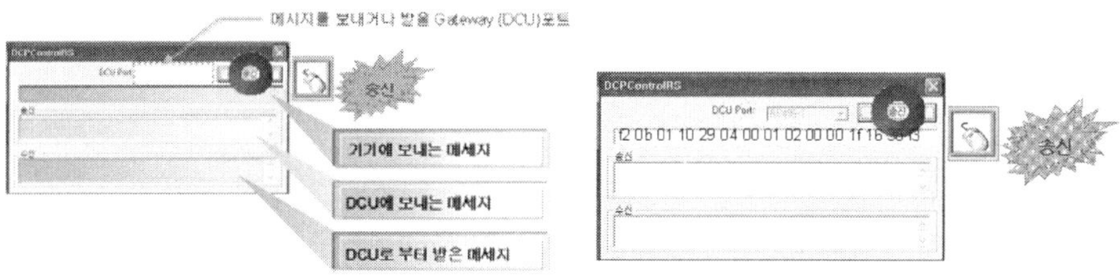

먼저 조명 Dimming2의 0%(OFF) 메시지를 입력한다.

조명 Dimming2 0% 메시지 : f2 0b 01 10 29 04 00 01 02 00 00 1f 16 36 f3 입력 후 송신버튼을 클릭한다.
조명 Dimming2 0% 메시지를 Packet 분석하면 다음과 같다.

f2(STX) 0b(Length) 01(ID고정) 10(CMD:write) 29(ADH) 04(ADL 2번 디밍) 00(NWH) 01(NWL) 02(NBY) 00(Data) 00(Data:0) 1f(CRCL) 16(CRCH) 36(Check) f3(ETX)

조명 Dimming2 0% 메시지를 입력 후 송신버튼을 클릭하면 송신 메시지 창에 다음과 같은 명령어가 생성된다.

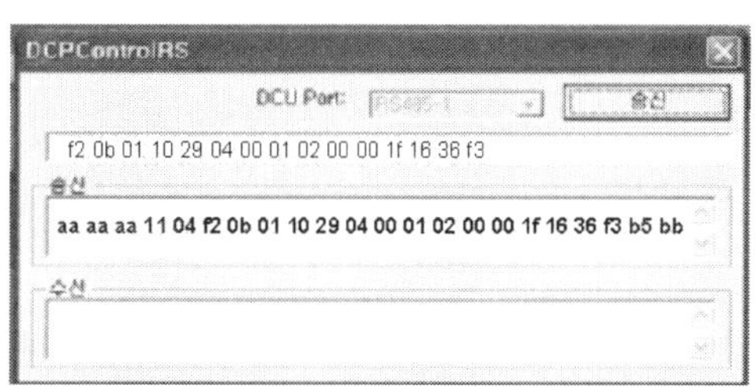

조명 Dimming2 0%(OFF) 송신 메시지 :
aa aa aa 11 04 f2 0b 01 10 29 04 00 01 02 00 00 1f 16 36 f3 b5 bb
진한 글씨로 표시된 부분이 DCU에서 만들어 주는 부분이다.

- aa aa aa : STX(고정)
- 11 : 검정색으로 표시된 data의 길이 +2 = 17(헥사로 표시하면 11)
- 04 : DCU의 포트번호(현재 조명의 경우 DCU 포트 4번에 연결된 경우임)
- b5 : 처음부터 data까지의 XOR값
- bb : ETX(고정)

조명 Dimming2 0%(OFF) 제어메시지가 생성되면 게이트웨이 모듈장비에서 조명제어 모듈장비로 RS485 통신에 의하여 조명 Dimming2 0% 명령이 전달되어 조명제어 스위치에 의해 램프1이 0%(OFF) 동작을 한다.

조명 Dimming2이 0%(OFF)의 밝기로 동작하면 조명제어 디바이스에서 동작된 신호를 홈 게이트웨이 모듈장비로 동작 data packet을 전송한다. DCP의 수신창에 다음과 같은 메시지가 생성된다.

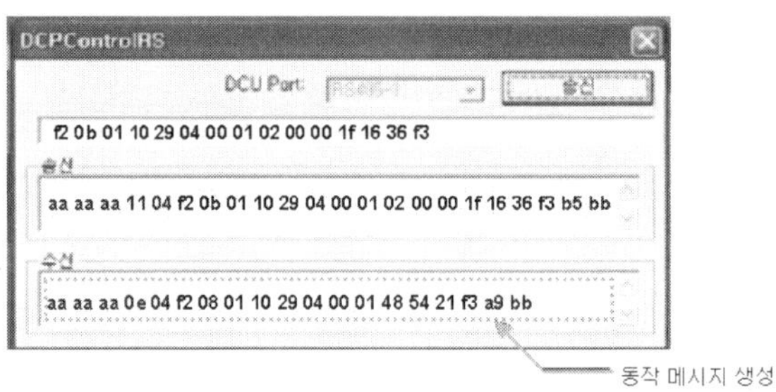

조명 Dimming2 0%(OFF) 수신 메시지 :

aa aa aa 0e 04 f2 08 01 10 29 04 00 01 48 54 21 f3 a9 bb

수신 메시지의 Packet 분석 :

f2(STX) 08(Length) 01(ID고정) 10(CMD:write) 29(ADH) 04(ADL) 00(NWH) 01(NWL) 48(CRCL) 54(CRCH) 21(Check) f3(ETX)

- aa aa aa : STX(고정)
- 0e : 검정색으로 표시된 data의 길이 +2 = 14(헥사로 표현하면 0e)
- 04 : DCU의 포트번호(현재 조명의 경우 DCU포트 4번에 연결된 경우임)
- a9 : 처음부터 data까지의 XOR값
- bb : ETX(고정)

조명 Dimming2 0%(OFF) 메시지가 생성되면 조명제어 장비의 조명 Dimming2

이 0%(OFF)동작을 RS485통신으로 홈 게이트웨이 실습장비로 전달하고 DCP의 "DCPControlRS"의 수신창에 Data Packet 명령어를 생성하여 조명제어 교육장비의 램프1이 0% 동작상태를 표시한다.

2) 조명 Dimming2 40% 제어

조명 Dimming2의 40% 켜기 제어를 위한 "DCPControlRS"창의 설명은 다음과 같다.

먼저 조명 Dimming2의 40%켜기 메시지를 입력한다.

조명 Dimming2 40% 켜기 메시지 :
f2 0b 01 10 29 04 00 01 02 00 28 1f 08 00 f3
Packet 분석 : f2(STX) 0b(Length) 01(ID고정) 10(CMD:write) 29(ADH) 04(ADL 2번 디밍) 00(NWH) 01(NWL) 02(NBY) 00(Data) 28(Data:40) 1f(CRCL) 08(CRCH) 00(Check) f3(ETX)

조명 Dimming2 40% 켜기 메시지를 입력 후 송신버튼을 클릭하면 송신 메시지 창에 다음과 같음 명령어가 생성된다.

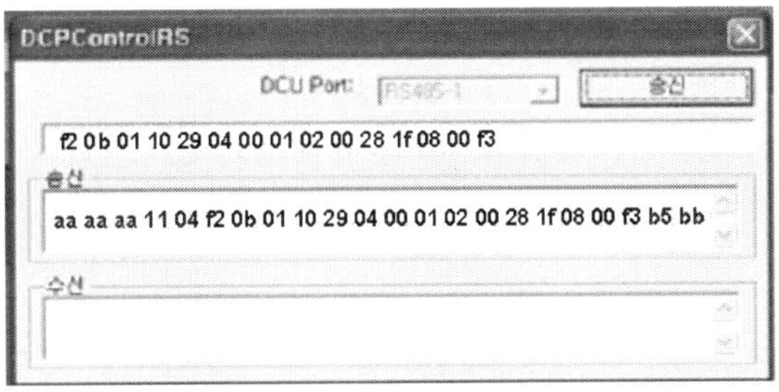

송신창의 메시지는 DCP의 조명 Dimming2 40% 켜기 명령어를 게이트웨이(DCU) 장비에 보내기 위하여 명령어를 DCU의 명령체계로 변환하여 보내게 된다.

조명 Dimming2 40% 켜기 송신 메시지 :
aa aa aa 11 04 f2 0b 01 10 29 04 00 01 02 00 28 1f 08 00 f3 b5 bb

- aa aa aa : STX(고정)
- 11 : 검정색으로 표시된 data의 길이 +2 = 17(헥사로 표현하면 11)
- 04 : DCU의 포트번호(현재 조명의 경우 DCU포트 4번에 연결된 경우임)
- b5 : 처음부터 data까지의 XOR값
- bb : ETX(고정)

조명 Dimming2 40%켜기 송신메시지가 생성되면 게이트웨이 모듈장비에서 조명제어 모듈장비로 RS485통신에 의하여 조명 Dimming2 40% 켜기 명령이 전달되어 조명제어 스위치에 의해 램프1이 40%의 전등 밝기로 동작한다.
조명 Dimming2이 40%의 밝기로 동작하면 조명제어 디바이스에서 동작된 신호를 홈 게이트웨이 모듈 장비로 동작 Data Packet을 전송한다.
DCP의 수신창에 다음과 같은 메시지가 생성된다.

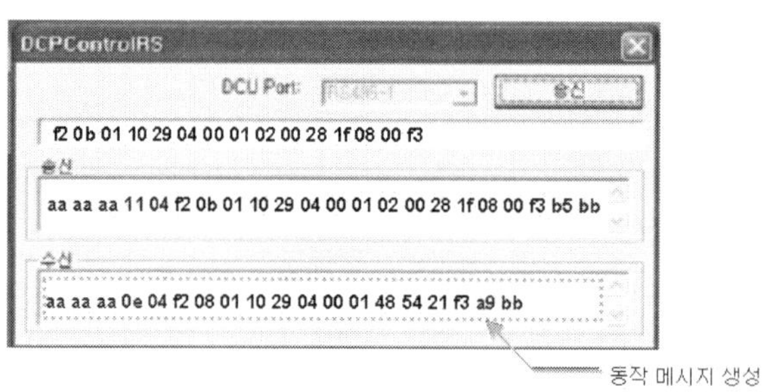

조명 Dimming2 40%켜기 수신 메시지 :
aa aa aa 0e 04 f2 08 01 10 29 04 00 01 48 54 21 f3 a9 bb
Packet 분석 : f2(STX) 08(Length) 01(ID고정) 10(CMD:write) 29(ADH) 04(ADL) 00(NWH) 01(NWL) 48(CRCL) 54(CRCH) 21(Check) f3(ETX)

- aa aa aa : STX(고정)
- 0e : 검정색으로 표시된 data의 길이 +2 = 14(헥사로 표현하면 0e)
- 04 : DCU의 포트번호(현재 조명의 경우 DCU 포트 4번에 연결된 경우임)

- a9 : 처음부터 data 까지의 SOR값
- bb : ETX(고정)

조명 Dimming2 40% 켜기 메시지가 생성되면 조명제어 장비의 조명 Dimming2이 40% 밝기로 켜기 동작을 RS485 통신으로 홈 게이트웨이 모듈장비로 전달하고 DCP의 "DCPControlRS"의 수신창에 Data Packet 명령어를 생성하여 조명제어 교육장비의 램프1이 40% 밝기 동작상태를 표시한다.

3) 조명 Dimming2 70% 제어

이번 학습은 전등의 밝기를 70%의 Dimming 제어를 한다.

먼저 DCP 프로그램의 "DCPControlRS"를 연 다음 송, 수신 메시지에 의한 제어를 한다. 조명 Dimming2의 70% 밝기 메시지를 입력한다.

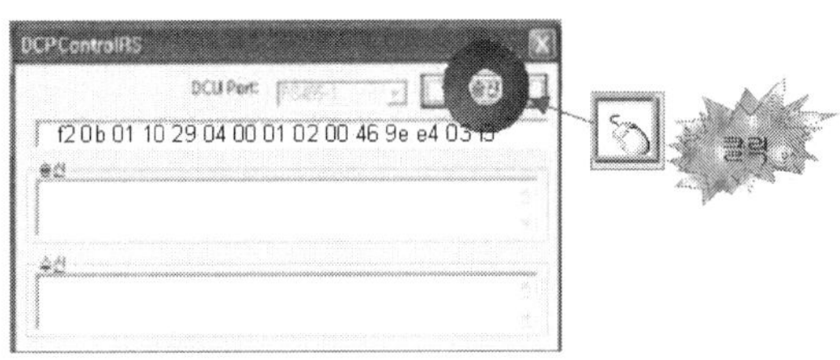

조명 Dimming2 70% 밝기 메시지 :

f2 0b 01 10 29 04 00 01 02 00 46 9e e4 03 f3

Packet 분석 : f2(STX) 0b(Length) 01(ID고정) 10(CMD:write) 29(ADH) 04(ADL 2번 디밍) 00(NWH) 01(NWL) 02(NBY) 00(Data) 46(Data:70) 9e(CRCL) e4(CRCH) 03(Check) f3(ETX)

조명 Dimming2 70% 밝기 메시지를 입력 후 송신 버튼을 클릭하면 송신 메시지 창에 다음과 같은 명령어가 생성된다.

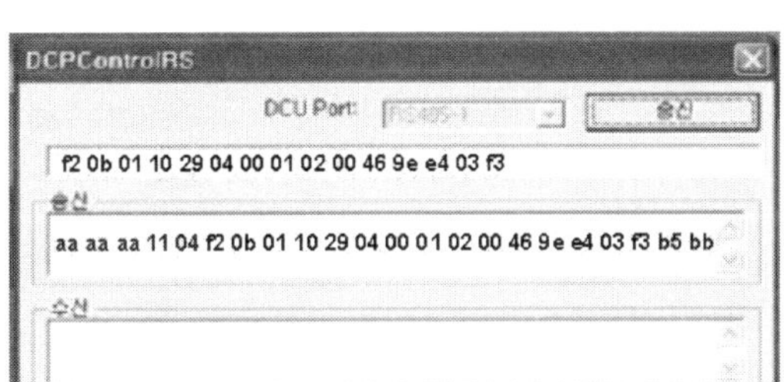

송신창의 메시지는 DCP의 조명 Dimming2 70% 밝기 조절 명령어를 게이트웨이(DCU) 장비에 보내기 위하여 명령어를 DCU의 명령체계로 변환하여 보내게 된다.

조명 Dimming2 70% 밝기 송신 메시지 :
aa aa aa 11 04 f2 0b 01 10 29 04 00 01 02 00 46 9e e4 03 f3 b5 bb
- aa aa aa : STX(고정)
- 11 : 검정색으로 표시된 data의 길이 +2 = 17(헥사로 표현하면 11)
- 04 : DCU의 포트 번호(현재 조명의 경우 DCU 포트 4번에 연결된 경우임)
- b5 : 처음부터 data까지의 XOR값
- bb : ETX(고정)

조명 Dimming2 70% 밝기 조절 송신 메시지가 생성되면 홈 게이트웨이 모듈장비에서 조명제어 모듈장비로 RS485통신에 의하여 조명 Dimming2 70% 밝기 조절 명령이 전달되어 조명제어 스위치에 의해 램프1이 70%의 전등 밝기로 동작한다.

조명 Dimming2이 70%의 밝기로 동작하면 조명제어 디바이스에서 동작된 신호를 홈 게이트웨이 모듈 장비로 동작 Data Packet을 전송한다. DCP의 수신창에 다음과 같은 메시지가 생성된다.

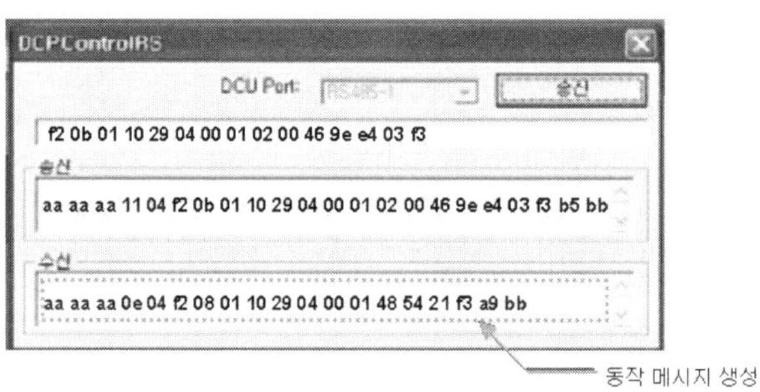

조명 Dimming2 70% 밝기 조절 수신 메시지 :
aa aa aa 0e 04 f2 08 01 10 29 04 00 01 48 54 21 f3 a9 bb
Packet 분석 : f2(STX) 08(Length) 01(ID고정) 10(CMD:write) 29(ADH) 04(ADL)
00(NWH) 01(NWL) 48(CRCL) 54(CRCH) 21(Check) f3(ETX)
- aa aa aa : STX(고정)
- 0e : 검정색으로 표시된 data의 길이 +2 = 14(헥사로 표현하면 0e)

- 04 : DCU의 포트번호(현재 조명의 경우 DCU 포트 4번에 연결된 경우임)
- a9 : 처음부터 data 까지의 SOR값
- bb : ETX(고정)

조명 Dimming2 70% 밝기 조절 메시지가 생성되면 조명제어 장비의 조명 Dimming2이 70% 밝기로 켜기 동작을 RS485통신으로 홈 게이트웨이 모듈장비로 전달하고 DCP의 "DCPControlRS"의 수신창에 Data Packet 명령어를 생성하여 조명제어 교육장비의 램프1이 70%의 밝기 동작 상태를 표시한다.

4) 조명 Dimming2 100% 제어

이번 학습은 전등의 밝기를 100%의 Dimming 제어를 한다.

먼저 DCP 프로그램의 "DCPControlRS"를 연 다음 송, 수신 메시지에 의한 제어를 한다. 조명 Dimming2의 100% 밝기 메시지를 입력한다.

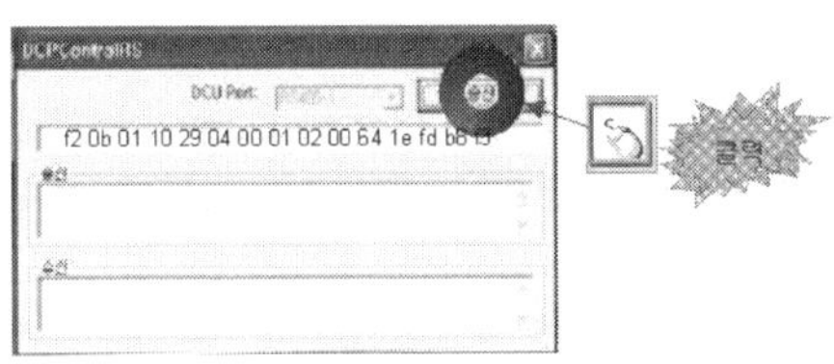

조명 Dimming2 100% 밝기 메시지 :

f2 0b 01 10 29 04 00 01 02 00 64 1e fd b8 f3

Packet 분석 : f2(STX) 0b(Length) 01(ID고정) 10(CMD:write) 29(ADH) 04(ADL 2번 디밍) 00(NWH) 01(NWL) 02(NBY) 00(Data) 64(Data:100) 1e(CRCL) fd(CRCH) b8(Check) f3(ETX)

조명 Dimming2 100% 밝기 메시지를 입력 후 송신 버튼을 클릭하면 송신 메시지 창에 다음과 같은 명령어가 생성된다.

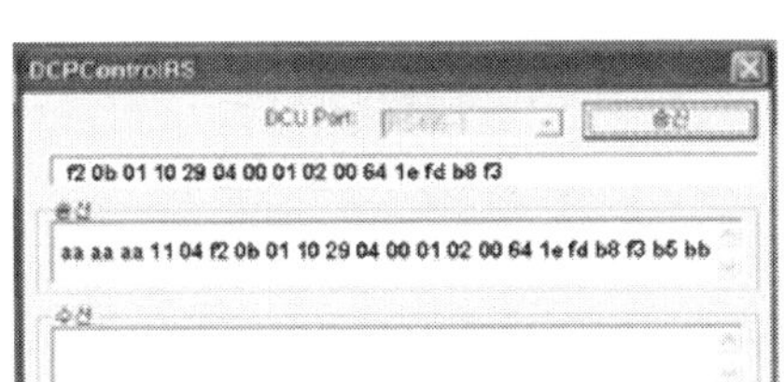

송신창의 메시지는 DCP의 조명 Dimming2 100% 밝기 조절 명령어를 게이트웨이(DCU) 장비에 보내기 위하여 명령어를 DCU의 명령체계로 변환하여 보내게 된다.

조명 Dimming2 100% 밝기 송신 메시지 :
aa aa aa 11 04 f2 0b 01 10 29 04 00 01 02 00 64 1e fd b8 f3 b5 bb

- aa aa aa : STX(고정)
- 11 : 검정색으로 표시된 data의 길이 +2 = 17(헥사로 표현하면 11)
- 04 : DCU의 포트 번호(현재 조명의 경우 DCU 포트 4번에 연결된 경우임)
- b5 : 처음부터 data까지의 XOR값
- bb : ETX(고정)

조명 Dimming2 100% 밝기 조절 송신 메시지가 생성되면 홈 게이트웨이 모듈 장비에서 조명제어 모듈장비로 RS485통신에 의하여 조명 Dimming2 100% 밝기 조절 명령이 전달되어 조명제어 스위치에 의해 램프1이 100%의 전등 밝기로 동작한다.

조명 Dimming2이 100%의 밝기로 동작하면 조명제어 디바이스에서 동작된 신호를 홈 게이트웨이 모듈 장비로 동작 Data Packet을 전송한다. DCP의 수신창에 다음과 같은 메시지가 생성된다.

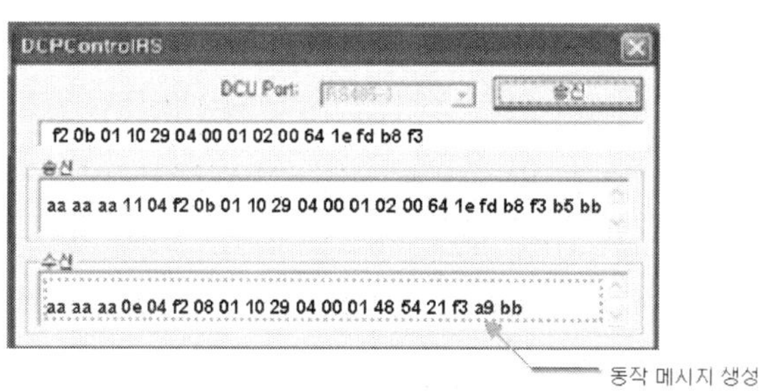

조명 Dimming2 100% 밝기 조절 수신 메시지 :
aa aa aa 0e 04 f2 08 01 10 29 04 00 01 48 54 21 f3 a9 bb

Packet 분석 : f2(STX) 08(Length) 01(ID고정) 10(CMD:write) 29(ADH) 04(ADL)
00(NWH) 01(NWL) 48(CRCL) 54(CRCH) 21(Check) f3(ETX)

- aa aa aa : STX(고정)
- 0e : 검정색으로 표시된 data의 길이 +2 = 14(헥사로 표현하면 0e)
- 04 : DCU의 포트번호(현재 조명의 경우 DCU 포트 4번에 연결된 경우임)
- a9 : 처음부터 data 까지의 SOR값
- bb : ETX(고정)

조명 Dimming2 100% 밝기 조절 메시지가 생성되면 조명제어 장비의 조명 Dimming2이 100% 밝기로 켜기 동작을 RS485통신으로 홈 게이트웨이 모듈장비로 전달하고 DCP의 "DCPControlRS"의 수신창에 Data Packet 명령어를 생성하여 조명제어 교육장비의 램프1이 100%의 밝기 동작 상태를 표시한다.

4-6-3. 조명 Dimming 제어 실습 예제

1) 조명 Dimming3을 제어하기

(1) 조명 Dimming3 제어의 중점 학습과제

홈 네트워크의 조명제어에서 중요한 사항은 수 많은 조명제품의 통신 인터페이스가 중요하며 통신체계의 구성도 전력선 통신, RS485통신, RS232C통신, RF & Zigbee 통신 등 다양한 통신체계의 프로토콜을 인터페이스 하여야 한다.

조명제어 모듈을 통하여 프로토콜을 이용한 조명제어를 학습한다. 또한 조명 Dimming3의 구성과 결선을 이해하고 게이트웨이를 통한 홈 네트워크의 기능과 특성을 학습한다.

(2) 조명 Dimming3 제어를 위한 학습 Point

- 조명제어 모듈의 조명 Dimming3을 결선한다.
- 조명제어 모듈과 홈 게이트웨이 모듈을 연결한다.
- PC의 운영프로그램 DCP에 조명제어 모듈을 설정한다.
- 조명제어 모듈의 통신 프로토콜을 분석한다.
- 제어 데이터 패킷의 명령어 메시지를 분석한다.
- 조명 Dimming3을 제어 명령에 의하여 램프를 켠다.

(3) 조명 Dimming3 제어를 이용한 응용학습

조명 Dimming1,2를 이용하여 그룹제어와 전체소등, SCENE 기능 등을 구현한다.

2) 조명 Dimming4 제어하기

조명 Dimming3 제어 실습과 같은 방식으로 학습한다.

이 실습에서 가장 중요한 학습은 홈 네트워크 통신체계의 이해와 각 디바이스의 프로토콜 분석과 그 결과에 따른 제어이며, 디바이스간 또는 디바이스와 홈 게이트웨이간의 인터페이스 교육과 제어의 방식과 구성을 학습하는데 있다.

제5장 난방제어 모듈 장비

5-1 개요

홈 네트워크 시스템의 제어시스템에서 중요한 부분을 하는 난방제어 시스템은 세대 내의 환경과 실내온도를 일정하게 유지시키며, 개별 온도제어에 의하여 에너지 절감으로 일반관리비를 절약할 수 있는 중요한 시스템이다.

난방시스템의 사용 디바이스 배선 및 제어원리와 통신방식의 종류 및 통신프로토콜의 data 패킷 분석에 따른 모듈의 제어를 학습하며 조명 디바이스의 데이터 통신체계가 어떻게 구성되는가를 체계적으로 학습한다. 또한 홈 게이트웨이와 난방 시스템 디바이스 간의 데이터 통신에 의한 구현 동작을 실습하며 난방 제어시스템 모듈 장비를 학습 후에 실제 세대의 구축현황을 분석하고 연동실습 판넬과 시뮬레이션 판넬을 이용하여 연동하는 학습을 한다.

홈 네트워크 시스템에서 난방제어는 기본으로 선택되는 제어시스템이다. 인터넷 보급의 확대로 발전해 온 홈 네트워크 시스템에서 구현되는 난방제어 시스템은 다양한 통신체계로 아파트, 주택, 오피스텔 등에 적용되고 있으며 개별 난방제어시스템의 디바이스는 업체별 통신방식에 따라 제어성격이 다변화되고 있다.

가정에서 사용하는 난방제어시스템은 네트워크를 이용하여 언제 어디서나 시간과 공간에 구애를 받지 않고 제어가 가능하며 효율적인 제어와 운영으로 활용된다.

▶ 홈 네트워크 시스템의 난방제어 기능

가) 개별난방밸브 ON/OFF 제어
나) 온도설정에 의한 난방제어
다) 모드제어(취침, 기상, 외출, 영화)
라) 외출 및 예약 설정
마) 인터넷에 의한 난방설정 제어
바) Home PAD에 의한 난방설정 제어
사) 보일러 연동제어(난방, 급탕)

5-2 난방제어 모듈장비 구조와 구성

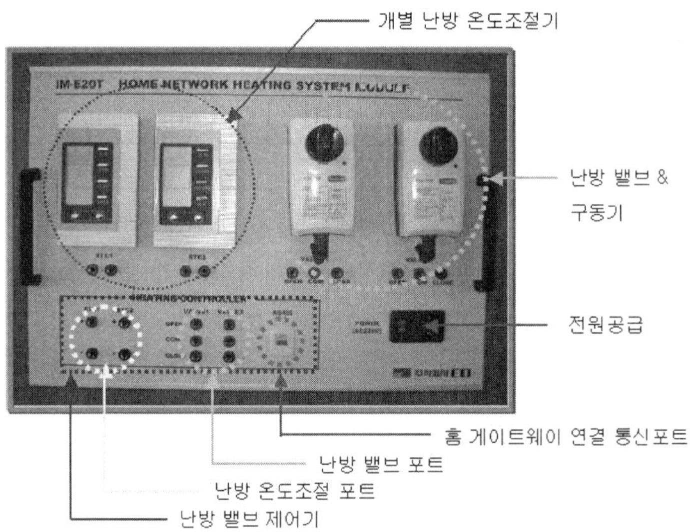

[그림 5-1] 난방제어 모듈장비의 구조

ㄱ. 통신포트 : 게이트웨이 실습 장비와 RS485 통신을 하기 위한 포트
ㄴ. 전원공급 : 전원공급 실습장비 모듈에서 AC220V 전원을 공급
ㄷ. 개별 난방 온도조절기 : 거실용 - 전체 난방시스템 제어 및 난방밸브제어
ROOM - Room별 온도설정 및 난방밸브제어
연결포트 - 난방밸브제어기와 연결하기 위한 포트
ㄹ. 난방밸브 & 구동기 : 온도조절기의 온도 설정에 의하여 ON/OFF 제어한다.
연결포트 - 난방밸브제어기와 연결하기 위한 포트

ㅁ. 난방밸브제어기 : 온도조절기의 온도설정에 따라 난방 밸브구동을 하는 제어기
난방온도조절포트 - 온도조절기와 통신하기 위한 포트
난방 밸브 포트 - 밸브 ON/OFF 신호를 주는 포트
통신포트 - 홈 게이트웨이와 연결하기 위한 포트

1) 개별 온도 조절기

대형 LCD(24mm*51mm V/A) 적용으로 현재온도, 설정온도 및 아이콘을 동시에 볼 수 있어 설정 조작이 매우 간편하다. 겨울철 동파 방지 및 순간 정전 시 데이터 기억기능 등 고장방지 기능의 적용으로 사용이 편리하며, LED3 COLOR 램프의 적용으로 밸브의 동작여부 및 전원 ON/OFF를 쉽게 알 수 있다.

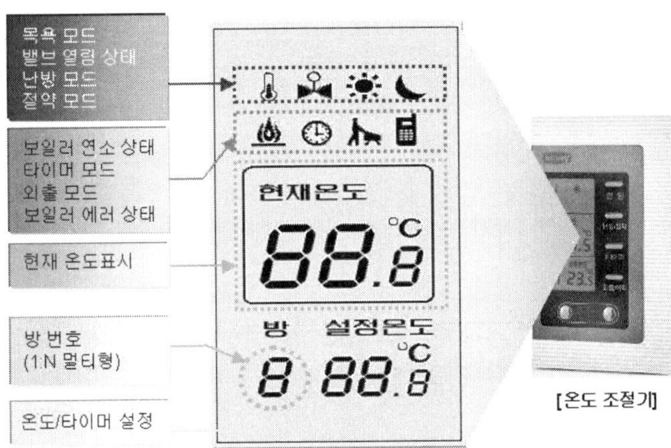

[그림 5-2] 개별온도조절기 LCD 표시부

2) 난방밸브제어기

▶ 특징

- 지역난방 및 개별난방에도 사용할 수 있게 보일러 제어용 ON/OFF 접점이 있다.
- Master 밸브 제어함에는 7개의 온도조절기를 사용할 수 있다.
- Slave 밸브 제어함 추가 시 총 10개의 온도 조절기를 사용할 수 있다.(보일러의 접점은 Master에서만 출력됨)
- 1개의 밸브 제어함에 7개의 밸브 구동기를 연결 할 수 있다.
- Home server 시스템과 RS485 통신을 할 수 있다.

▶ 온도조절기와 밸브 제어함 설정방법

- 온도조절기는 방 번호를 설정 할 수 있다.(거실용 조절기는 방0으로 설정가능)
  ㄱ. 외출 버튼과 설정내림 버튼을 동시에 5초 정도 누르면, 방 번호가 깜박인다.
  ㄴ. 내림, 올림 버튼으로 방 번호를 설정한다.
  ㄷ. 완료 시 외출 버튼을 누른다.
- 방 번호 선택 후 아래와 같이 연결한다.

온도조절기	MASTER
거실용	VALVE1
방1	VALVE2
방2	VALVE3
방3	VALVE4
방4	VALVE5
방5	VALVE6
방6	VALVE7

예1) 거실용이 없을 경우 VALVE1은 동작 안됨
예2) 방3이 없을 경우 VALVE4는 동작 안됨

개별난방의 경우 난방설정은 밸브(구동기)가 열린 후 30초 후 보일러가 ON된다. 30초의 시간지연을 주는 이유는 밸브에 걸리는 차압을 없앰으로써 보일러 펌프의 손상을 방지하는 것이다. 난방해제 시에는 보일러가 OFF되고 30초 후에 밸브(구동기)가 닫힌다.

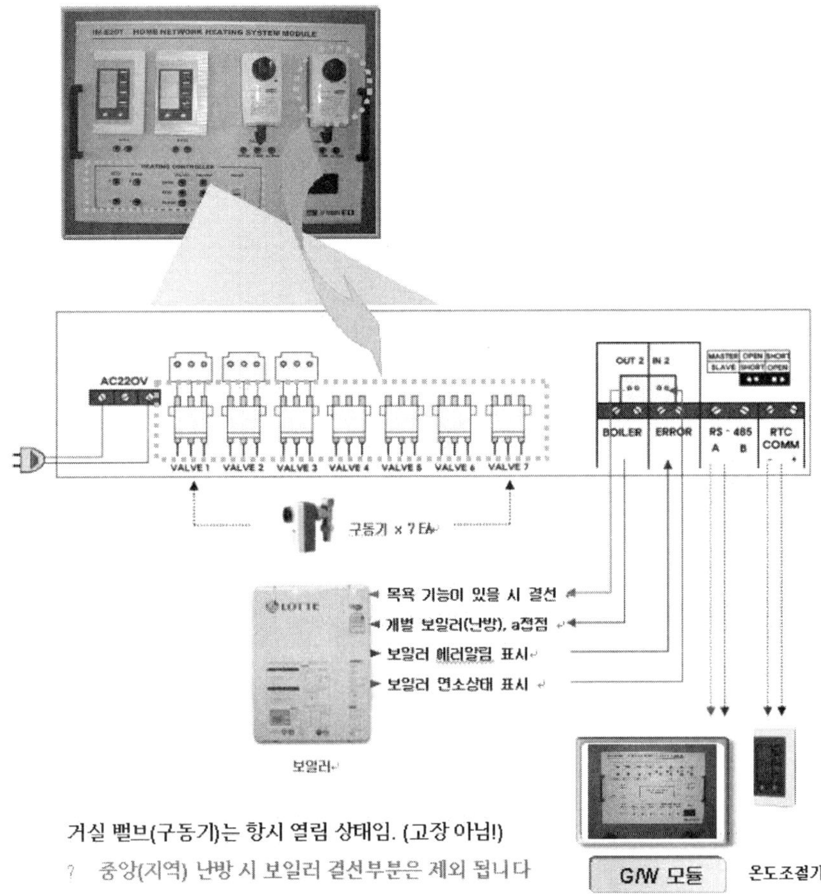

[그림 5-3] 난방밸브제어기 결선도

난방밸브제어기 설정은 JUNPER 설정으로 아래와 같이 변경 할 수 있다.

JUNPER	JP6	JP4	주 의
MASTER	OPEN	SHORT	Master/Slave는 공장출하 시 설정됨. 임의 변경 금지!
SLAVE	SHORT	OPEN	

DIP SWITCH 설정으로 아래와 같이 변경할 수 있다.

DIP S/W	항 목	OFF	ON
S1	거실 밸브 수 선택	VALVE1만 할당	VALVE1, 2 할당
S2	개별 보일러 제어 유무	지역 난방	개별 난방
S3	Master에 연결되는 온도조절기의 개수 (Slave 연동 시 사용)	0	1
S4		0	1
S5		0	1

※ DIP S/W S1 : 거실 밸브 수 선택

VALVE1에서 VALVE3은 밸브를 2개까지 연결할 수 있게 되어있으며 거실용 온도조절기를 사용시 필요에 따라 설정 할 수 있음.

- OFF : 거실용은 VALVE1만 사용(밸브 최대 2개 연결 가능)
  거실용 온도조절기는 방 번호가 없다. 거실용 온도조절기가 없을 경우 VALVE1은 동작하지 않는다.

온도조절기	거실용	방1	방2	방3	방4	방5	방6
MASTER	밸브1	밸브2	밸브3	밸브4	밸브5	밸브	밸브7

- ON : 거실용은 VALVE1, 2 사용(밸브 최대 4개 연결가능)
  이 경우 방1부터 설정된 VALVE는 아래와 같이 설정된다.
  거실용 온도조절기는 방 번호가 없다. 거실용 온도조절기가 없을 경우 VALVE1, 2는 동작하지 않는다.

온도조절기	거실용	거실용	방1	방2	방3	방4	방5
MASTER	밸브1	밸브2	밸브3	밸브4	밸브5	밸브6	밸브7

※ DIP S/W S2 : 보일러 제어 유무

- OFF - 지역난방(보일러 제어를 하지 않는다.)
- ON - 개별난방(보일러 제어를 할 수 있다.)

※ DIP S/W S3, S4, S5 : Master에 연결되는 온도조절기 개수 설정
Slave 사용 시만 결정

개수	S3	S4	S5	설 명
0	OFF	OFF	OFF	Valve1~7까지 동작
1	OFF	OFF	ON	Valve1만 동작
2	OFF	ON	OFF	Valve2까지 동작
3	OFF	ON	ON	Valve3까지 동작
4	ON	OFF	OFF	Valve4까지 동작
5	ON	OFF	ON	Valve5까지 동작
6	ON	ON	OFF	Valve6까지 동작
7	ON	ON	ON	의미 없음

※ DIP S/W S3(OFF), S4(ON), S5(ON)

온도조절기	MASTER	SLAVE
거실용	VALVE1	
방1	VALVE2	
방2	VALVE3	
방3		VALVE1
방4		VALVE2
방5		VALVE3
방6		VALVE4
방7		VALVE5
방8		VALVE6
방9		VALVE7

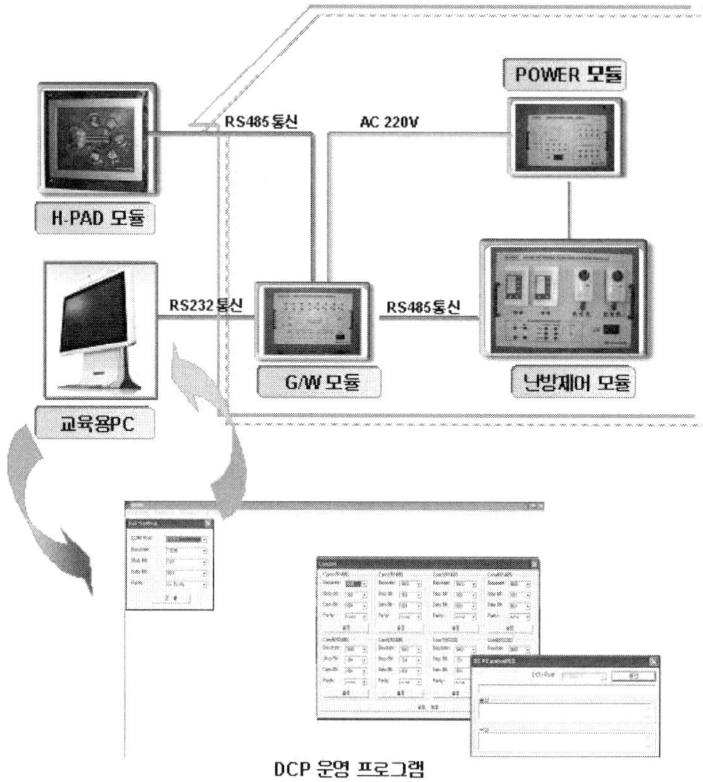

[그림 5-4] 난방제어 모듈장비 운영 구성도

5-3 난방제어 시스템 프로토콜

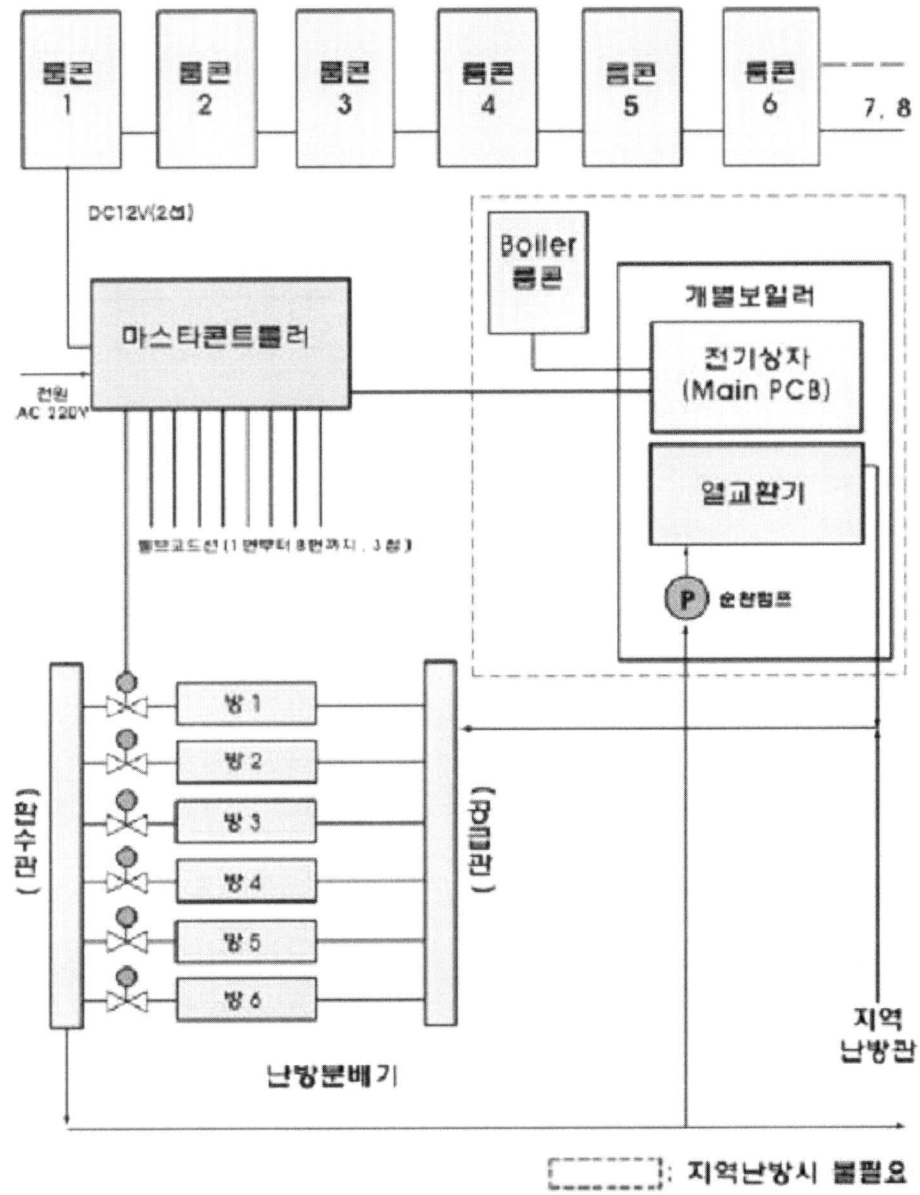

[그림 5-5] 난방제어시스템의 구성

Binary Format(Wire type - HomeGateway)

Binary Log Structure

The Hauwell log structures follow format standards as adopted by the Hansung Sysco Co,.Ltd. The reference document used is "Standard For Interfacing Hansung Sysco Co,.Ltd Embeded System Devices Hauwell". The structures of all binary logs follow the general conventions as noted here.

Serial Communication Info. : **9600bps , 8 data bit , none parity , 1 stop bit**

1. **Basic format** of :

Field Name	Example(Hex)	Data Type
Header(:)	0x3a	1 byte unsigned char
Destination ID	0xf0	1 byte unsigned char
Source ID	0xa0	1 byte unsigned char
Byte Count	n+1 byte	1 byte unsigned char
Function	0x00	1 byte unsigned char
Data Field(n)	n byte	n byte unsigned char
CheckSum	0x00	1 byte unsigned char
Terminator(;)	0x3b	1 byte unsigned char

2. **Destination ID** / Source ID : Valve Master Controller ID = **0 x F 0**

3. **Function Code** configuration

Function Code	Description
0x10 ~ 0x16	Read Room Information (Room 0 ~ 6)
0x20 ~ 0x26	Write Room Information (Room 0 ~ 6)
0x30 ~ 0x36	Write & Read Room Information (Room 0 ~ 6)
0x40 ~ 0x46	Auto reply Local control information (Room 0 ~ 6). Only RS-232C
0x50 / 0x51	Write All Out Mode(0x50) / Write All Heat Mode(0x51)
0x60	Read All Room Information (Room 0 ~ 6)

4. **Byte Count** configuration is all Added "Function Code ~ Data(n)".

:	Dest. ID	Source ID	Byte Count	Function	DATA(n)	Check-sum	;
0x3a	0xf0	0xf0	0xXX	0xXX	xx	xx	3b

5. **CheckSum** : After all Added "Function ~ Data(n)". and Complement + 1. (lower 1 byte.)

6. Reference Mode Table

Mode	Value	Mode	Value
Heat Mode	0x01	Out Mode	0x05
Save Mode	0x02		
Reserve Mode	0x03		
Timer Mode	0x04		

7. Reference Data Format

Mode Data	Data (decimal)	Data Mean	Active(decimal)
Reserve Mode	5 ~ 240	0.5 ~ 24.0 hour	Run Heat Mode after 0.5~24.0 hour.(±5)
Timer Mode	5 ~ 60	5 ~ 60 minute	Heating until 5~60min / 1hour.(±5)
Heat Mode	50 ~ 400	5.0°C ~ 40.0°C	Set Heat Mode Temperature.(±5)
Save Mode	50 ~ 250	5.0°C ~ 25.0°C	Set Save Mode Temperature.(±5)
Current Temperature	00 ~ 600	0.0°C ~ 60.0°C	Read Current Temperature.(±5)
Valve Status	0 / 1	0 = Close, 1 = Open	Each Room Valve Status

8. Local Non-Device Response : Current Temperature = '0x00'

- Response (ex. Read Query to room3)

Field Name		Example(Hex)
1	Header	3A
2	Destination ID	F0
3	Source ID	F0
4	Byte Count	0B
5	Function	13
6	Mode	01
7	Reserve set value	14
8	Timer set value	05
9	Heat_H set value	01
10	Heat_L set value	2A
11	Save_H set value	00
12	Save_L set value	FA
13	Current Temperature_H	**00**
14	Current Temperature_L	**00**
15	Valve Status	01
16	Checksum	AE
17	Terminator	3B

1. Read Room Information (Function 0x10 ~ 0x16) - (ex.) room 3

- Query

	Field Name	Example(Hex)
1	Header	3A
2	Destination ID	F0
3	Source ID	F0
4	Byte Count	01
5	Function	13
6	Checksum	ED
7	Terminator	3B

- Response

	Field Name	Example(Hex)
1	Header	3A
2	Destination ID	F0
3	Source ID	F0
4	Byte Count	0B
5	Function	13
6	Mode	01
7	Reserve set value	14
8	Timer set value	05
9	Heat_H set value	01
10	Heat_L set value	2A
11	Save_H set value	00
12	Save_L set value	FA
13	Current Temperature_H	00
14	Current Temperature_L	FF
15	Valve Status	01
16	Checksum	AE
17	Terminator	3B

2. Write Room Information (Function 0x20 ~ 0x26) – (ex.)room5

- Query

Field Name		Example(Hex)
1	Header	3A
2	Destination ID	F0
3	Source ID	F0
4	Byte Count	08
5	**Function**	**25**
6	Mode	01
7	Reserve set value	14
8	Timer set value	05
9	Heat_H set value	01
10	Heat_L set value	2A
11	Save_H set value	00
12	Save_L set value	FA
13	Checksum	9C
14	Terminator	3B

- Response

Field Name		Example(Hex)
1	Header	3A
2	Destination ID	F0
3	Source ID	F0
4	Byte Count	01
5	**Function**	**25**
6	Checksum	DB
7	Terminator	3B

3. Write & Read Room Information (Function 0x30 ~ 0x36) – (ex.)room4

- Query

	Field Name	Example(Hex)
1	Header	3A
2	Destination ID	F0
3	Source ID	F0
4	Byte Count	08
5	**Function**	**34**
6	Mode	01
7	Reserve set value	14
8	Timer set value	05
9	Heat_H set value	01
10	Heat_L set value	2A
11	Save_H set value	00
12	Save_L set value	FA
13	Checksum	8D
14	Terminator	3B

- Response

	Field Name	Example(Hex)
1	Header	3A
2	Destination ID	F0
3	Source ID	F0
4	Byte Count	0B
5	**Function**	**34**
6	Mode	01
7	Reserve set value	14
8	Timer set value	05
9	Heat_H set value	01
10	Heat_L set value	2A
11	Save_H set value	00
12	Save_L set value	FA
13	Current Temperature_H	00
14	Current Temperature_L	FF
15	Valve Status	01
16	Checksum	8D
17	Terminator	3B

4. **Response Local Control Information (Function 0x40 ~ 0X46) - Only RS-232C**

(ex.)room6

- Response

	Field Name	Example(Hex)
1	Header	3A
2	Destination ID	F0
3	Source ID	F0
4	Byte Count	0C
5	Function	46
6	Mode	01
7	Reserve set value	14
8	Timer set value	05
9	Heat_H set value	01
10	Heat_L set value	2A
11	Save_H set value	00
12	Save_L set value	FA
13	Current Temperature_H	00
14	Current Temperature_L	FF
15	Valve Status	01
16	Boiler Control (ON=0x01, OFF=0x00)	01
17	Checksum	7A
18	Terminator	3B

5.0 **Write All Out Mode (Function 0x50)**

- Query

Field Name		Example(Hex)
1	Header	3A
2	Destination ID	F0
3	Source ID	F0
4	Byte Count	01
5	Function	50
6	Checksum	B0
7	Terminator	3B

- Response

Field Name		Example(Hex)
1	Header	3A
2	Destination ID	F0
3	Source ID	F0
4	Byte Count	01
5	Function	50
6	Checksum	B0
7	Terminator	3B

5.1 **Write All Heat Mode (Function 0x51)**

- Query

Field Name		Example(Hex)
1	Header	3A
2	Destination ID	F0
3	Source ID	F0
4	Byte Count	01
5	Function	51
6	Checksum	AF
7	Terminator	3B

- Response

Field Name		Example(Hex)
1	Header	3A
2	Destination ID	F0
3	Source ID	F0
4	Byte Count	01
5	Function	51
6	Checksum	AF
7	Terminator	3B

6. Read All Room Information

- **Query (Function 0x60)**

	Field Name	Example(Hex)
1	Header	3A
2	Destination ID	F0
3	Source ID	F0
4	Byte Count	01
5	Function	60
6	Checksum	A0
7	Terminator	3B

- **Response (Function 0x60 ~ 0x66) – Variable for Local**

	Field Name	Example(Hex)
1	Header	3A
2	Destination ID	F0
3	Source ID	F0
4	Byte Count	0B
5	Function	60 ~ 66
6	Mode	01
7	Reserve set value	14
8	Timer set value	05
9	Heat_H set value	01
10	Heat_L set value	2A
11	Save_H set value	00
12	Save_L set value	FA
13	Current Temperature_H	00
14	Current Temperature_L	FF
15	Valve Status	01
16	Checksum	AE
17	Terminator	3B

5-4 난방제어시스템 모듈장비 설정

5-4-1. 난방제어 모듈 결선하기

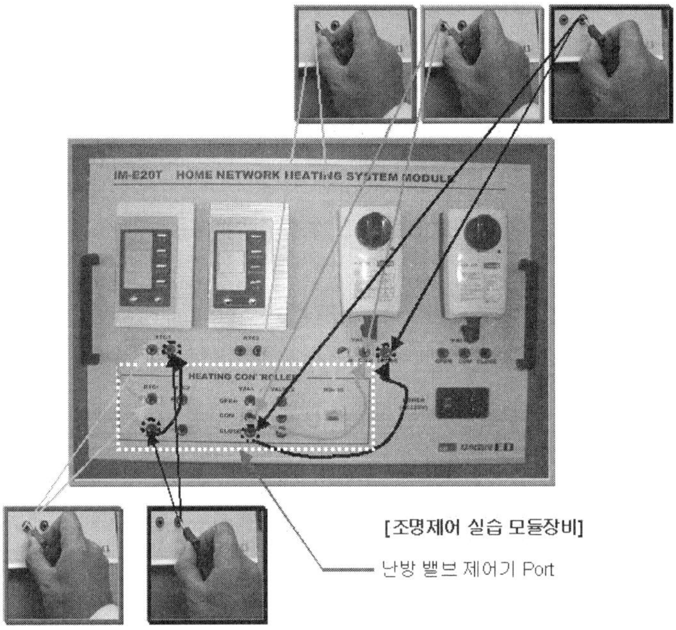

[그림 5-4] 난방제어 모듈장비의 결선

난방제어 Controller의 온도조절기 Port Output의 신호라인 +DC24V 한 단자에 연결 잭(빨간색)을 연결한 온도조절기 연결 잭(빨간색)에 반대부분을 연결하며 같은 방식으로 신호라인 -DC24V 연결 잭(검정색)을 연결하여 전력선 통신인 신호라인을 연결한다. 또한 난방제어 Controller의 밸브 구동기 OutPut3 단자에 연결 잭(빨간색, 녹색, 검정색)을 연결한 다음 밸브 구동기의 3단자 연결 잭(빨간색, 녹색, 검정색)에 연결하여 밸브 구동기 전원공급 및 ON/OFF 신호라인을 연결하여 난방밸브제어-1을 결선한다. 같은 방식으로 난방밸브제어-2를 결선한다.

5-4-2. 난방제어모듈 장비에 전원공급

난방제어 실습 모듈장비의 전원공급은 전원공급 모듈장비에서 AC220V 전원을 공급받는다. AC220V 공급용 전원 케이블을 전용 Power 소켓에 연결하고 전원차단 스위치를 ON하면 전원이 난방제어 실습 모듈장비로 공급된다.

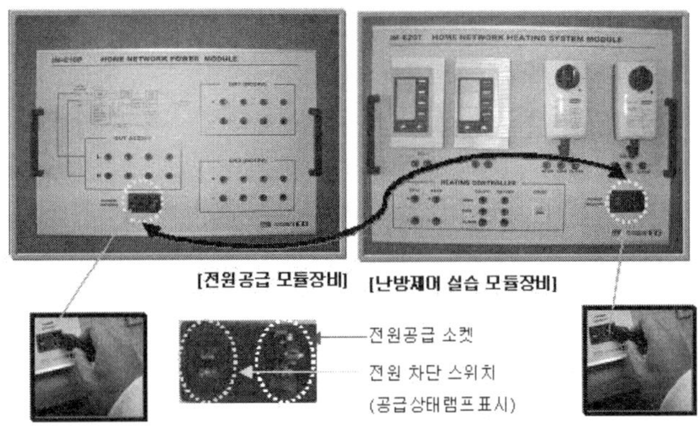

[그림 5-7] 전원공급

5-4-3. 난방제어 모듈장비와 PC 연결

난방제어 실습 모듈장비와 교육용 PC의 연결은 게이트웨이 모듈장비를 연결하여 진행된다. 난방제어 모듈장비의 통신포트에 통신전용 RJ45 커넥터를 연결한다. 또한 게이트웨이의 통신포트도 같은 방법으로 연결한다.

난방제어 모듈장비와 PC의 연결은 게이트웨이 모듈과 RS485 통신으로 연결한 뒤 PC와 게이트웨이 모듈장비간의 RS232 통신포트로 연결하여 데이터를 전송한다.

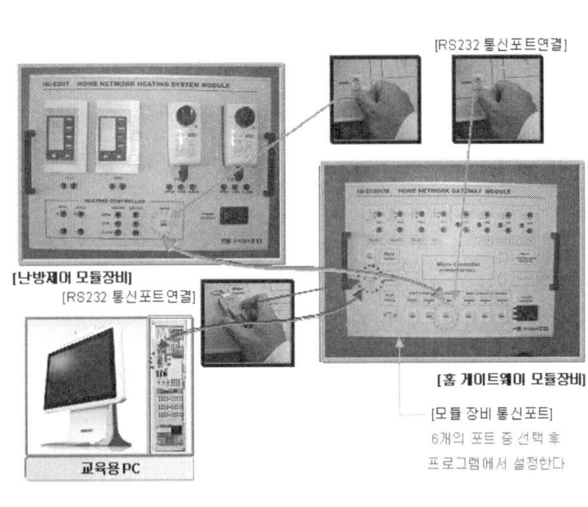

[그림 5-8] 난방제어 모듈장비와 PC의 연결

5-4-4. 난방제어 모듈장비 Local 제어

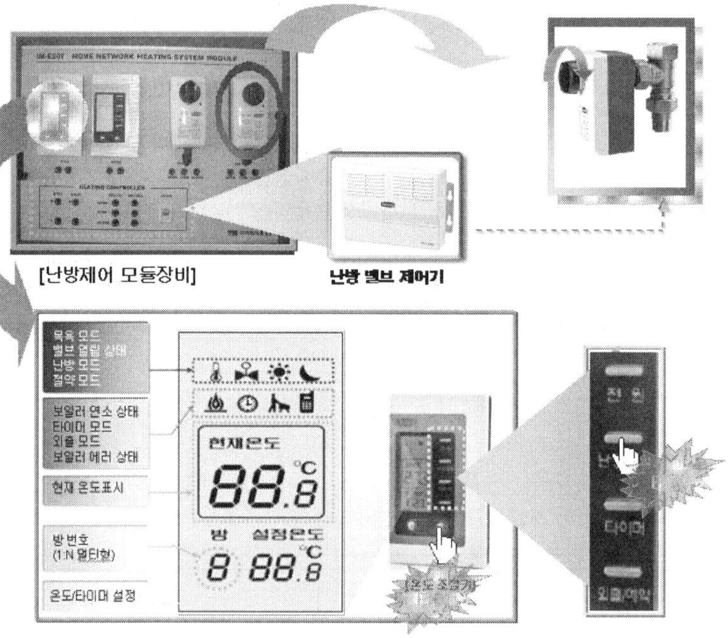

[그림 5-9] 난방제어시스템 Local 제어

온도조절기의 난방 버튼을 눌러 설정온도를 또는 버튼으로 난방온도를 설정하면 난방모듈장비에 난방 밸브 제어기를 명령신호에 의하여 난방구동기가 ON/OFF 동작한다.

5-4-5. 교육용 PC 운영프로그램에 의한 난방제어 설정

DCP 설정 창에 대한 설명은 4-4-5와 같으므로 여기서는 생략한다.

난방제어모듈장비를 게이트웨이의 제어 Port에 설정하도록 한다. 먼저 게이트웨이의 RS485통신 Port2에 모듈장비의 통신 Port를 연결, 확인한다.

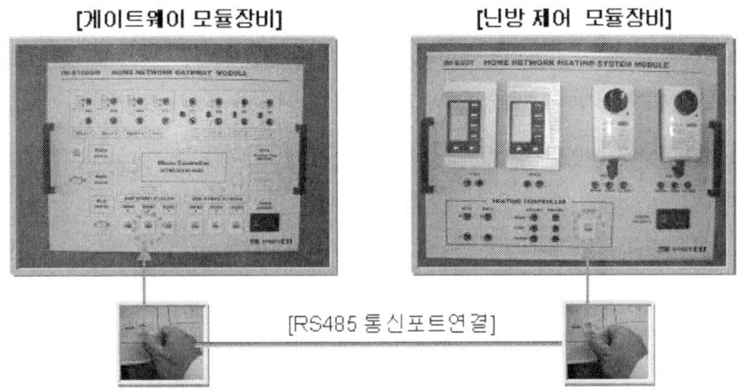

[그림 5-10] RS485 통신포트 연결

[표 4-1]의 설정값을 보며 난방제어시스템의 설정을 하도록 한다.
(4-4-5절의 [표 4-1] 참고)

기기이름	기기 ID	통신방식	Baudrate
보일러	040101 ~ 040103	RS485	9600

ComSet창에서 Com1(RS485)번 포트의 Baudrate를 9600으로 설정한다.

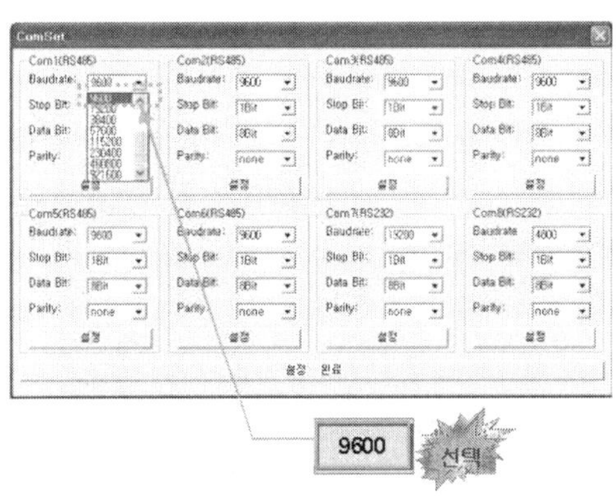

[표 4-1]에서 보일러의 Baudrate:9600 임을 확인할 수 있다. 따라서 DCU 포트1의 Baudrate를 9600으로 설정해 주어야 한다.

ComSet 창에서 Com1(RS485)번 포트를 다음과 같이 설정한다.

- Stop Bit : 1Bit
- Data Bit : 8Bit

- Parity : none

ComSet 창에서 Com1(RS485)번 포트의 설정이 다 되었으면 설정버튼을 클릭한다. 설정버튼을 클릭하면 "설정되었습니다."의 창이 생성된다. 확인버튼을 클릭하면 게이트웨이 모듈의 RS4851(DCU1)에 난방제어 모듈의 통신 Port가 서로 연결되었으며 교육용 PC에서 난방제어가 가능하게 된다.

"설정 완료" 버튼을 클릭하면 난방제어장비의 통신설정이 완료된다.

모든 설정이 완료되면 교육용 PC에서 운영프로그램을 이용하여 난방제어 장비의 기능을 PC의 운영프로그램에서 제어하도록 한다.

먼저 메뉴화면에서 "제어"를 선택한다. "단일" "그룹" "전체 Ctrl+A"의 선택창이 생성된다.

제어화면에서 "단일" 선택하면 RS485-1~6, RS232-1,2의 선택창이 활성화된다.

DCU설정에서 난방제어 Port 설정한 RS485-2를 선택하면 DCPControlRS창이 생성되며 이 창에서 난방제어 Control Data를 송수신하여 난방 밸브를 제어한다.

5-5 난방1 제어 실습

5-5-1. 난방1 ON 제어

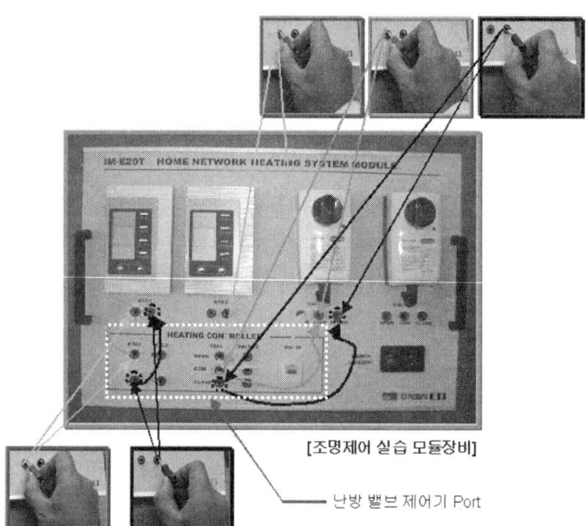

[그림 5-11] 난방1 결선

난방제어 Controller의 온도조절기 Port OutPut의 신호라인 +DC24V 한 단자에 연결 잭(빨간색)을 연결한 온도조절기 연결 잭(빨간색)에 반대부분을 연결하며 같은 방식으로 신호라인 -DC24V 연결 잭(검정색)을 연결하여 전력선 통신인 신호라인을 연결한다. 또한 난방제어 Controller의 밸브 구동기 OutPut3 단자에 연결 잭(빨간색, 녹색, 검정색)을 연결한 다음 밸브 구동기의 3단자 연결 잭(빨간색, 녹색, 검정색)에 연결하여 밸브 구동기 전원공급 및 On/OFF 신호라인을 연결하여 난방밸브제어-1을 결선한다.

난방1 ON 제어를 위한 "DCPControlRS"창의 설명은 다음과 같다.

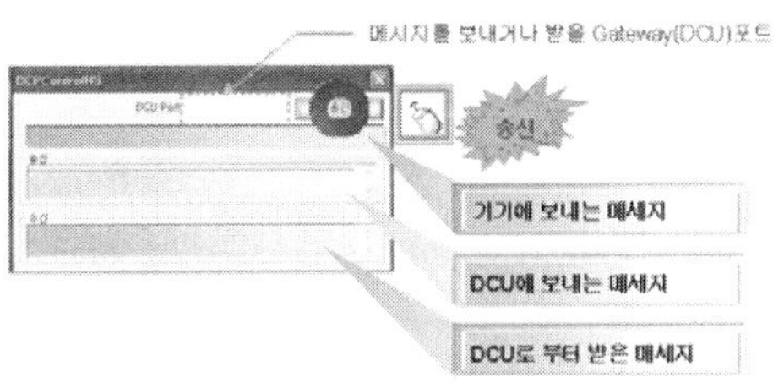

난방1 제어의 명령어는 난방제어시스템 디바이스 프로토콜의 분석에 의하여 송, 수신 메시지 Data Packet이 설정되므로 그 사용방법을 설명한다. 또한 홈 네트워크의 제어 네트워크에서 가장 요구되는 난방제어시스템의 인터페이스에 대하여 스마트 홈 실습 장비를 가지고 프로토콜 분석을 학습하도록 한다.

먼저 난방1의 난방밸브를 ON하는 메시지 명령어를 입력을 한다.

난방1 ON 메시지 : <u>3a f0 f0 08 31 01 00 00 01 05 00 00 c8 3b</u> 입력 후 송신버튼을 클릭한다.

난방1 ON 메시지는 난방밸브제어기의 RS485 Interface 프로토콜에 의한 Packet 분석에 따라 명령 메시지가 생성되었다.

그러면 난방제어 시스템 프로토콜에서 난방1 ON 송신 Packet 분석을 보면,

송신 메시지 : 난방1 ON 메시지

3a(Header) f0(Destination ID) f0(Source ID) 08(Byte Count:Function+Data) 31(Function room1 write&read) 01(Mode:heat Mode) 00(Reserve set value) 00(Timer set value) 01(Heat_H set value:255) 05(Heat_L set value:5) 00(Save_H set value) 00(Save_L set value) c8(CheckSum:(Function~Data all add and Complement+1)의 하위1바이트) 3b(Terminator)

이와 같은 난방1의 난방밸브ON을 하기 위한 값을 가지고 있음을 알 수 있다.
난방1 ON 메시지를 입력 후 송신 버튼을 클릭하면 송신메시지 창에 다음과 같은 명령어가 생성된다.

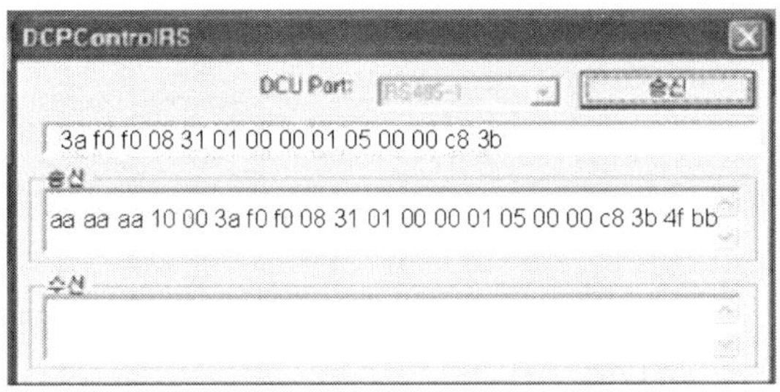

송신창의 메시지는 DCP의 난방1 ON 명령어를 게이트웨이(DCU)장비에 보내기 위하여 명령어를 DCU의 명령체계로 변환하여 보내게 된다. 보내는 메시지는 수정할 수 있는 부분이 없기 때문에 각각의 바이트들이 무엇을 나타내는지 간단히 설명하도록 한다.

송신창 : **aa aa aa 10 00** 3a f0 08 31 01 00 00 01 05 00 00 c8 3b **4f bb**

진한 글자로 표시된 부분이 DCU에서 만들어주는 부분이다. 송신창의 메시지 중에서

- aa aa aa : STX(고정)
- 10 : 검정색으로 표시된 data의 길이 +2 = 16(헥사로 표현하면 10)
- 00 : DCU의 포트 번호(현재 난방의 경우 DCU포트 0번에 연결된 경우임)
- 4f : 처음부터 data까지의 XOR 값
- bb : ETX(고정)

난방1 ON 송신 메시지의 흐름은 [그림 5-12]와 같이 진행된다.
송신 메시지가 생성되면 게이트웨이 모듈장비에서 난방제어 모듈장비로 RS485 통신에 의하여 난방1 ON 제어 명령이 전달되어 난방밸브 제어기에 의해 난방밸브가 ON 동작한다.

난방1의 난방밸브1이 ON 동작하면 난방제어 장비에서 동작된 신호를 홈 게이트웨이 장비로 동작 Data Packet을 보낸다. DCP의 수신창에 다음과 같은 메시지가 생성된다.

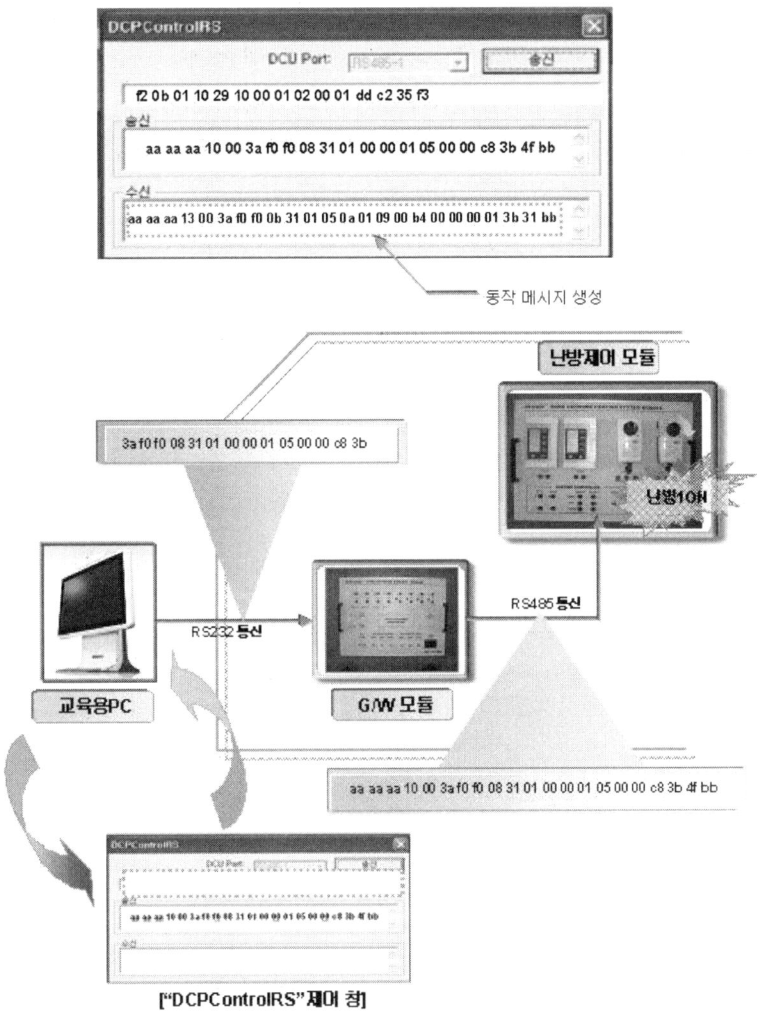

[그림 5-12] 난방1 ON 송신메시지의 흐름

수신창 :

aa aa aa 13 00 3a f0 f0 0b 31 01 05 0a 01 09 00 b4 00 00 00 01 3b 31 bb

진한 글자로 표시된 부분이 DCU에서 만들어주는 부분이다.
난방제어시스템 프로토콜에서 난방1 ON 동작의 수신 Packet 분석을 보면

수신메시지 : 난방1 ON 제어 메시지에 대한 응답
3a(Header) f0(Destination ID) f0(Source ID) 08(Byte Count:Function+Data)
31(Function room1 write&read) 01(Mode:heat Mode)
05(Reserve set value:0.5hour) 0a(Timer set value:10min)
01(Heat_H set value:255) 09(Heat_L set value:9) 00(Save_H set value)
b4(Save_L set value:180) 00(Current Temperature_H)
00(Current Temperature_L) 00(value state:close) 01(CheckSum) 3b(Terminator)

- aa aa aa : STX(고정)
- 13 : 검정색으로 표시된 data의 길이 + 2 = 19(헥사로 표현하면 13)
- 00 : DCU의 포트번호(현재 난방의 경우 DCU 포트 0번에 연결된 경우임)
- 31 : 처음부터 data까지의 XOR 값
- bb : ETX(고정)

난방1 ON 수신 메시지의 흐름은 [그림 5-13]과 같이 진행된다.

송신창에 명령어가 생성되면 난방제어장비의 난방1의 온도조절기 ON 동작신호를 난방제어기에 의해 난방밸브로 전달받아 난방밸브를 동작하며 이 동작신호는 RS485 통신으로 홈 게이트웨이 실습장비로 동작 데이터를 전달하고 교육용 PC와 RS232C통신으로 DCP의 "DCPControlRS"의 수신창에 동작상태 Data Packet 명령어를 생성하여 난방제어 장비의 난방밸브-1이 ON 동작된 상태를 나타낸다.

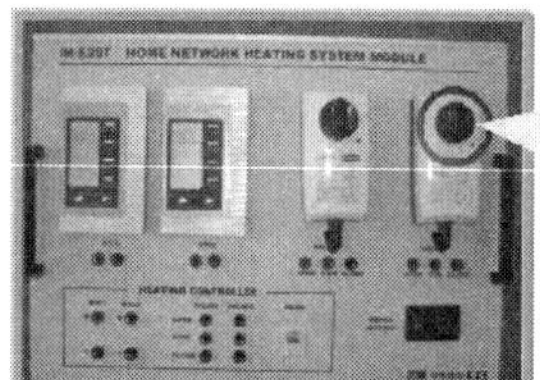

[난방 제어 모듈장비]

난방 밸브 [열림]

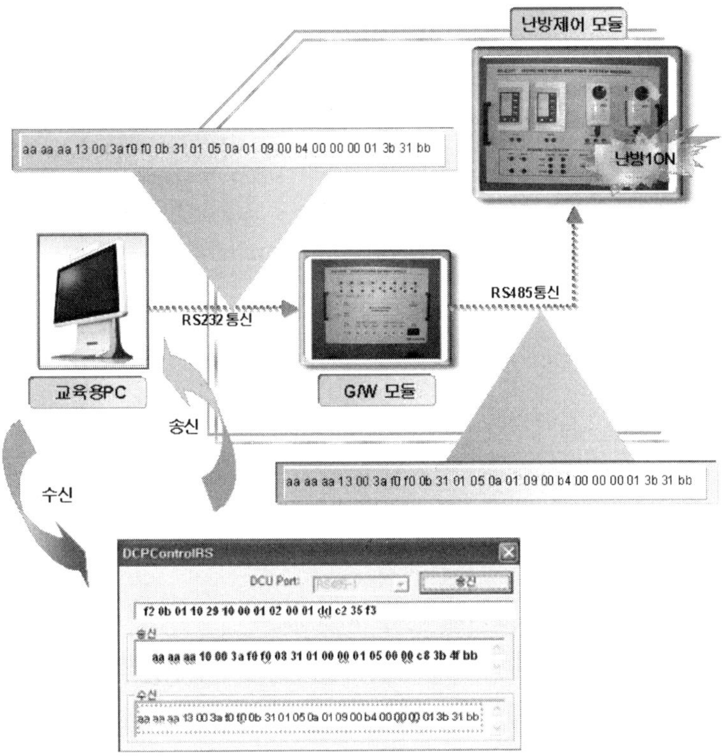

["DCPControlRS"제어 창]

[그림 5-13] 난방1 ON 수신 메시지의 흐름

5-5-2. 난방1 OFF 제어

난방1 OFF 제어를 위한 "DCPControlRS" 창의 설명은 다음과 같다.

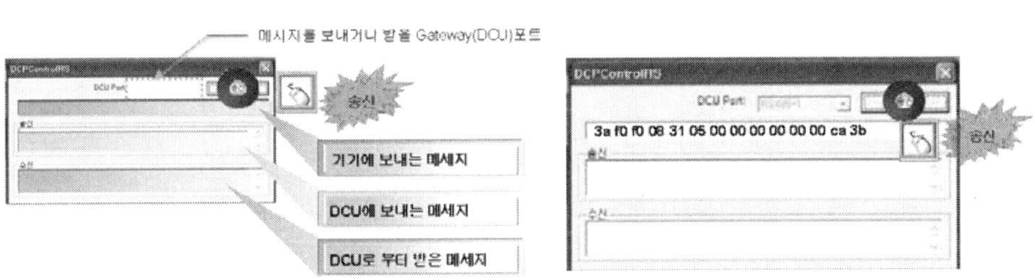

난방1 OFF 메시지 : <u>3a f0 f0 08 31 05 00 00 00 00 00 ca 3b</u> 입력 후 송신버튼을 클릭한다.

난방1 OFF 메시지를 난방밸브 제어기 프로토콜에서 Packet 분석을 보면

송신 메시지 : 난방1 OFF 메시지
3a(Header) f0(Destination ID) f0(Source ID) 08(Byte Count:Function+Data) 31(Function room1 write&read) 05(Mode:out Mode) 00(Reserve set value) 00(Timer set value) 00(Heat_H set value:0) 00(Heat_L set value:0) 00(Save_H set value) 00(Save_L set value) ca(CheckSum:(Function~Data all add and Complement+1)의 하위1바이트) 3b(Terminator)

이와 같은 난방1의 난방밸브OFF를 하기위한 값을 가지고 있음을 알 수 있다.
난방1 OFF 메시지를 입력 후 송신 버튼을 클릭하면 송신 메시지 창에 다음과 같은 명령어가 생성된다.

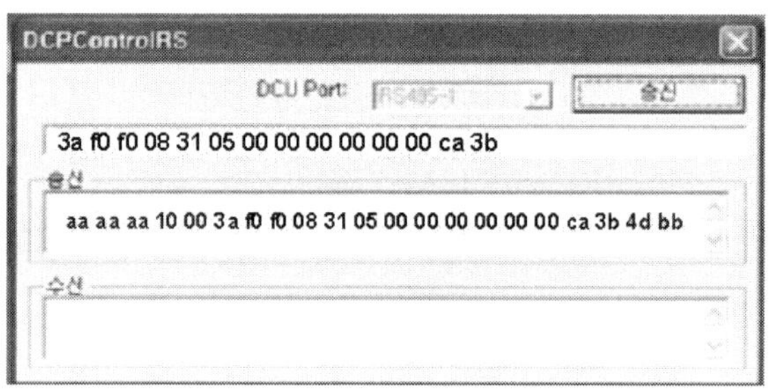

송신창의 메시지가 각각 무엇을 나타내는지 간단히 설명하도록 한다.

송신창 메시지 :
aa aa aa 10 00 3a f0 f0 08 31 05 00 00 00 00 00 00 ca 3b 4d bb

진한 글씨로 표시된 부분이 DCU에서 만들어주는 부분이다. 송신창 메시지 중에서

- aa aa aa : STX(고정)
- 10 : 검정색으로 표시된 data의 길이 +2 = 16(헥사로 표현하면 10)
- 00 : DCU의 포트 번호(현재 조명의 경우 DCU 포트 0번에 연결된 경우임)
- 4d : 처음부터 data까지의 XOR 값
- bb : ETX(고정)

난방1 OFF 송신 메시지가 생성되면 게이트웨이 모듈장비에서 난방제어 모듈장

비로 RS485 통신에 의하여 난방1 OFF 제어 명령이 전달되어 난방밸브제어기에 의해 난방밸브가 OFF 동작한다. 난방1의 난방밸브1이 OFF 동작하면 난방제어 장비에서 동작된 신호를 홈 게이트웨이 장비로 동작 Data Packet을 보낸다.

DCP의 수신창에 다음과 같은 메시지가 생성된다. 진한 글씨로 표시된 부분이 DCU에서 만들어주는 부분이다.

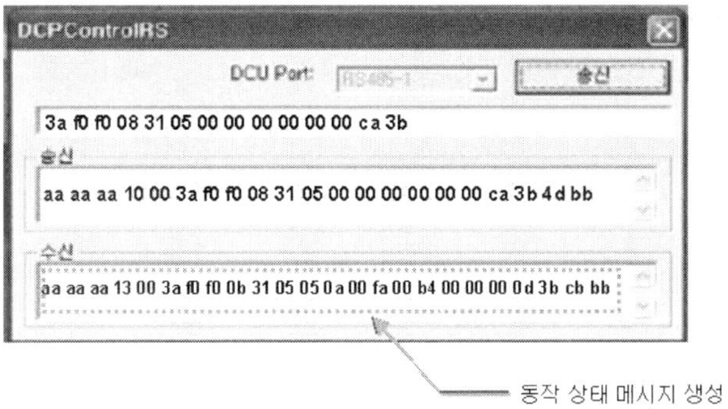

수신창 :
aa aa aa 13 00 3a f0 f0 0b 31 05 05 0a 00 fa 00 b4 00 00 00 0d 3b ca bb

수신메시지 : 난방1 OFF 제어 메시지에 대한 응답
3a(Header) f0(Destination ID) f0(Source ID) 0b(Byte Count:Function+Data)
31(Function room1 write&read) 05(Mode:out Mode)
05(Reserve set value:0.5hour) 0a(Timer set value:10min)
00(Heat_H set value:0) fa(Heat_L set value:250) 00(Save_H set value:0)
b4(Save_L set value:180) 00(Current Temperature_H)
00(Current Temperature_L) 00(value state:close) 0d(CheckSum) 3b(Terminator)

- aa aa aa : STX(고정)
- 13 : 검정색으로 표시된 data의 길이 + 2 = 19(헥사로 표현하면 13)
- 00 : DCU의 포트번호(현재 난방의 경우 DCU 포트 0번에 연결된 경우임)
- cb : 처음부터 data까지의 XOR 값
- bb : ETX(고정)

난방1 OFF 메시지가 생성되면 난방제어장비의 난방1의 온도조절기가 OFF 동작신호를 난방제어기에 의해 난방밸브로 전달받아 난방밸브-1을 동작하며 이 동작신호는 RS485 통신으로 게이트웨이 실습장비로 전달하고 교육용 PC와 RS232C통신으로 DCP의 "DCPControlRS"의 수신창에 Data Packet 명령어를 생성하여 난방제어 장비의 난방밸브-1이 OFF 동작 상태를 나타낸다.

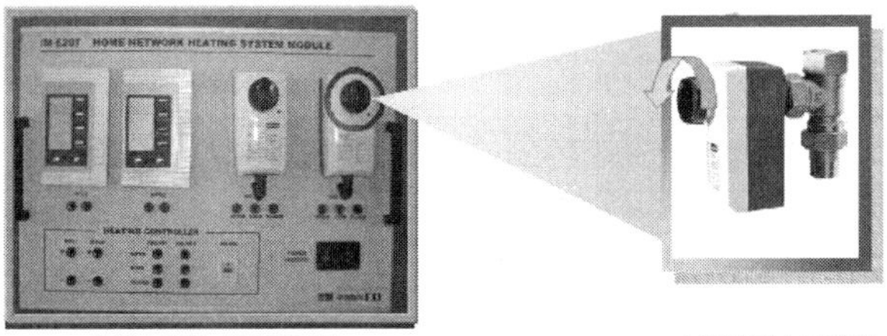

[난방 제어 모듈장비] 난방 밸브 [닫힘]

5-5-3. 난방1 온도설정(25℃)

난방1 온도를 25℃로 설정하기 위한 "DCPControlRS"창의 설명은 다음과 같다.

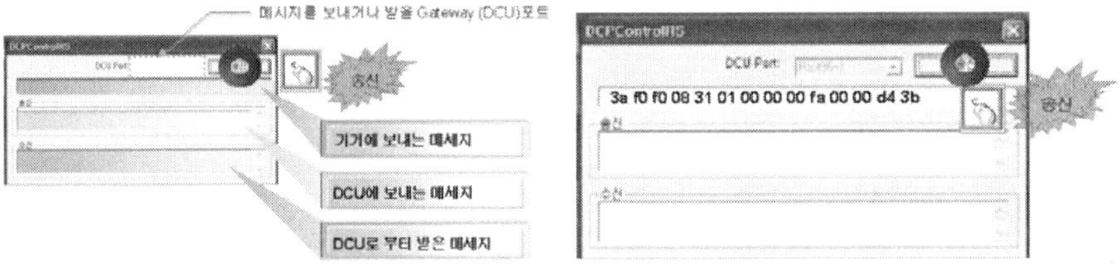

먼저 난방1의 온도설정(25℃) 메시지를 입력한다.

난방1 25℃ 온도설정 메시지 : <u>3a f0 f0 08 31 01 00 00 00 fa 00 00 d4 3b</u> 입력 후 송신버튼을 클릭한다.

난방1의 25℃ 온도설정 메시지를 Packet 분석하면 다음과 같다.

3a(Header) f0(Destination ID) f0(Source ID) 08(Byte Count:Function+Data) 31(Function room1 write&read) 01(Mode:heat Mode) 00(Reserve set value) 00(Timer set value) 00(Heat_H set value:0) fa(Heat_L set value:250) 00(Save_H set value) 00(Save_L set value) d4(CheckSum:(Function~Data all add and Complement+1)의 하위1바이트) 3b(Terminator)

온도에 관한 것은 *10을 한 것임
(예> 설정온도 26도(260) = Hi-byte:1(255)+Low-byte:5)

난방1 온도 25℃ 설정 메시지를 입력 후 송신버튼을 클릭하면 송신 메시지 창에 다음과 같은 명령어가 생성된다.

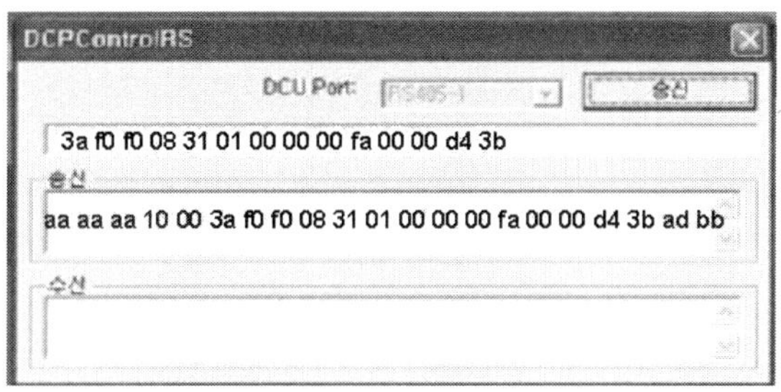

난방1 온도 25℃ 설정 송신 메시지 :
aa aa aa 10 00 3a f0 f0 08 31 01 00 00 00 fa 00 00 d4 3b **ad bb**
진한 글씨로 표시된 부분이 DCU에서 만들어 주는 부분이다.

- aa aa aa : STX(고정)
- 10 : 검정색으로 표시된 data의 길이 +2 = 16(헥사로 표시하면 10)
- 00 : DCU의 포트번호(현재 난방의 경우 DCU 포트 0번에 연결된 경우임)
- ad : 처음부터 data까지의 XOR값
- bb : ETX(고정)

난방1 온도 25℃ 설정 송신메시지가 생성되면 게이트웨이 모듈장비에서 난방제어 모듈장비로 RS485 통신에 의하여 난방1 온도 25℃ 설정 명령이 전달되어 온도조절기의 온도가 25℃로 설정된다.

난방1의 온도조절기에 25℃로 온도가 설정되면 난방제어 모듈장비에서 설정된 신호를 홈 게이트웨이 모듈장비로 25℃로 온도설정 data packet을 전송한다. DCP의 수신창에 다음과 같은 메시지가 생성된다.

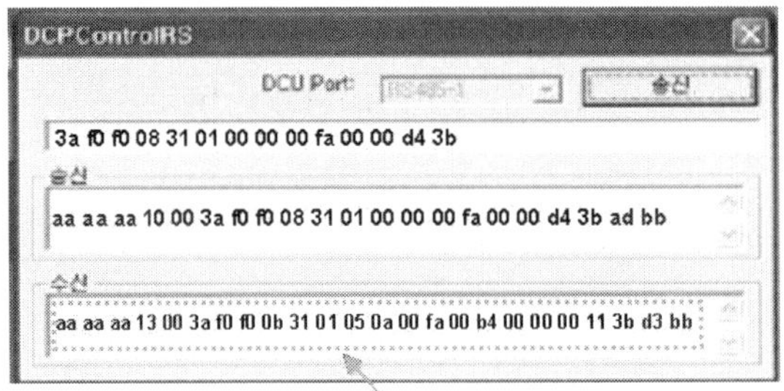

설정 상태 메시지 생성

난방1의 25℃ 온도설정 수신 메시지 :
aa aa aa 13 00 3a f0 f0 0b 31 01 05 0a 00 fa 00 b4 00 00 00 11 3b d3 bb

Data Packet 분석을 보면

3a(Header) f0(Destination ID) f0(Source ID) 0b(Byte Count:Function+Data)
31(Function room1 write&read) 01(Mode:heat Mode)
05(Reserve set value:0.5hour) 0a(Timer set value:10min)
00(Heat_H set value:0) fa(Heat_L set value:250) 00(Save_H set value:0)
b4(Save_L set value:180) 00(Current Temperature_H)
00(Current Temperature_L) 00(value state:close) 11(CheckSum) 3b(Terminator)

- aa aa aa : STX(고정)
- 13 : 검정색으로 표시된 data의 길이 + 2 = 19(헥사로 표현하면 13)
- 00 : DCU의 포트번호(현재 난방의 경우 DCU 포트 0번에 연결된 경우임)
- d3 : 처음부터 data까지의 XOR 값
- bb : ETX(고정)

난방1 25℃ 온도설정 송신 메시지 명령어가 생성되면 난방제어 장비의 난방1의 온도조절기의 온도 설정값이 25℃로 설정되고 실내온도가 25℃보다 낮아지면 난방제어기에 의해 난방밸브-1이 열리고 설정값 보다 높으면 난방제어기에 의해 난방밸브-1이 닫힌다. 이 설정값의 변화된 신호는 RS485통신으로 홈 게이트웨이 실습장비로 설정데이터를 전달하고 교육용 PC와 RS232C통신으로 DCP의 “DCPControlRS”의 수신창에 온도설정상태 Data Packet 명령어를 생성하여 난방제어 모듈장비의 온도조절기의 온도설정값(25℃) 상태를 나타낸다.

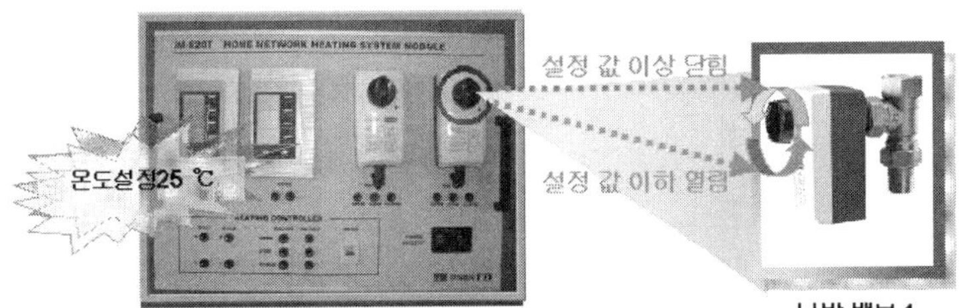

[난방 제어 모듈장비] 난방 밸브-1

5-5-4. 난방 제어 실습 예제

1. 난방2 ON/OFF 제어 및 온도설정하기
   - 난방1 제어의 구성과 모듈을 이용하여 난방2를 결선한다.
   - 난방제어 모듈과 홈 게이트웨이 모듈을 연결한다.
   - PC의 운영프로그램 DCP에 난방제어 모듈을 설정한다.
   - 난방제어 모듈의 디바이스 통신 프로토콜을 분석한다.
   - 난방제어 및 설정 데이터 패킷의 명령어 메시지를 분석한다.
   - 난방2의 ON/OFF 제어 명령어에 의하여 난방밸브 열림/닫힘을 제어한다.
   - 난방2의 온도 설정 명령어에 의하여 온도조절기의 설정 온도값을 변화시킨다.

2. 난방1, 2 제어를 이용한 응용학습
   - 온도조절기의 기능(외출, 모드제어 등)을 디바이스 프로토콜 분석하여 명령어를 구성하고 그 명령어에 따른 제어와 설정을 학습한다.
   - DCP 프로그램의 그룹제어를 이용하여 난방 1, 2를 동시에 제어하며 온도 설정하여 난방밸브를 동작시킨다.

제6장 가스제어 모듈 장비

6-1 개요

홈 네트워크 시스템의 제어시스템에서 중요한 부분을 하는 가스제어 시스템을 적용하여 디바이스의 배선 및 제어원리와 통신방식의 종류 및 통신 프로토콜의 data packet 분석에 따른 모듈의 제어를 학습하며 가스제어 디바이스의 데이터 통신체계가 어떻게 구성되는가를 체계적으로 학습한다.

또한 홈 게이트웨이와 가스제어 디바이스 간의 데이터 통신에 의해 구현 학습한다. 가스제어 모듈장비를 학습 후에 실제 세대의 구축현황을 분석하고 연동하는 학습을 연동실습판넬과 시뮬레이션 판넬을 통하여 학습한다.

홈 네트워크 시스템에서 가스제어는 기본으로 선택되는 제어시스템이다. 인터넷 보급의 확대로 발전해 온 홈 네트워크 시스템에서 구현되는 가스제어 시스템은 다양한 통신체계로 아파트, 주택, 오피스텔 등에 적용되고 있으며 개별 가스제어시스템의 디바이스는 업체별 통신방식에 따라 제어성격이 다변화되고 있다.

가정에서 사용하는 가스제어를 네트워크를 이용하여 언제 어디서나 시간과 공간에 구애를 받지 않고 제어가 가능하다. 단 실제 인명 및 재산사으이 큰 피해를 줄 수 있으므로 외부에서는 [닫기] 기능만을 제어할 수 있다.

▶ 홈 네트워크 시스템의 가스제어 기능

가) 개별 Close 제어

나) Gas 센서 감지에 의한 제어

다) 모드제어(취침, 외출)
라) Local 스위치에 의한 제어
마) 인터넷에 의한 제어
바) Home PAD에 의한 제어
사) 홈 게이트웨이를 통한 센서 모듈 연동 제어

6-2 가스제어 모듈장비 구조와 구성

ㄱ. 가스제어기 : 수동으로 Open/Close 가능하며 자체 버튼 및 가스감지기를 통해 Close된다.

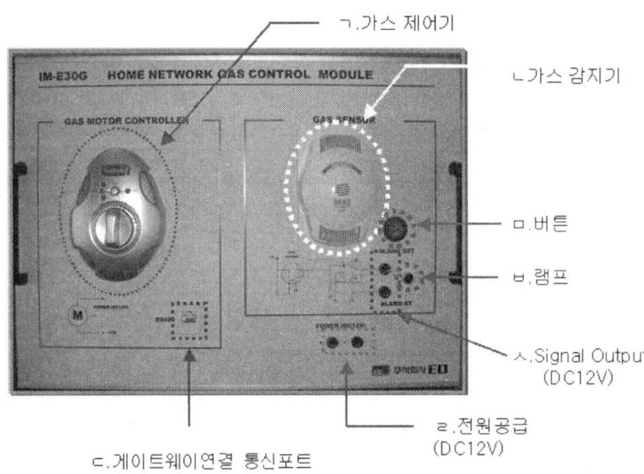

[그림 6-1] 가스제어 모듈장비의 구조

ㄴ. 가스감지기 : 외부 가스(라이터) 감지를 통해 가스제어기에 신호를 보낸다.
ㄷ. 통신포트 : 게이트웨이 실습 장비와 RS485 통신을 하기 위한 포트
ㄹ. 전원공급 : 전원공급 실습장비 모듈에서 DC12V 전원을 공급받는다.
ㅁ. 버튼 : Signal(DC12V) 신호를 출력한다.
ㅂ. 램프 : 버튼의 ON/OFF 선택 상태에 따라 램프가 동작한다.
ㅅ. I/O 포트(Signal Output) : 버튼의 상태에 따라 Signal(DC12V) 신호가 출력된다.

1) 가스제어기

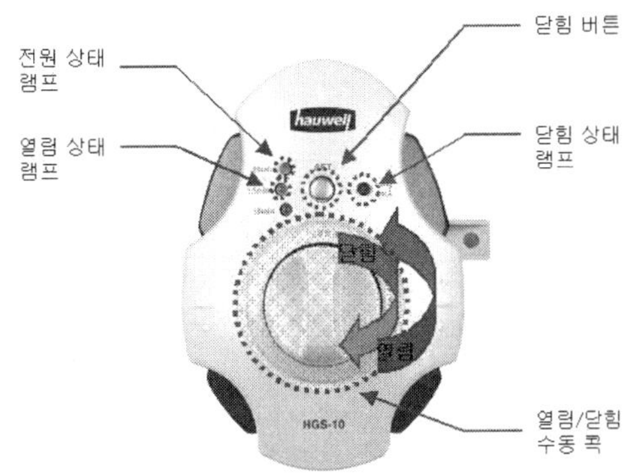

[그림 6-2] 가스제어기 구성

[그림 6-2]와 같이 열림/닫힘 콕을 수동으로 움직일 수 있다. 수동으로 열림/닫힘 콕을 열림에 놓으면 열림 상태 램프가 들어온다. 닫힘 버튼을 누르면 콕이 닫히게 되고 닫힘 상태 램프가 들어오게 된다. 소등 버튼을 누르면 전체 ON 상태의 전등이 OFF가 된다.

- 사용전원 : DC12V
- 소비전력 : 10mV
- 통신방식 : RS485
- 기능 : 3단계 타이머에 의해 자동차단기능
  수동핸들 조작 가능
  가스밸브에 직결 Mounting
  접점출력
  Long Cook 모드 기능

2) 가스감지기

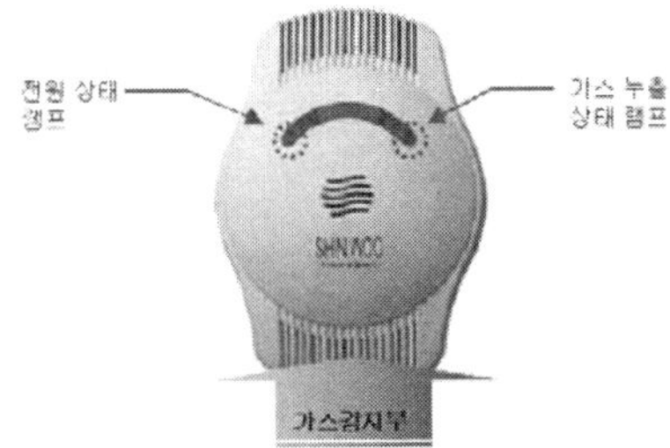

[그림 6-3] 가스감지기 구성

가스 감지부에 가스를 주입하게 되면 경보와 함께 가스 누출 상태 램프에 불이 들어오게 된다.

▶ 감지방법 : 백금열선소자로 일정 전류를 공급하여 가열된 센서표면에 가연성 가스가 접촉되면 촉매작용에 의하여 연소반응을 일으켜 온도가 상승하고 온도에 의하여 백금 코일 변화된 백금코일 저항값을 읽어 감지한다.

- 형식 : DC 12V, 단독형, 확산식, 접촉연소식, 즉시경보형, LNG용
- 대상가스 : LNG
- 입력전압 : DC 12V
- 소비전력 : 1.3W
- 사용온도 : -20℃ ~ 40℃
- 경보농도 : LNG 1.25%
- 전원표시 : LED 녹색점등
- 경보표시 : LED 황색 점멸 및 부저 단속음
- 외부출력 : DC8V ~ 11V

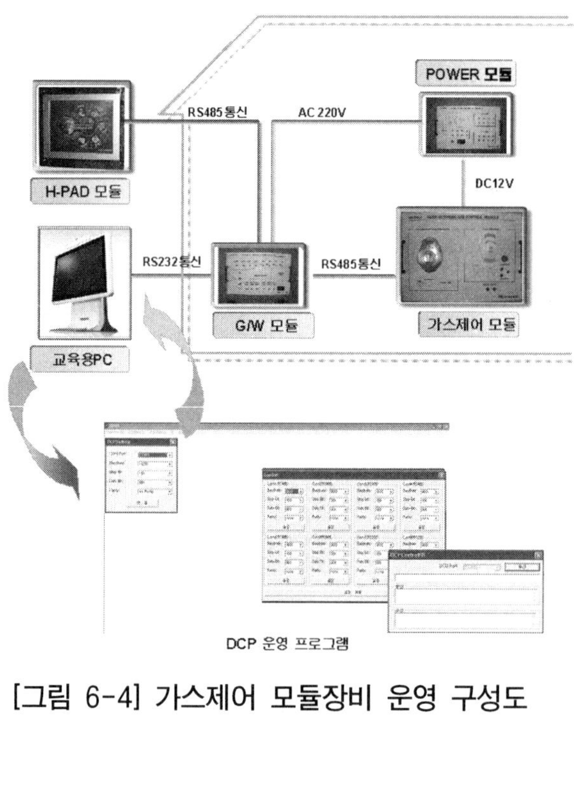

[그림 6-4] 가스제어 모듈장비 운영 구성도

6-3 가스제어 시스템 프로토콜

가스제어기 프로토콜은 외부시스템과 연동 제어를 위한 통신방법이다.
통신사양은 다음과 같다.

- 접속방식 : RS485
- 전송방식 : 반 이중통신
- 전송속도 : 96000bps
- 데이터 구성 : 1start bit, 8 data bit, non parity, 1 stop bit

Field Name	Example(Hex)	Data Type
Header (:)	0x3a	1 byte unsigned char
Destination ID	0xe0	1 byte unsigned char
Source ID	0xa0	1 byte unsigned char
Byte Count	n+1 byte	1 byte unsigned char
Function	0x00	1 byte unsigned char
Data Field (n)	n byte	n byte unsigned char
CheckSum	0x00	1 byte unsigned char
Terminator (;)	0x3b	1 byte unsigned char

[표 6-1] 프로토콜 기본 구성

Destination ID/Source ID :
Gas Valve ID = 0xe0/Source ID = HomeGateway(Varyableness)

Function Code	Description
0x10	Read from Gas Valve Status
0x20	Write to Gas Valve Close
0x30	Write to Gas Valve Close & Read from Gas Valve Status
0x40	Auto reply Local Control Gas Valve Status-Only Full Duplex

[표 6-2] Function Code 구성

:	Dest. ID	Source ID	Byte Count	Function	DATA(n)	CheckSum	;
0x3a	0xe0	0xa0	x	x	xx	x	0x3b

[표 6-3]

※ Byte Count Configuration is all Added "Function ~ Data(n)"

※ CheckSum : After all Added "Function ~ Data(n)", and Complement+1. (lower 1 byte)

6-4 가스제어 모듈장비 설정

6-4-1. 가스제어 모듈 내부 결선

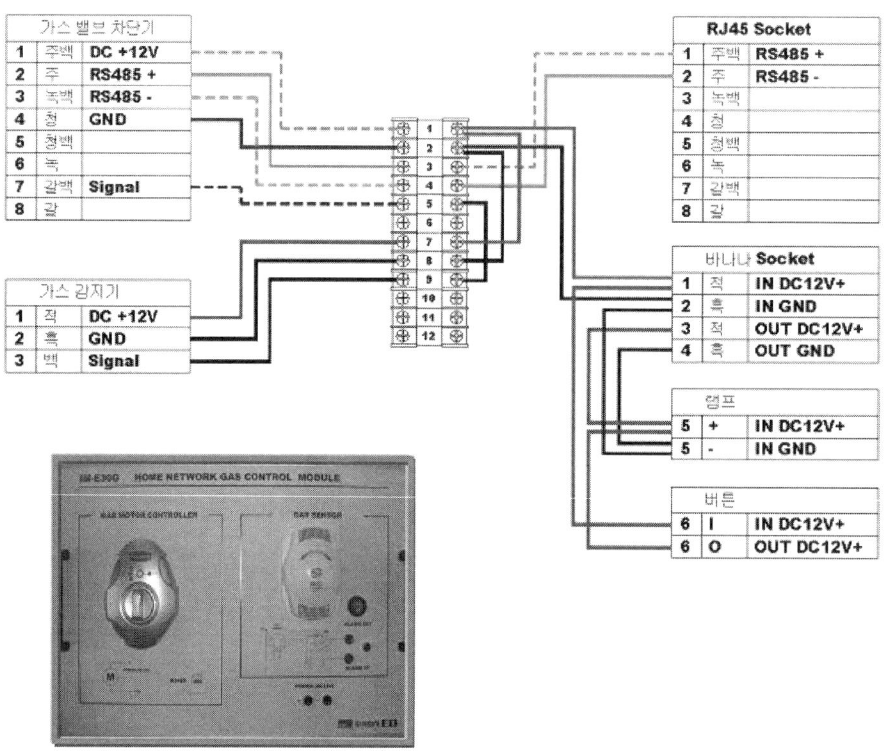

[그림 6-5] 가스제어 모듈장비의 내부결선도

가스제어기와 가스감지기가 내부적으로 연결되어 가스가 감지되면 바로 가스제어기에 Signal(DC+12V)를 보내 제어를 할 수 있도록 결선되어 있다.

알람 버튼의 On/Off 선택에 의해서 외부에 가스감지기가 가스감지 상태와 동일한 Singnal(DC+12V)를 보내 제어를 할 수 있도록 결선되어 있다.

6-4-2. 가스제어모듈 장비에 전원공급

가스제어 실습 모듈장비의 전원공급은 전원공급 모듈장비에서 DC12V 전원을 공급받는다. 케이블을 전원 Power 소켓에 연결하고 전원차단 스위치를 ON 하면 전원이 가스제어실습 모듈장비로 공급된다.

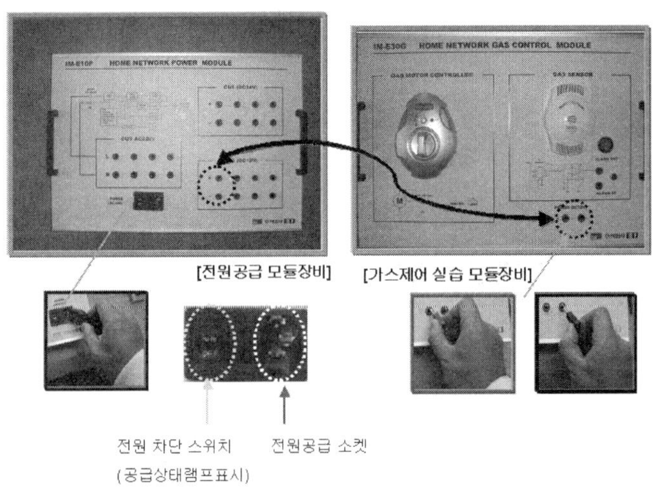

[그림 6-6] 전원공급

6-4-3. 가스제어 모듈장비와 PC 연결

1) 게이트웨이 모듈과 RS485 통신 연결

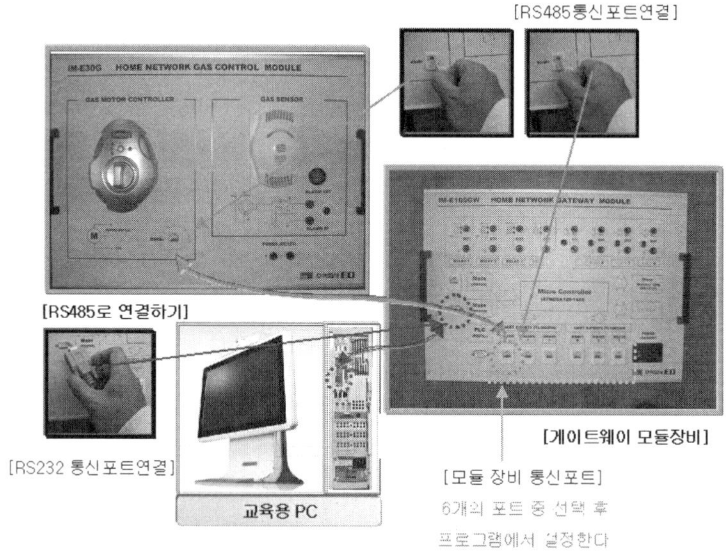

[그림 6-7] 가스제어 모듈장비와 게이트웨이 모듈의 RS485 통신 연결

가스제어 실습 모듈장비와 교육용 PC의 연결은 게이트웨이 모듈장비를 연결하여 진행된다. 가스제어 모듈장비의 통신포트에 통신 전용 RJ45 커넥터를 연결한다. 또한 게이트웨이 통신포트도 같은 방법으로 연결한다.

가스제어 모듈장비와 PC의 연결은 게이트웨이 모듈하고 RS485 통신으로 연결한 뒤 PC와 게이트웨이 모듈장비간의 RS232 통신포트로 연결하여 데이터를 전송한다.

2) 게이트웨이 모듈과 접점방식 연결

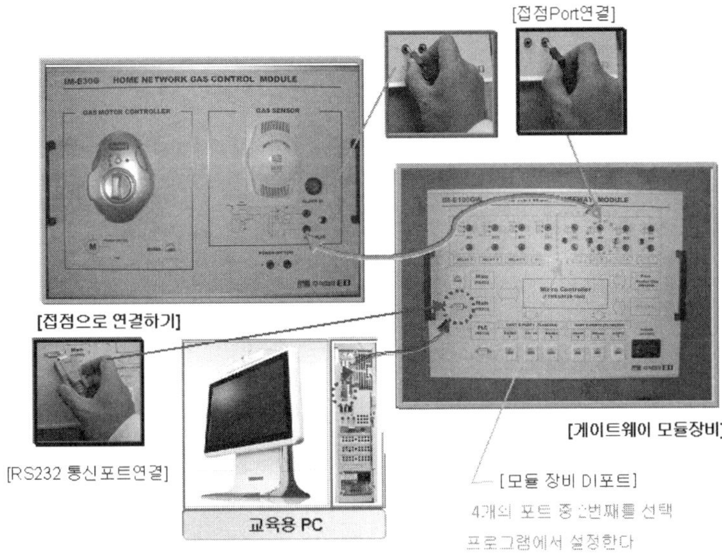

[그림 6-8] 가스제어 모듈장비와 게이트웨이 모듈의 접점방식 연결

가스제어 실습 모듈장비와 교육용 PC의 연결은 게이트웨이 모듈장비를 연결하여 진행된다. 가스제어 모듈장비의 통신포트에 통신전용 RJ45 커넥터를 연결한다. 또한 게이트웨이의 통신포트도 같은 방법으로 연결한다.

가스제어 모듈장비와 PC의 연결은 게이트웨이 모듈과 접점방식으로 연결한 뒤 PC와 게이트웨이 모듈장비간의 RS232 통신포트로 연결하여 데이터를 전송한다.

6-4-4. 난방제어 모듈장비 Local 제어

가스제어 모듈 장비에 설치된 가스제어기를 조작하여 제어한다.

가스제어 모듈장비에 설치된 가스감지기에 가스를 접촉시키면 경보와 함께 가스제어기가 닫히게 된다.

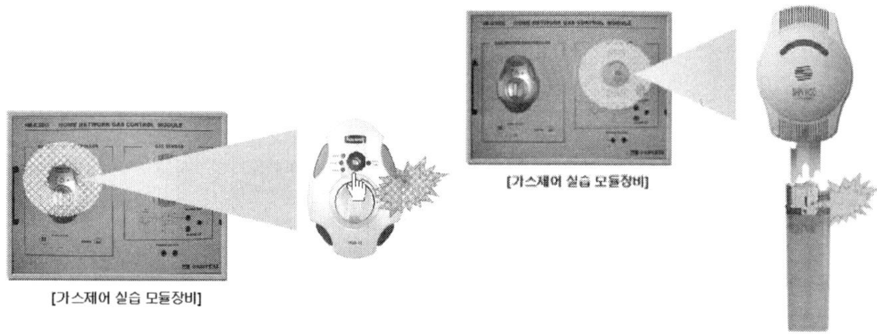

[그림 6-9] 가스제어모듈 Local 제어

5-4-5. 교육용 PC 운영프로그램에 의한 가스제어 설정

DCP 설정 창에 대한 설명은 4-4-5와 같으므로 여기서는 생략한다.

가스제어 모듈장비를 게이트웨이의 제어 Port에 설정하도록 한다. 먼저 게이트웨이의 RS485통신 Port1에 모듈장비의 통신 Port를 연결, 확인한다.

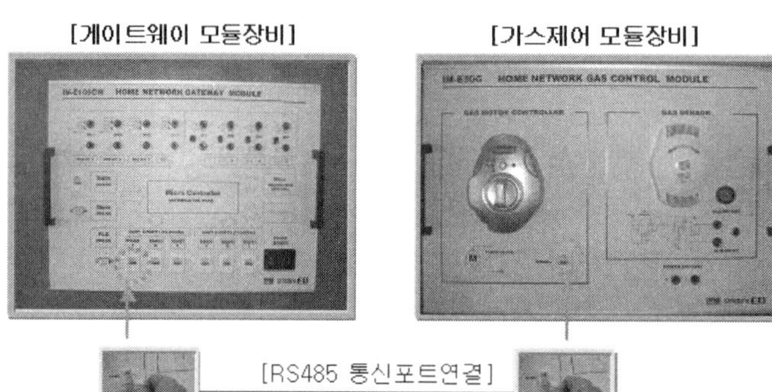

[그림 6-10] RS485 통신포트 연결

[표 4-1]의 설정값을 보며 가스제어시스템의 설정을 하도록 한다.
(4-4-5절의 [표 4-1] 참고)

기기이름	기기 ID	통신방식	Baudrate
가스제어 모듈	050201	RS485	9600

ComSet창에서 Com1(RS485)번 포트의 Baudrate를 9600으로 설정한다.

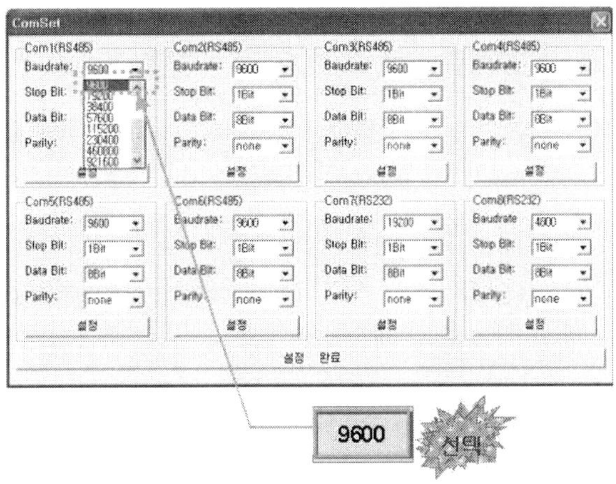

[표 4-1]에서 가스제어 모듈의 Baudrate:9600 임을 확인할 수 있다. 따라서 DCU 포트1의 Baudrate를 9600으로 설정해 주어야 한다.

ComSet 창에서 Com1(RS485)번 포트를 다음과 같이 설정한다.

- Stop Bit : 1Bit
- Data Bit : 8Bit
- Parity : none

ComSet 창에서 Com1(RS485)번 포트의 설정이 다 되었으면 설정버튼을 클릭한다. 설정버튼을 클릭하면 "설정되었습니다."의 창이 생성된다. 확인버튼을 클릭하면 게이트웨이 모듈의 RS4851(DCU1)에 가스제어 모듈의 통신 Port가 서로 연결되었으며 교육용 PC에서 가스제어가 가능하게 된다.

"설정 완료" 버튼을 클릭하면 가스제어장비의 통신설정이 완료된다.

모든 설정이 완료되면 교육용 PC에서 운영프로그램을 이용하여 가스제어 장비의 기능을 PC의 운영프로그램에서 제어하도록 한다.

먼저 메뉴화면에서 "제어"를 선택한다. "단일" "그룹" "전체 Ctrl+A"의 선택창이 생성된다.

제어화면에서 "단일" 선택하면 RS485-1~6, RS232-1,2의 선택창이 활성화된다.

DCU설정에서 가스제어 Port 설정한 RS485-1을 선택하면 DCPControlRS창이 생성되며 이 창에서 가스제어 Control Data를 송수신하여 가스제어기를 닫는다.

6-5 가스제어 모듈장비 실습

6-5-1. RS485 통신 프로토콜로 가스제어기 닫기

가스제어기 닫기 제어를 위한 "DCPControlRS"창의 설명은 다음과 같다.

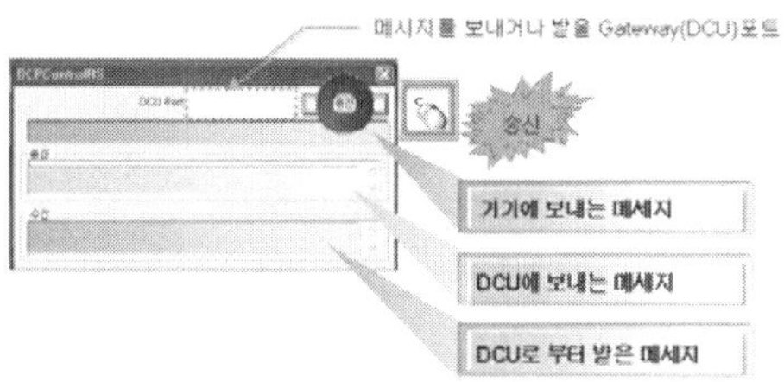

가스제어기 닫기 제어의 명령어는 가스제어기 프로토콜의 분석에 의하여 송, 수신 메시지 Data Packet이 설정되므로 그 사용방법을 설명한다. 또한 홈 네트워크의 제어 네트워크에서 가장 요구되는 각 기기의 인터페이스에 대하여 스마트 홈 실습 장비를 가지고 학습하도록 한다.

먼저 가스제어기의 닫기 메시지 명령어를 입력한다.

가스제어기 닫기 메시지 : 3a e0 a0 01 30 d0 3b 입력 후 송신버튼을 클릭한다.

가스제어기 닫기 메시지를 Packet 분석하면,

송신 메시지 : 가스제어기 닫기 메시지
3a(Header) e0(Destination ID) a0(Source ID) 01(Byte Count:Function+Data)
30(Function:write gas valve close&read valve status)
d0(CheckSum:(Function~Data all add and Complement+1)의 하위1바이트)
3b(Terminator)

이와 같은 가스제어기 닫기를 하기 위한 값을 가지고 있음을 알 수 있다.

가스제어기 닫기 메시지를 입력 후 송신 버튼을 클릭하면 송신메시지 창에 다음과 같은 명령어가 생성된다.

송신창의 메시지는 DCP의 가스제어기 닫기 명령어를 게이트웨이(DCU)장비에 보내기 위하여 명령어를 DCU의 명령체계로 변환하여 보내게 된다. 보내는 메시지는 수정할 수 있는 부분이 없기 때문에 각각의 바이트들이 무엇을 나타내는지 간단히 설명하도록 한다.

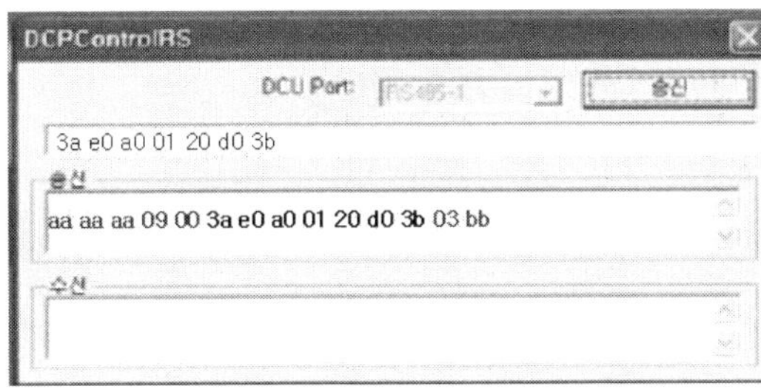

송신창 : aa aa aa 09 00 3a e0 a0 01 20 d0 3b 03 bb

진한 글자로 표시된 부분이 DCU에서 만들어주는 부분이다. 송신창의 메시지 중에서

- aa aa aa : STX(고정)
- 09 : 검정색으로 표시된 data의 길이 +2 = 9(헥사로 표현하면 09)
- 00 : DCU의 포트 번호(현재 가스제어의 경우 DCU포트 0번에 연결된 경우임)
- 03 : 처음부터 data까지의 XOR 값
- bb : ETX(고정)

가스제어기 닫기 송신 메시지의 흐름은 [그림 6-11]과 같이 진행된다.

DCP를 통해 명령값을 DCU 통신 Packet으로 변환하여 RS232 통신방식을 통해 홈 게이트웨이 모듈(DCU)장비에 전달하고 RS485 통신으로 가스제어 모듈로 전달하게 된다.

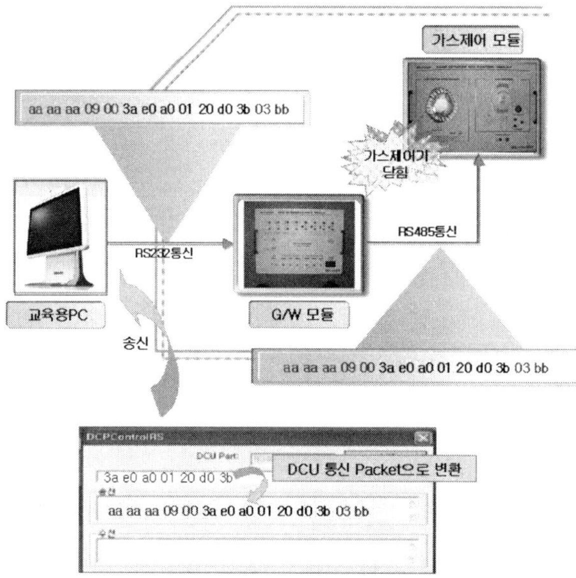

[그림 6-11] 가스제어기 닫기 송신메시지의 흐름

가스제어기 닫기가 동작하면 가스제어 장비에서 동작된 신호를 게이트웨이 장비로 동작 Data packet을 보낸다. DCP의 수신창에 다음과 같은 메시지가 생성된다.

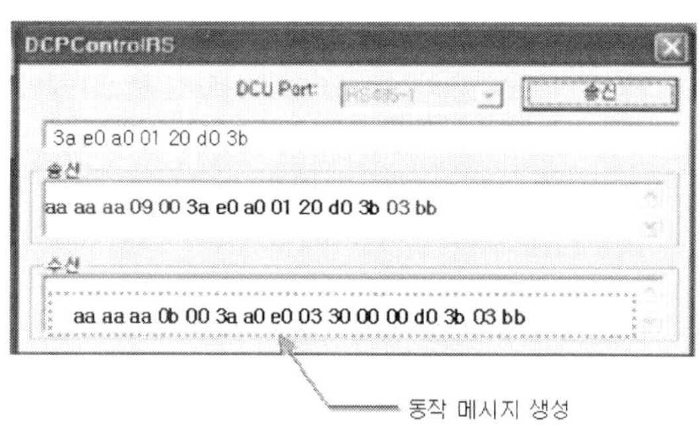

수신창 : aa aa aa 0b 00 3a a0 e0 03 30 00 00 d0 3b 03 bb

진한 글자로 표시된 부분이 DCU에서 만들어주는 부분이다.
가스제어시스템 프로토콜에서 가스제어 닫기 동작의 수신 Packet 분석을 보면

수신메시지 : 가스제어기 닫기 메시지에 대한 응답

3a(Header) a0(Destination ID) e0(Source ID) 03(Byte Count:Function+Data) 30(Function:write gas valve close&read valve status) 00(Data:valve colse) 00(gas:release(01일 경우:gas detect)) d0(CheckSum) 3b(Terminator)

- aa aa aa : STX(고정)
- 0b : 검정색으로 표시된 data의 길이 + 2 = 11(헥사로 표현하면 0b)
- 00 : DCU의 포트번호(현재 가스제어의 경우 DCU 포트 0번에 연결된 경우임)
- d3 : 처음부터 data까지의 XOR 값
- bb : ETX(고정)

가스제어기 닫기 수신 메시지의 흐름은 [그림 6-12]와 같이 진행된다.

닫힌 가스제어기는 게이트웨이 모듈장비에게 상태값을 보낸다. 상태값은 PC에 RS232 통신을 통해 DCP에 수신 메시지의 값이 생성된다.

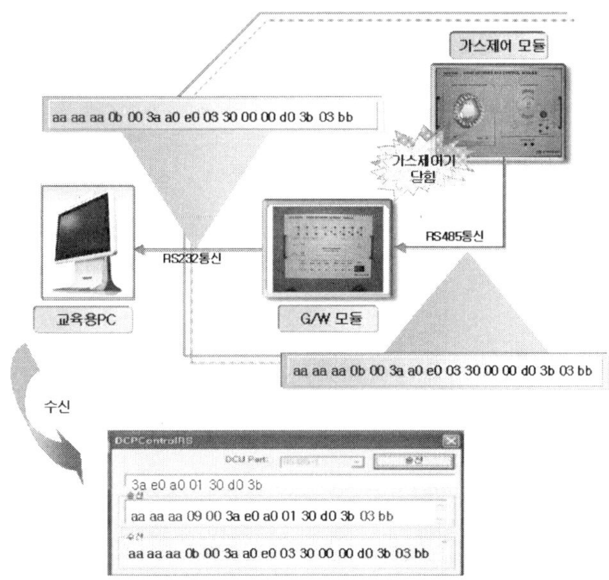

[그림 6-12] 가스제어기 닫기 수신 메시지의 흐름

6-5-2. 가스감지기로 가스제어기 닫기

[그림 6-8]과 같이 연결 한 후 아래와 같이 가스를 접촉시킨다.

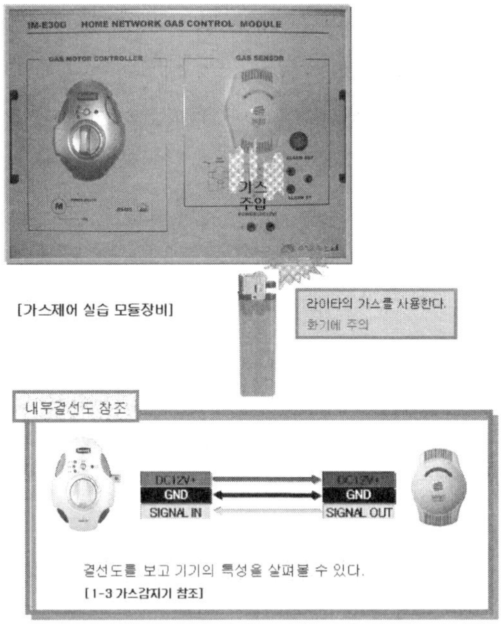

[그림 6-13] 가스감지기로 가스제어기 닫기

6-5-3. Local 접점 신호 주기

[그림 6-8]과 같이 연결한 후 아래와 같이 ALARM SST 버튼의 ON/OFF를 선택한다.

상태에 따라 가스제어 모듈 장비와 해당 포트의 게이트웨이 모듈 장비의 램프에 불이 들어옴을 확인할 수 있다.

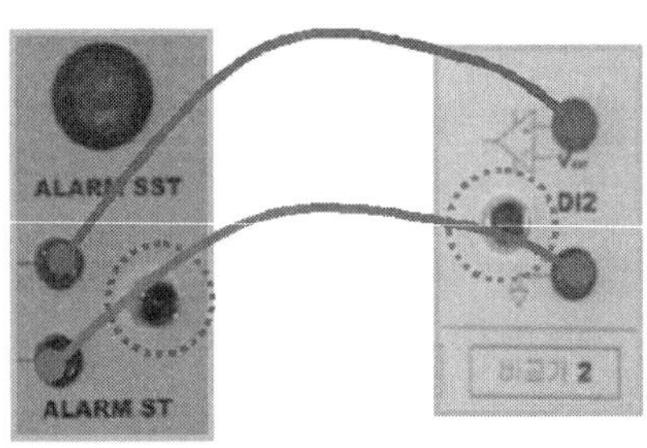

[그림 6-14] 외부결선도

6-5-4. 가스 제어 모듈장비 응용 실습 예제

1) 가스제어기 닫힘 상태 프로토콜 분석하기

앞에서는 닫기 명령 프로토콜을 사용하여 송/수신 프로토콜을 분석하였다. 명령을 내려 제어기기를 제어하는 것도 중요하지만 현재의 기기의 상태값을 불러들일 수 있어야 한다.

이 장에서는 현재의 상태값을 불러오라는 프로토콜을 사용하여 가스제어기의 상태값을 확인하고 그 프로토콜을 분석하여 보기로 한다. 처음에 배웠던 것과 같이 각각의 프로토콜 내 Function Code 구성값에 의해 하위 디바이스에 명령을 내린다.

우선 [그림 6-7]과 같이 연결한 후, 가스제어 모듈의 가스제어기를 닫힘 상태로 놓는다. 가스제어기가 [그림 6-15]와 같은 상태가 된다.

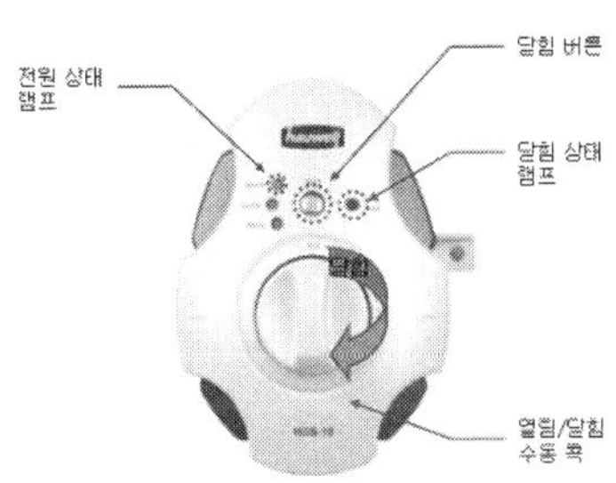

[그림 6-15] 가스제어기 닫힘 상태

가스제어기의 상태 메시지를 보내는 메시지에 입력한다.

가스제어기 상태 메시지 : 3a e0 a0 01 10 d0 3b 입력 후 송신 버튼을 클릭한다.

가스제어기 상태 메시지의 data packet과 송, 수신 메시지의 data packet을 분석하고 흐름을 학습한다.

2) 가스제어기 열림 상태 프로토콜 분석하기

가스제어기를 열고 실습 1과 같은 방법으로 프로토콜을 분석한다.

가스제어기 상태 메시지 : 3a e0 a0 01 30 d0 3b 입력 후 송신 버튼을 클릭한다.

가스제어기 상태 메시지의 data packet과 송, 수신 메시지의 data packet을 분석하고 흐름을 학습한다.

3) 가스제어기 상태 및 닫기 명령 프로토콜 분석하기

앞에서는 닫기, 열림상태, 닫기 상태에 대한 프로토콜을 분석해 봤다. 여기서는 가스제어기의 상태와 닫기 명령을 동시에 내릴 수 있는 프로토콜을 구성하여 본다.

두 가지 명령을 동시에 내려서 가스제어기가 실제로 닫히는지 두 번 명령을 내리지 않고 상태를 확인 할 수 있도록 하는 것이 이 실습의 목적이다.

가스제어기 상태 메시지 : 3a e0 a0 01 30 d0 3b 입력 후 송신 버튼을 클릭한다.

가스제어기 상태 메시지의 data packet과 송, 수신 메시지의 data packet을 분석하고 흐름을 학습한다.

제7장 센서 모듈 장비

7-1 개요

일반적으로 홈 오토 및 홈 네트워크 시스템에서 중요한 부분을 차지하는 방범 및 방재 센서를 적용하여 각 센서의 배선 및 제어 원리와 종류에 따른 모듈의 제어 방식을 학습한다. 또한 홈 게이트웨이와 각 센서 디바이스를 사용하여 실제 세대의 구축 현형을 분석하고 연동 응용 학습을 통해 연동 실습 판넬과 시뮬레이션 판넬을 제어하는 학습을 한다.

홈 네트워크 시스템에서 방범, 방재 센서는 기본으로 사용되는 제어시스템이다. 현제 센서들은 센서 기능과 네트워크가 결합된 유비쿼터스 센서 네트워크(USN)으로 발전하면서 각종 센서에서 수집한 정보를 무선으로 수집할 수 있다. 사람의 접근이 불가능한 취약지구에 수백 개의 센서네트워크 노드를 설치, 사람이 감시하는 것과 마찬가지의 역할을 한다. WPAN(Wireless Personal Network) 기술 및 초소형 네트워크 디바이스 기술 등이 발전함에 따라 센서 네트워크 기술이 매우 활성화되고 있다. 앞으로 사회기반 시설 안전감시, 산불감시, 산업시설 감시, 국방 등의 분야에서 널리 활용될 전망이다.

또한 기존의 홈 오토맨션 업체에서는 기존의 통신 방식인 RS485 통신방식이나 게이트웨이를 통한 접점 방식, Zigbee 통신방식 등 많은 통신방식으로 기능을 적용하고 있다. 각종 통신방식을 적용하기 위해서는 각 센서 디바이스가 가지고 있는 특성을 이해하고 기능과 성격상 통신프로토콜을 적용, 실제 구현을 하며 서비스도 다양하게 구현하여야 한다.

▶ 홈 네트워크 시스템의 센서모듈 기능

가) 개별 센서 디바이스 원리 이해

나) 모드제어(취침, 외출)을 통한 감시

다) Local 스위치에 의한 감시

라) 인터넷에 의한 감시

마) Home PAD에 의한 감시

바) 홈 게이트웨이를 통한 연동 모듈 제어

7-2 센서 모듈장비 구조와 구성

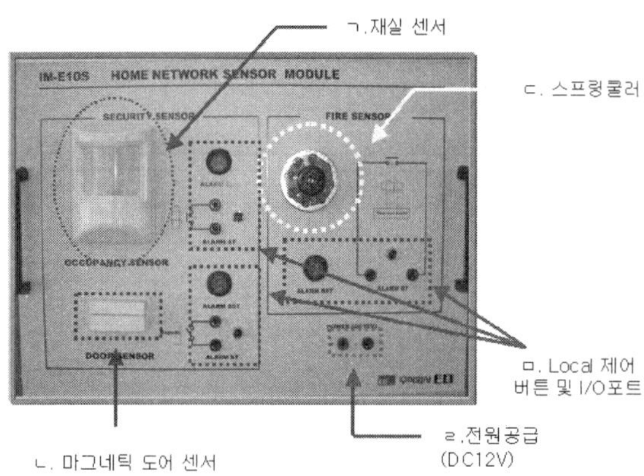

[그림 7-1] 센서 모듈장비의 구조

ㄱ. 재실센서 : 열선으로 동체를 검출하여 Signal(접점)을 보낸다.

ㄴ. 마그네틱 도어 센서 : 창문이나 개폐식 문에 부착하여 REES S.W가 N.O 상태에서 N.C로 변하는 상태를 검출한다.

ㄷ. 스프링쿨러 : 화재 감지 신호를 받아 스프링클러를 통해 소화한다.

ㄹ. 전원공급 : 전원공급 실습장비 모듈에서 DC12V 전원을 공급받는다.

ㅁ. Local 제어 버튼 및 I/O 포트 :

- 버튼 : Signal(DC12V) 신호, 접점을 출력한다.
- 램프 : 버튼의 ON/OFF 선택 상태에 따라 램프가 동작한다.
- I/O 포트(Signal Output) : 버튼의 상태에 따라 Signal)DC12V) 신호가 출력된다.

1) 재실 감지기

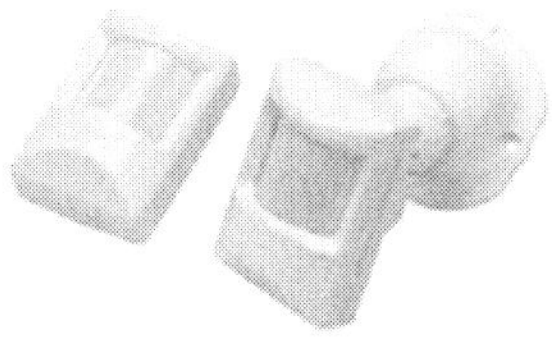

[그림 7-2] 재실 감지기

- 입력전원 : DC10V~DC15V
- 소모전류 : 20mA(at DC12V)
- 감지방법 : Passive Infrared
- 감지범위 : 12m × 12m, 130°
- 감지존 : 60존
- 설치높이 : 2.4m
- 접점 용량 : DC30V
- 출력신호 : NC
- 초기안정화 시간 : 약 30초
- 템퍼 : NC → NO(커버 개방시)
- 펄스카운트 : 1~3 조정가능
- 허용습도 : 최대 95%

2) 도어 마그네틱 센서

[그림 7-3] 도어 마그네틱 센서

자석 감지기는 Reed switch unit과 magnet unit으로 구성되어 있으며 유선으로 연결되어 사용한다. 평상시(창문 또는 현관문 등이 닫혀있는 상태)에는 reed switch가 closed 되어 있다가 동작시(창문 또는 현관문 등이 열려있는 상태)에는 reed switch가 open됨으로써 신호가 전달되어 경보 동작을 할 수 있도록 역할을 수행한다.

- 사용장소 : 실내
- 작동전원 : 무전원
- 사용온도 : -10℃ ~ 60℃
- 작동횟수 : 100만회 이상 (DC12V/100mA)
- Contact Rating : Max. switching current - 1.0A
Max. Carry current - 1.5A
Break-Down Voltage(min) - 250V DC
Power rating - 10VA
- Magnet 자속밀도 : 1400 Gauss ± 10%
- Resistance : 접점 close 시 - 10Ω 이하
접점 open 시 - 1MΩ 이상

3) 화재 감지 센서

[그림 7-4] 화재 감지 센서

화재 감지 센서는 홈 게이트웨이 모듈장비와 연결되어 화재를 감지한다. 화재 발생 시 열에 의하여 특수 합금 바이메탈의 온도 특성 변화에 의한 기계적 접점 동작 방식을 가지고 있다.

- 입력전원 : DC12V
- 소모전류 : 50mA
- 감지온도 : 70℃(수직기류에 주입 후 20~60초)
- 감지방식 : 특수합금 바이메탈의 온도 특성 변화에 의한 기계적인 접점 동작방식
- 동작확인 : 적색 LED
- 출력 : 릴레이 무전압 출력

- 사용온도 : 10℃ ~ 50℃, 85% RH

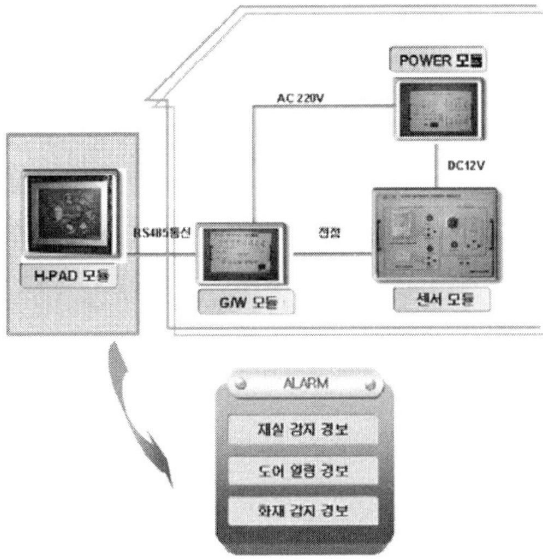

[그림 7-5] 센서 모듈 장비 운영 구성도

7-3 센서 모듈장비 실습

7-3-1. 센서 모듈장비 내부 결선

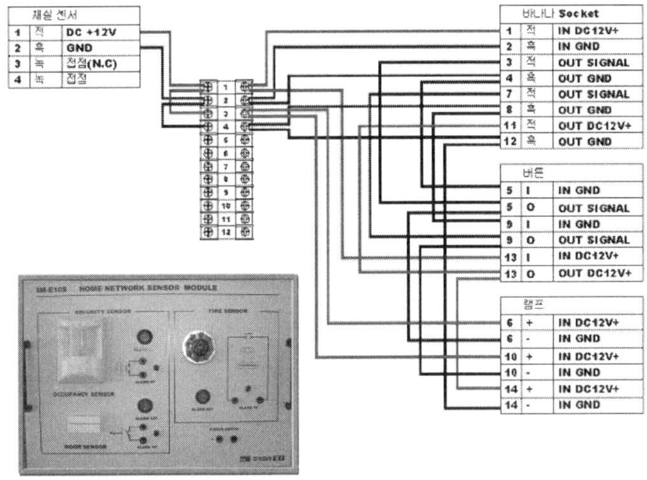

[그림 7-6] 센서 모듈장비 내부 결선

재실 센서는 열선 감지로 동체의 움직임이 감지되면 접점(Relay)이 붙는다. 알람 버튼으로 감지 여부를 확인 할 수 있도록 결선되어 있다.(전원 DC12V만 연결됨)

도어 마그네틱 센서는 도어의 개폐에 의해 내부 접점이 연결된다. 알람 버튼으로 개폐 여부를 확인 할 수 있도록 결선되어 있다.

화재 센서는 열로 인해 센서 특성에 의해 접점이나 전압이 발생하여 신호를 준다. 알람버튼으로 감지 여부를 할 수 있도록 결선되어 있다.

7-3-2. 센서 모듈 장비에 전원공급

센서 실습 모듈 장비의 전원 공급은 전원 공급 모듈장비에서 DC12V 전원을 공급받는다. 케이블을 Power 소켓에 연결하고 전원차단 스위치를 ON 하면 전원이 센서 실습 모듈 장비로 공급된다.

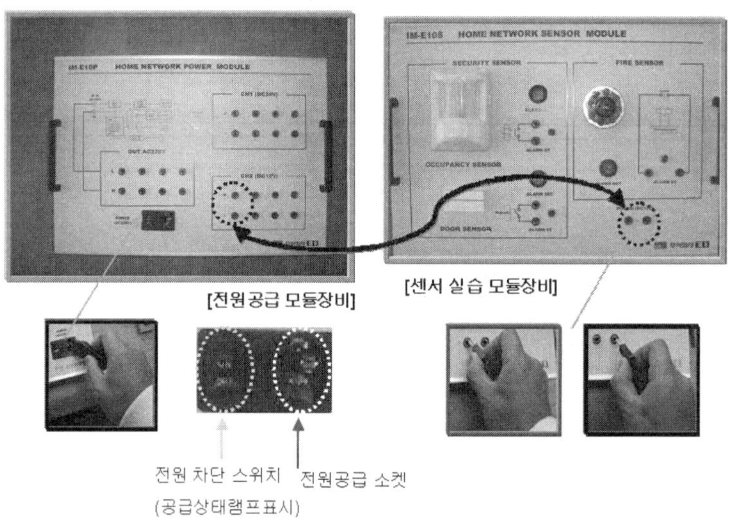

[그림 7-7] 전원공급

7-3-3. 재실 센서와 홈 게이트웨이 모듈 접점 연결

센서 실습 모듈장비와 교육용 PC의 연결은 홈 게이트웨이 모듈장비를 연결하여 진행된다. 재실센서 Output 포트는 홈 게이트웨이의 DI4 포트 중 3번째 포트에 연결한다. 재실 센서는 비교기의 3번째로 고정 설정되어 있다.

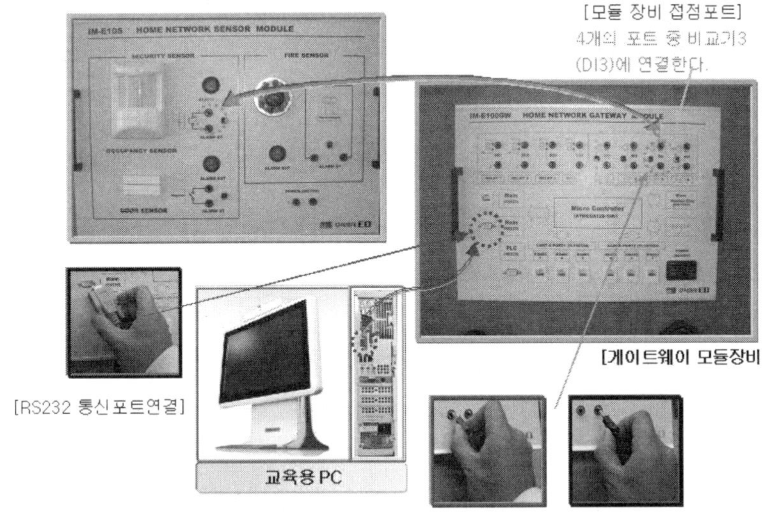

[그림 7-8] 재실센서와 홈게이트웨이 모듈 접점연결

센서 모듈장비와 PC의 연결은 게이트웨이 모듈하고 DI 포트로 연결한 뒤 PC와 게이트웨이 모듈장비간의 RS232 통신포트로 연결하여 데이터를 전송한다.

7-3-4. 도어 마그네틱 센서와 홈 게이트웨이 모듈 접점 연결

센서 실습 모듈장비와 교육용 PC의 연결은 홈 게이트웨이 모듈장비를 연결하여 진행된다. 도어 마그네틱 센서 Output 포트는 홈 게이트웨이의 DI 4포트 중 44번째 포트에 연결한다. 도어 마그네틱 센서는 비교기의 4번째로 고정 설정되어 있다.

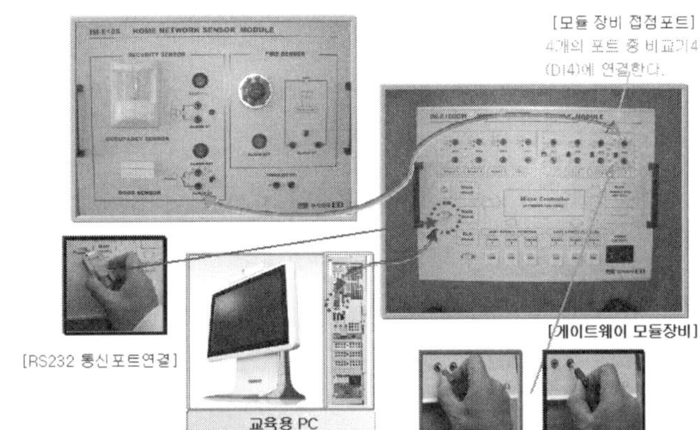

[그림 7-9] 도어 마그네틱 센서와 홈 게이트웨이 모듈 접점 연결

센서 모듈장비와 PC의 연결은 게이트웨이 모듈하고 DI 포트로 연결한 뒤 PC와 게이트웨이 모듈장비간의 RS232 통신포트로 연결하여 데이터를 전송한다.

7-3-5. 화재 감지 센서와 홈 게이트웨이 모듈 접점 연결

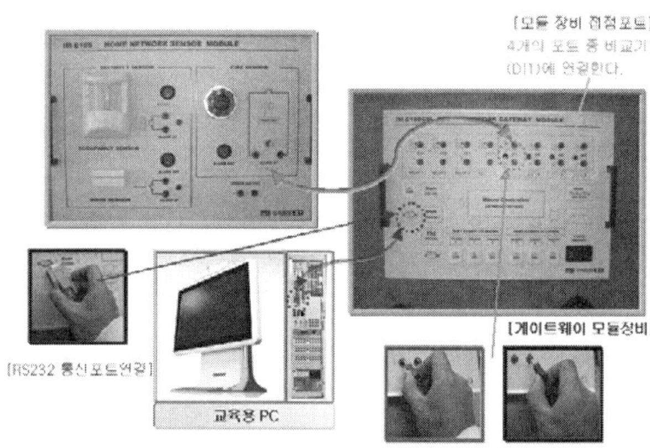

[그림 7-10] 화재 감지 센서와 홈 게이트웨이 모듈 접점 연결

센서 실습 모듈장비와 교육용 PC의 연결은 홈 게이트웨이 모듈장비를 연결하여 진행된다. 화재감지 센서 Output 포트는 홈 게이트웨이의 DI 4포트중 1번째 포트에 연결한다. 화재감지 센서는 비교기의 1번째로 고정설정 되어있다.

센서 모듈장비와 PC의 연결은 게이트웨이 모듈하고 DI 포트로 연결한 뒤 PC와 게이트웨이 모듈장비간의 RS232 통신포트로 연결하여 데이터를 전송한다.

제8장 홈뷰어 모듈 장비

8-1 개요

홈 네트워크 시스템의 제어시스템에서 부각되는 홈뷰어 시스템을 적용하여 홈뷰어 디바이스의 배선 및 원리와 네트워크가 어떻게 구성되는가를 체계적으로 학습한다. 또한 홈서버와 핸드폰 간의 데이터 통신에 대해 구현 학습한다.

홈뷰어 모듈장비를 학습 후에 실제 세대의 구축현황을 분석하고 연동하는 학습을 학습용 PC를 통하여 학습한다.

홈 네트워크 시스템에서 홈뷰어는 각광받는 서비스 시스템이다. 홈뷰어 시스템은 홈 네트워킹 사업화를 통해 보안 및 관찰의 인식이 높아지고 그 수요가 증대되고 있으며 그로인한 그 보급시장의 호가대가 눈에 띄게 높아지고 있다. 2005년 홈네트워크 시범사업 중에서도 신축 아파트의 경우 P2P의 Pen/tilt USB mcam 제품들의 채택률이 높아지는 추세에 있는 것으로 보아 앞으로의 그 활용도도 높아질 것으로 예상된다고 볼 수 있다.

홈뷰어 모듈은 IP 솔루션 기반하에서 광대역망을 통해 전송하는 가정 내 보안 서비스를 제공한다. 예를 들어 침입 경보 및 알림 서비스를 모바일 및 원격지 PC에 동시에 제공한다든지, 움직이는 물체를 자동 동체추적 해준다든지, 보여준 화면을 동영상 및 사진으로 자동 저장해 준다든지, 예약 녹화기능 및 원격지 화면 조정을 할 수 있다든지 홈네트워크 기술에 근접한 서비스를 제공해 주고 있다. 가정 내 즉 세대에서 사용하는 홈뷰어를 네트워크를 이용하여 언제 어디서나 시간과 공간에 구애받지 않고 감시가 가능하다. 단 사생활 보호에 대한 찬반양론으로 많은 기술적 보안이 필요하다.

▶ 홈 네트워크 시스템의 홈뷰어 기능

가) 개별 Close 제어

나) Gas 센서 감지에 의한 제어

다) 모드제어(취침, 외출)

라) Local 스위치에 의한 제어

마) 인터넷에 의한 제어

바) Home PAD에 의한 제어

사) 홈 게이트웨이를 통한 센서모듈 연동 제어

8-2 홈뷰어 모듈장비 구성

[그림 8-1] 홈 뷰어 모듈

홈뷰어는 Software와 Remote control을 이용하여 원격지에서 상하좌우 카메라 제어 가능한 PC 기반의 Digital Camera 이다. Pan/Tilt(상하 100도, 좌우 180도) 컨트롤 기능이 있으며 언제 어디서라도 인터넷에 연결된 PC 및 핸드폰 등을 통해 카메라를 모니터링 할 수 있으며 예약 녹화 및 움직임을 감지하여 카메라가 물체를 따라가며 정지영상을 촬영하고, 그 신호를 SMS(핸드폰 단문메시지)로 발송하거나 이메일로 통보할 수 있다.

홈뷰어 모듈의 시스템 요구사항은 다음과 같다.

주의 사항

설치 전에 반드시 시스템 요구사항을 체크하십시오. VIA Chipset, ALI Chipset, SIS Chipset에서 약간의 문제가 발생할 수도 있습니다.

- USB port 와 RS-232 serial port가 있는 PC또는 Settop-Box
- Windows 98SE / ME / 2000 / XP
- DirectX8.1 이상 설치
- 펜티엄 III 500MHz 이상 권장
- 128MB 메모리 이상 권장
- CD-ROM 드라이버
- 하드디스크 100MB 이상
- 800*600, 16bit 컬러 디스플레이 지원(1024*768, 24bit 권장)
- 8MB 메모리 이상 그래픽 카드
- ADSL, 케이블 모뎀 또는 128Kbps LAN 이상

홈뷰어의 사양은 다음과 같다.

[카메라]

이미지 센서	CMOS Type
해상도	318,176 Pixels (652x488)
유효 해상도	307,200 Pixels (640x480)
픽셀 사이즈	7.6 x 7.6 ㎛
이미지 영역	4.86x3.64mm
포커스	30mm ~ ∞
포커싱	수동
최소 조도	2.5Lux @ f1.4
화각	54 도
프레임 레이트	Up to 60fps QVGA(SIF)/up to 30fps CIF/up to 30fps VGA
소음	>56dB
이미지 향상 조절	밝기 / 대조/ 칼라 / etc.
노출	자동
화이트 밸런서	자동 / 수동 (pre-setting)
감마	0.45
인터페이스	Universal Serial Bus (USB ver1.1)
렌즈	4Glass Lens , 14m/m in dia.
시리얼 인터페이스	RS-232 (Rx/Tx)
모터	DC motor x 2
좌우구동	180 도
상하구동	80 도(with view angle)
케이블 길이	2.9m
규격	96.9(W) x 86.5(H) x 111(L) (mm), 무게: 169g
전원	DC 5V, ±5% USB 전원

[해상도]

해상도	Pixel (H x V)	초대 프레임 레이트
VGA	640 x 480	30 frames
	640 x 288	30 frames
	640 x 240	30 frames
CIF	352 x 288	30 frames
	352 x 240	30 frames
SIF(QVGA)	320 x 240	60 frames
	240 x 176	60 frames
QCIF	176 x 144	60 frames
	160 x 120	60 frames

[데이터 포맷]

MJPEG

[리모콘]

사이즈	35(W) x 9.5(H) x 80(L) (mm)
전원	DC +3V

8-3 홈뷰어 모듈 장비 실습

8-3-1. 홈 뷰어 서버 프로그램 기능

홈 뷰어 서버 프로그램의 기능은 다음과 같다.

- 원격 웹 모니터링 서버 (최대 10명) / 핸드폰 서버
- 압축 녹화, 예약 녹화 (시간 별, 일 별)
- 디스크 관리 (무 정지 저장)
- 화면 시간 및 카메라 이름 캡션 표시
- 동체 추적 (Motion Tracking)
- 동체 추적 시 SMS (단문메시지)전송 (유료)
- 동체 추적 시 이메일 통보 (무료)
- 동체 추적 시 정지영상 WEB에 저장 (유료)
- 사진 찍기
- 키 방향 상하좌우 반전
- 화면 상하좌우 반전
- 카메라 움직임 각 조절

- 전체화면 보기
- 윈도우 실행 시 자동 프로그램 실행
- 프로그램 최소화(트레이 바 이동) 및 최소화로 프로그램 시작
- 프로그램 실행 시 항상 서버 자동 설정 및 로그인
- 접속자 리스트 보기
- 서버관리 비밀번호 설정
- 이벤트 로그 관리

8-3-2. 사용자 인터페이스

[그림 8-2]는 기본 사용자 인터페이스이다. 타이틀 바에서 IP를 확인할 수 있다.

ㄱ. 전체화면 보기 : 화면을 전체화면으로 확대한다. Esc를 누르면 초기화면으로 돌아 간다.

ㄴ. 도움말 : mCam100v2 도움말을 볼 수 있다.

ㄷ. 예약 녹화 설정 : 설정창이 우측으로 나타난다. 접속자 리스트도 동시에 확인할 수 있다.

ㄹ. 예약 녹화 설정 : 설정창이 우측으로 나타난다. 접속자 리스트도 동시에 확인할 수 있다. “설정창 열기” 버튼을 다시 누르면 원래 상태로 돌아간다.

ㅁ. 상하좌우 조정버튼 : 카메라를 상하좌우 조절하는 버튼이다.

ㅂ. 키 방향 반전 : 상하좌우 조정버튼을 반전시킨다. 천정 등에 거꾸로 설치할 때 사용한다. “키 방향 반전”을 다시 누르면 원상태로 돌아간다.

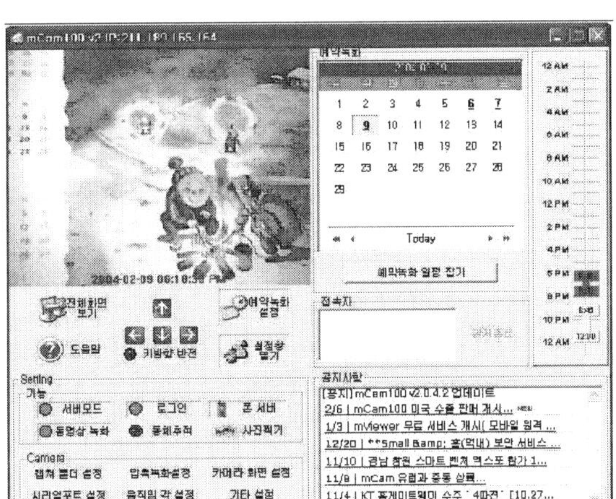

[그림 8-2] 기본사용자 인터페이스

8-3-3. 홈 뷰어 서버 프로그램 기능 설정

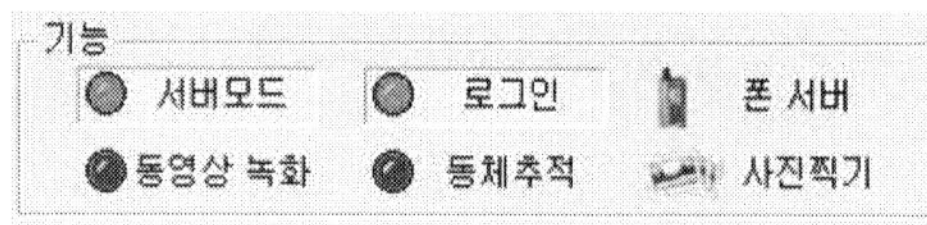

1) 서버모드

"기능 ➡ 서버모드"를 선택한다.

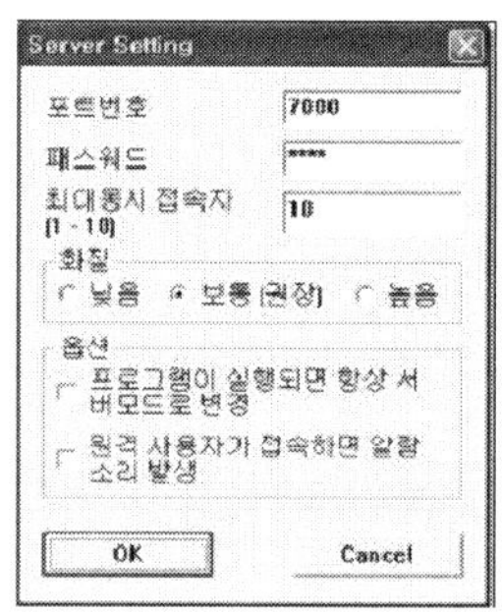

ㄱ. 포트번호

서버에 할당되는 포트번호를 설정할 수 있다. 기본값(7000)을 권장한다.

ㄴ. 패스워드

서버에 접속하기 위한 비밀번호다. 비밀번호를 성정치 않으면 홈뷰어 server의 IP와 포트번호 또는 ID를 아는 사람이 들어올 수 있다. 다른 사람의 접속을 원하지 않으면 반드시 비밀번호를 설정한다.

ㄷ. 최대동시 접속자

홈뷰어 server에 동시에 접속할 수 있는 사용자의 수를 제한하는 설정이다. 1명에서 10까지 설정이 가능하다. 네트워크 환경을 고려하여 설정한다.

ㄹ. 화질

화질이 낮을수록 영상 전송속도는 빨라지며, 높을수록 영상전송속도는 느려진다. ADSL이나 케이블모뎀 사용자는 권장값인 보통을 선택하기 바란다. 즉 네트워크환경을 고려하여 화질을 선택한다.

ㅁ. 프로그램이 실행되면 항상 서버모드로 변경

이 항목을 체크하면 프로그램 실행 시 자동으로 마지막으로 설정한 값으로 서버 모드가 시작된다.

ㅂ. 원격 사용자가 접속하면 알람 소리 발생

이 항목을 체크하면 홈뷰어 Client로 다른 사용자가 원격지에서 홈뷰어 server에 접속할 경우 알람으로 서버관리자에게 알려준다.

2) Login

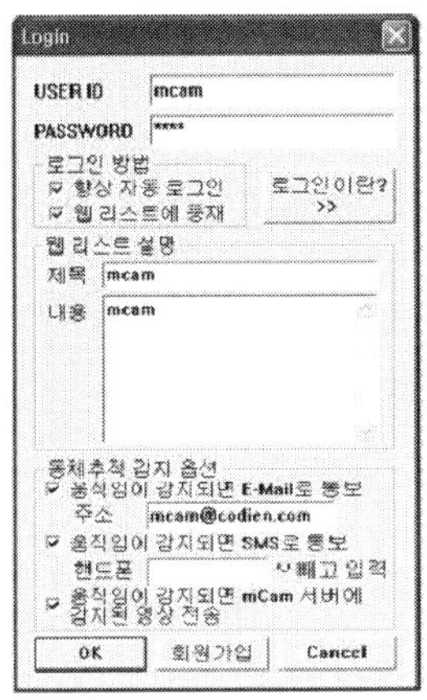

ㄱ. 웹 리스트에 등재

이 항목을 체크하면 서비스 사이트의 홈뷰어 서비스에서 카메라 서버를 검색할 수 있으며, 웹에서 카메라 서버로 접속할 수 있다. 체크하지 않으면 홈뷰어 전용 Client 프로그램에서만 검색/접속이 가능하다.

ㄴ. 웹리스트 설명

"웹 리스트 등재"를 체크하면 입력할 수 있으며, 이 내용은 홈뷰어 서비스에서 다른 사용자에게 공개된다.

ㄷ. 동체추적 감지 옵션

움직임이 감지되면 이메일로 통보, 움직임이 감지되면 SMS로 통보, 움직임이 감지되면 홈뷰어 서버에 감지된 영상 전송의 기능을 한다.

3) 핸드폰 서버

STEP1 : 먼저 서비스 가입을 신청하여 아이디와 패스워드를 등록한다.

STEP2 : 아이디와 패스워드를 입력한다.

STEP3 : 카메라 이름과 포트번호를 입력한다. 이 때 포트 번호는 기존 번호를 권장하며 라우터 (공유기)를 사용하시는 경우 반드시 설정한 포트번호를 mapping 시켜야 한다.

STEP4 : 로그인 버튼을 누른다.

그러면 등록한 핸드폰(Mobile Phone)에서 KTF 멀티 팩에 접속하여 프로그램을 실행 시킨다. 그리고 해당 아이디와 패스워드를 입력하시면 해당 아이디로 로그인 된 서버 카메라 리스트를 볼 수 있다. 이 때 보고 싶은 카메라를 선택하여 볼 수 있으며, 상하좌우 Z카메라 조절, 정지영상 촬영, 동영상 촬영, 디지털 줌, 예약녹화 등을 실행할 수 있다.

주의 사항

- 무선 네트워크의 상황에 따라 실행이 불가할 경우가 있다.
- 홈뷰어 Server프로그램을 종료하기 위해서는 반드시 핸드폰 서버 프로그램을먼저 종료해야 한다.

4) 동영상 녹화

동영상 저장 위치 및 파일 이름을 지정 후 동영상을 녹화한다. 지정하지 않으면 C > Program file > mCam100v2 > Server > Capture 에 자동 저장된다. "압축녹화설정"에서 설정된 압축방식으로 저장된다. 1시간 단위로 나눠져서 지정한 파일 이름 뒤에 시간 표시 되어 저장한다.

리모컨의 RECORD 버턴을 이용하여 저장할 수도 있다. STOP 버턴을 누르면 녹화가 자동 중지되고 리모컨으로 저장 시 C > Program file > mCam100v2 > Server > Capture에 날짜와 시간으로 자동 저장된다.
동영상 녹화 전에 XviD MPEG-4 비디오 압축 코덱을 먼저 설정해야 한다.
XviD MPEG-4 비디오 압축 코덱을 설치하지 않을 때 아래와 같은 메시지가 나타나며
www.mcam.co.kr 에서 코덱을 다운 받아 설치한다.

5) 동체추적

움직이는 물체를 감지하면 카메라는 움직이는 물체를 추적하며, 움직이는 물체를 감지하는 순간의 화면을 이미지파일로 C>Program file>mCam100v2>Server>Capture 폴더 또는 직접 지정한 위치의 폴더에 저장된다.

6) 사진찍기

캡쳐 폴더 설정에서 정한 디렉터리에 현재 출력되는 영상을 이미지로 저장한다. 지정하지 않으면 C > Program file > mCam100v2 > Server > Capture 에 자동 저장된다.

8-3-4. 예약 녹화 설정

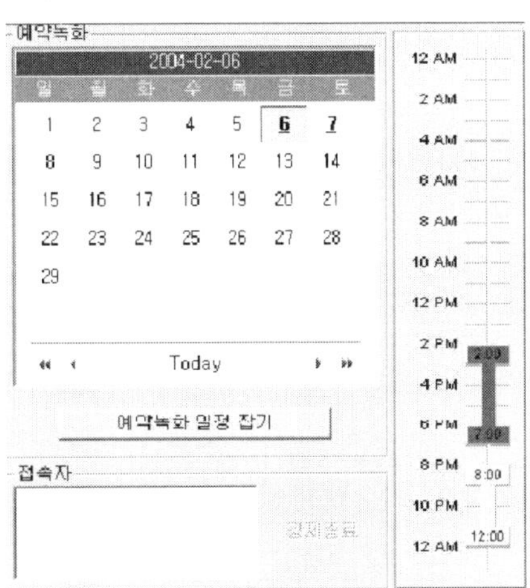

[그림 8-3] 예약녹화설정

위의 달력에서 해당 날짜를 선택 > 우측 시간을 마우스로 선택 > 예약녹화 자동 설정

붉은색 바는 진행되고 있거나 진행완료 된 시간으로 한 번 설정된 내용은 삭제가 불가능하다.

노랑색 바는 예약된 녹화 시간이며 노랑색의 예약녹화는 바(Bar)를 선택하여 Delete 키를 눌러 삭제할 수 있다.

파란색 바는 예약녹화 진행 중 취소되거나 강제로 중지 되었을 경우에 나타낸다.

'접속자'에서 현재 접속된 클라이언트의 IP주소 또는 핸드폰 번호를 알 수 있다. 선택하여 '강제종료' 시킬 수 있다.

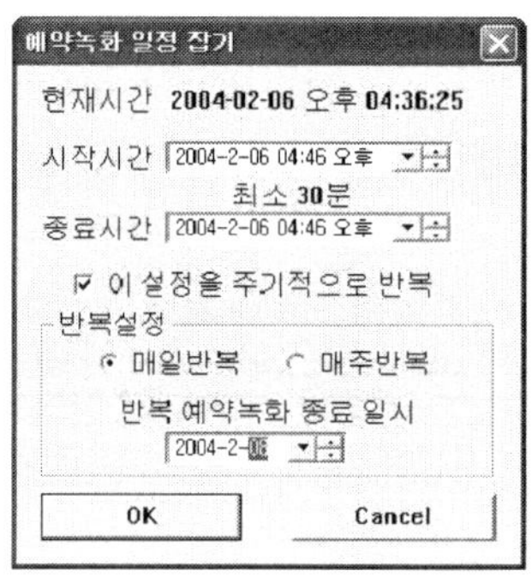

[그림 8-4] 녹화일정 잡기

시작 시간 선택 > 종료시간 선택 > 주기적 반복 선택> 반복 예약녹화 종료 일시 선택> OK

Note

최소 예약녹화 시간은 30분 이상이다. 그리고 매일 반복을 위해서는 24시간 이내로 예약녹화 기간을 설정하여야 하며, 매주반복을 위해서는 예약녹화 기간을 7일 이내로 설정하여야 한다. 반복 예약녹화 종료 일시는 예약녹화 일시보다 적어도 1일 이후로 설정한다. 예약녹화를 시작하면 현재 진행중인 녹화는 중지된다. 예약녹화가 설정된 날짜에 밑줄 생성된다. 예약녹화 취소는 해당 설정 바(Bar)를 선택하여 'Delete'키를 누르면 삭제된다.

8-4 홈뷰어 모듈장비 응용 실습

홈 뷰어 서버 프로그램을 통해 홈 뷰어와 교육용 PC와 직접 연결 방식을 통해 홈 뷰어를 설정하고 감시 학습을 해 보았다. 홈 뷰어 는 IP 기반 솔류션을 바탕으로 원격감시가 가능한 모듈 장비이다. 홈 뷰어 클리언트 프로그램을 설정하고 네트워크 구성에 이해한다.

8-4-1. 홈 뷰어 클리언트 프로그램 기능

홈 뷰어 클라이언트 프로그램은 서버에 접속하기 위한 전용 프로그램이다. 서버에 접속하여 동영상 저장 및 사진 찍기 등의 기능을 수행한다. 서울 대구, 대전, 부산의 여려 지역을 각 각 연결하여 사용할 수 있다.

- 원격서버 접속 및 상하좌우 카메라 조정
- 원격지 동영상 압축 녹화
- 7배 Digital Zoom
- 원격지 사진 찍기
- 키 방향 상하좌우 반전
- 카메라 움직임 각 조절
- 4CH 모니터링

8-4-2. 원격지 연결

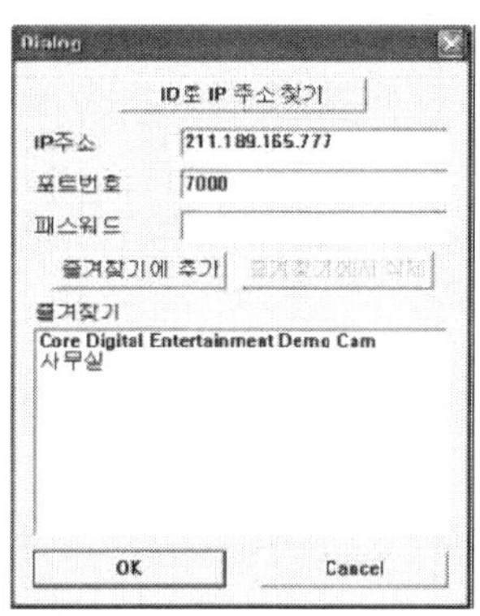

1) 모든 정보 입력

- IP 주소를 정확하게 입력.
- 포트 번호를 정확하게 입력.
- 패스워드를 정확하게 입력.
- Click 'OK'

Note

위의 IP주소, 포트 번호, 패스워드를 정확하게 입력한 후 즐겨 찾기에
추가 버턴을 눌러 제목을 입력하여 추가하면 다음 연결 때는 즐겨 찾기에 있는
리스트를 선택하면 쉽게 연결이 가능하다.

2) ID로 IP주소 찾기

먼저 ID로 IP주소 찾기 버턴을 누른다.

Note

먼저 서비스 사이트(www.mcam.co.kr)에 가입하여 로그인 되어 있어야
하고, 서버 카메라가 설정 시 로그인이 설정되어야 한다. 그러면 IP주소나 포트넘버 없이
도 연결할 수 있다.

- ID를 입력 (서비스 사이트에서 등록한 ID)
- 검색 버턴을 누른다. 그러면 원하는 카메라를 찾을 수 있다.
- 카메라 리스트에서 원하는 카메라를 선택. 그러면 IP와 포트번호를 알 수 있다.
- 'OK' 버턴을 누르고 비밀번호(서버 카메라)를 입력한다.

주의 사항

홈뷰어 에서 서버설정 시 비밀번호를 분실했을 경우 카메라 서버를 다시 설정한다.

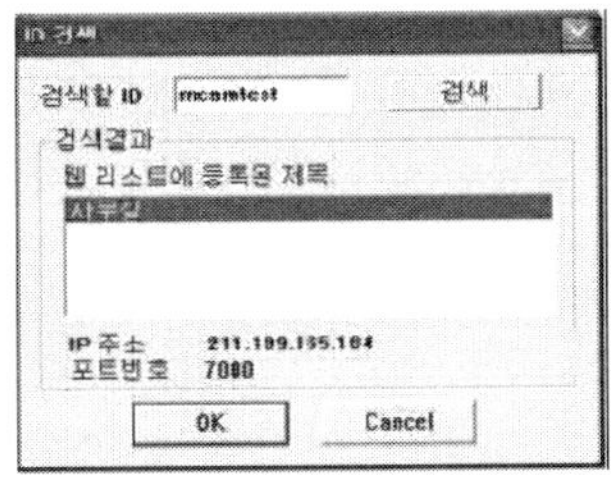

8-4-3. 기타연결

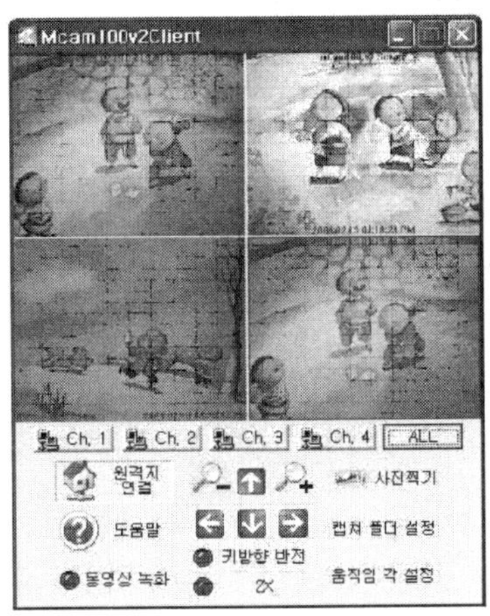

동시에 한 화면에서 4분할하여 4곳의 원격지 화면을 동시에 모니터링 가능하다.

① 먼저 프로그램을 실행시켜 ch1을 선택하여 원격지를 연결한다.

② 순차적으로 ch2, ch3, ch4를 선택하여 원격지를 연결한다.

최종적으로 'ALL'버턴을 눌러 4분할 화면을 모니터링 한다.

Note

동시에 여러 곳을 모니터링 하면 컴퓨터 CPU사양에 따라 화면의 속도가 느려질 수 있다.

▶ 웹 클라이언트로 연결

홈뷰어 서비스는 IP를 사용하지 않고 홈뷰어 서비스에 가입하고 ID로 원격지 카메라에 접속하실 수 있는 웹 모니터링 서비스다.

① 제조사 또는 판매점 웹 서비스 사이트 방문

② 로그인

③ 홈뷰어 서비스에서 해당 카메라 리스트 선택

④ 접속 / 비밀번호 입력

번 호	상태	아이디	제 목	국 가	접속
1	ON	han1207	사무실	Korea	접속

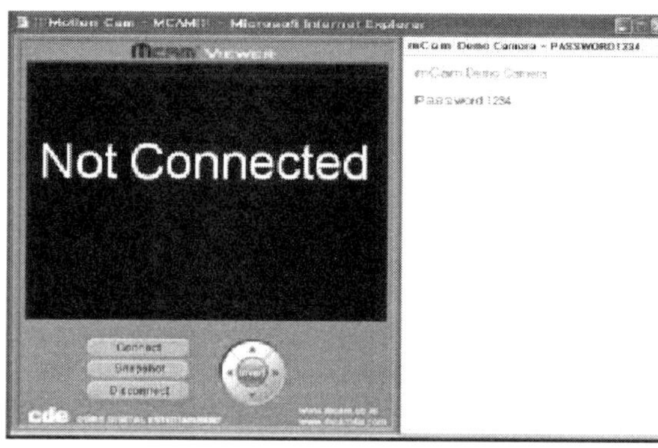

부 록

부록 A. 교육용 PC 운영프로그램(DCB)설정

부록 B. 홈 디바이스 제어 패킷 명령어

부록 A. 교육용 PC 운영프로그램(DCP) 설정

먼저 게이트웨이 모듈장비와 교육용PC의 RS232 Port연결을 확인한 후 교육용 운용 프로그램(DCP)을  더블 클릭하여 실행시킨다.

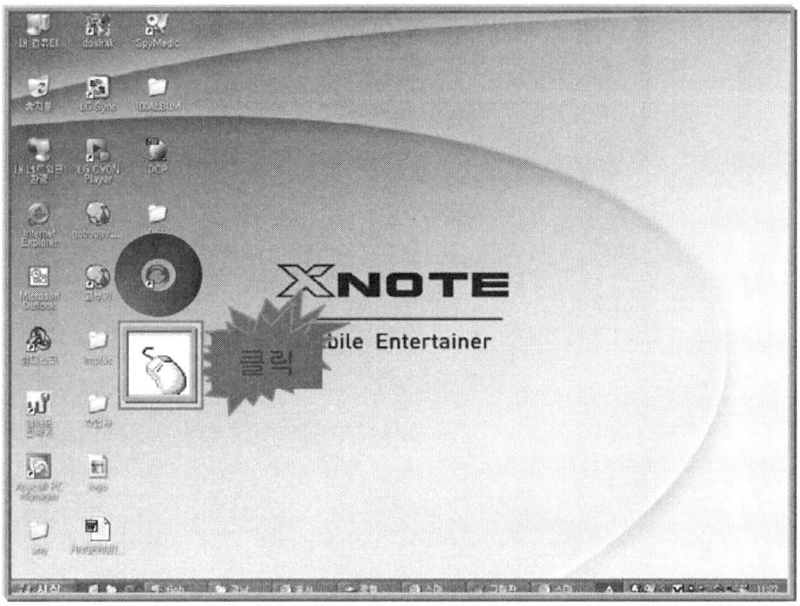

교육용 운영프로그램(DCP)을 실행되면 DCP 메인 화면이 나타난다

메뉴에서 “포트연결” 을 선택하면 “연결 Ctrl+O ” 과 “닫기 Ctrl+C”창이 생성되며 “연결 Ctrl+O ” 을 선택하면 다음과 같은 DCP Setting 창이 나타난다.
이 화면은 PC와 Gateway 장비간의 연결을 설정한다

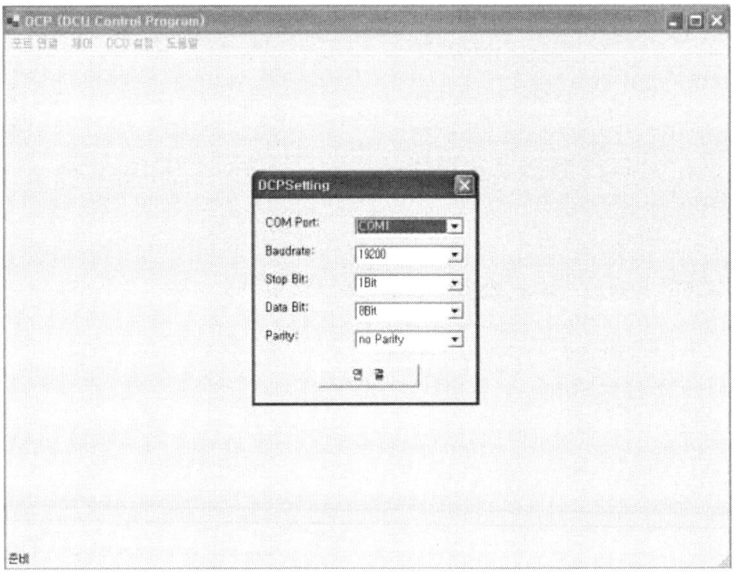

Com Port 설정 값을 입력한다(COM1~COM7중 선택)

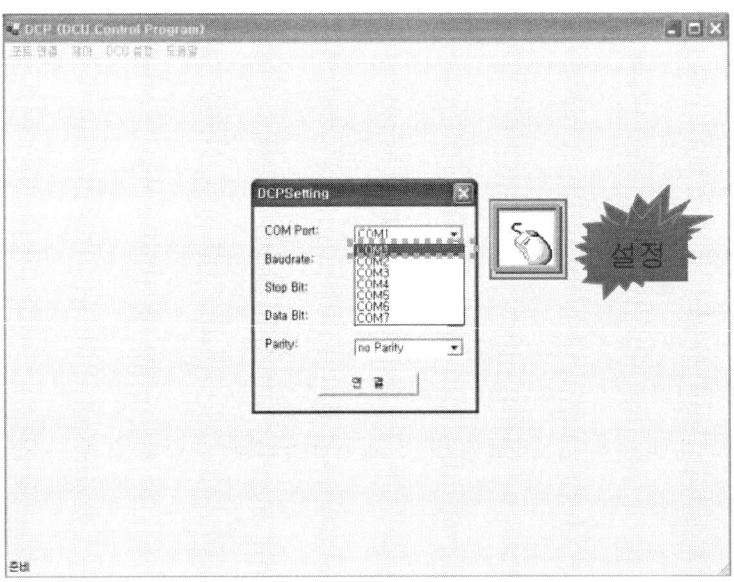

Com Port 설정을 하였으면 연결버튼을 클릭한다

Baudrate, Stop, Bit,Data Bit, Paritiy 는 고정되어 있으므로 COM Port만 설정 한다.

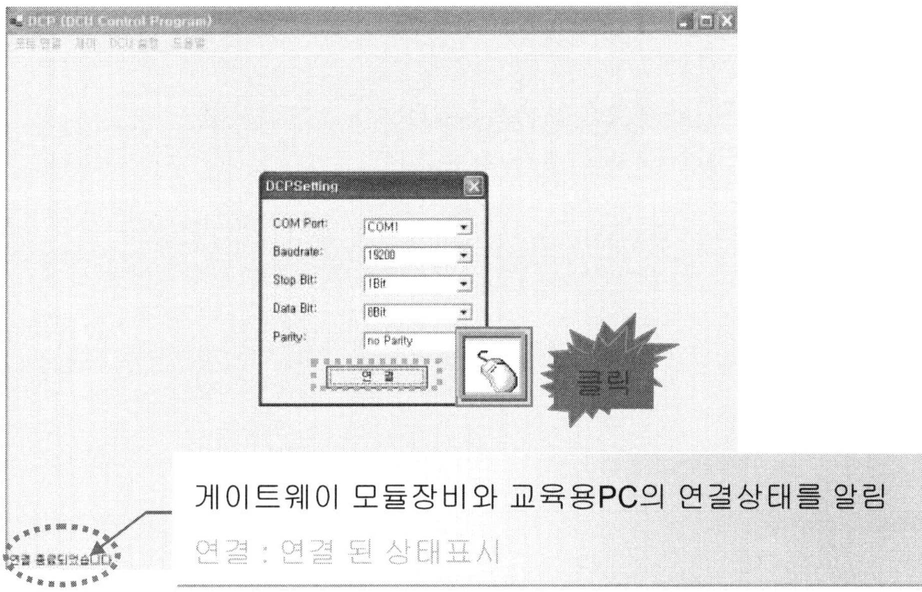

연결 표시 창에 “연결”표시가 나타나면 연결이 되면 “제어”메뉴와 “DCU설정”메뉴가 활성화 된다. 또한 Gateway 모듈장비 와 PC간의 연결이 되어 교육용 운용프로그램으로 Gateway를 제어 할 수 있게 된다

이번에는 Gateway 장비와 조명제어 실습장비의 속성을 설정 한다

메뉴에서 “DCU설정” 을 선택하면 “설정 Ctrl+S ” 창이 생성되며 “설정 Ctrl+S ” 을 선택하면 다음과 같은 ComSet 창이 나타난다.

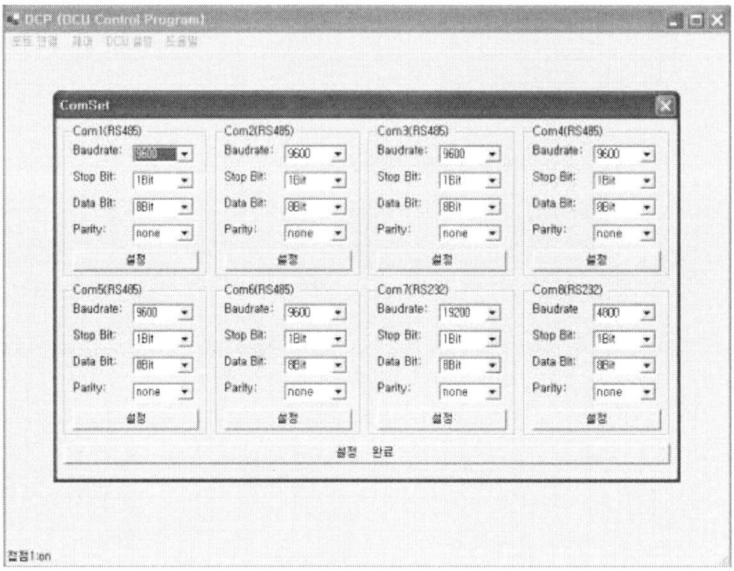

이 ComSet 창에서는 Gateway의 기기제어 Port를 각각에 대하여 설정한다
그러면 난방제어모듈장비를 홈 게이트웨이의 제어 Port에 설정 하도록 한다
먼저 홈 게이트웨이의 RS485 통신Port2에 모듈장비의 통신Port를 연결을 확인 한다

[게이트웨이 모듈장비] **[닌방 제어 모듈장비]**

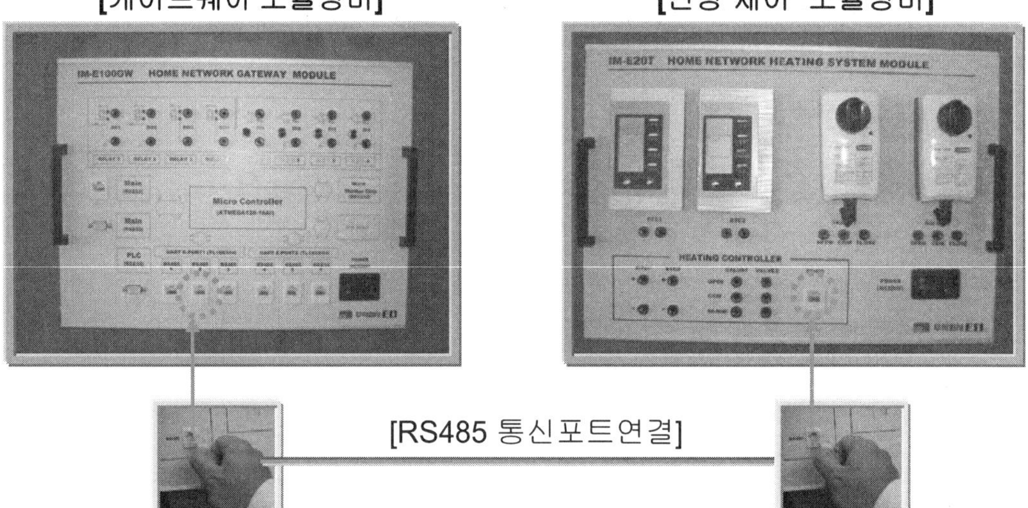

표1은 각 기기의 정보(기기ID 및 설정 값)를 나타내는 표이다

설정 시 표1을 보고 설정 하도록 한다

기기 이름	기기 ID	통신 방식	Baudrate
조명	010101~010104	RS485	9600
디밍	010301~010304	RS485	9600
가스밸브	050201	RS485	9600
보일러	040101~040103	RS485	9600
도어락	020101	RS232	19200
(PLC)커피포트	050301	RS232	4800
(PLC)주전자	050302	RS232	4800
(PLC)공기청정기	050303	RS232	4800
(PLC)가습기	050304	RS232	4800
커튼	080102	DCU 접점	
현관	080103	DCU 접점	
수도	080104	DCU 접점	

[표1 : 기기ID 및 설정 값]

ComSet 창에서 Com1(RS485)번 포트의 Baudrate을 9600으로 설정한다.

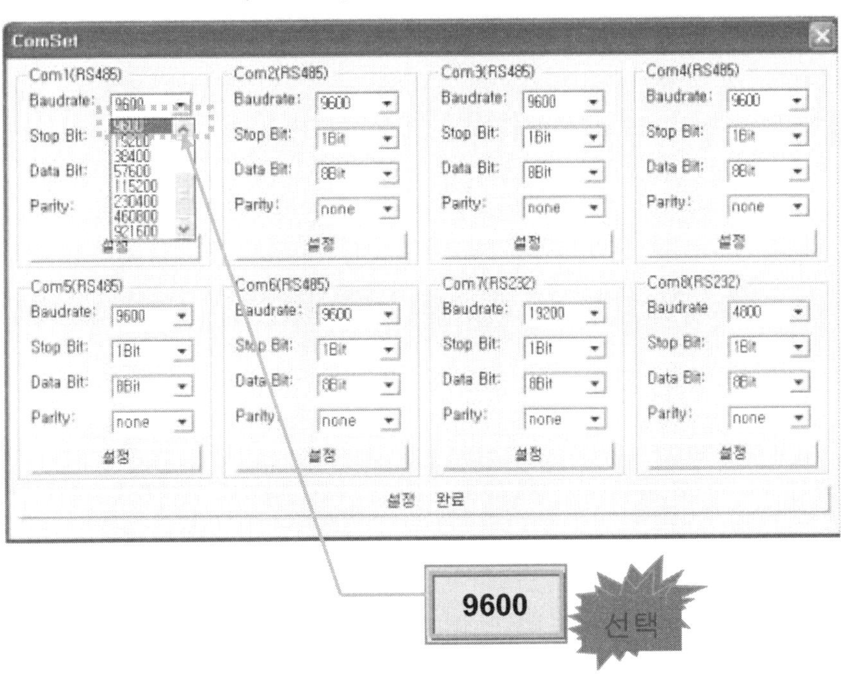

표1에서 조명1의 Baudrate : 9600임을 확인할 수 있다.
따라서 DCU 포트1의 Baudrate을 9600로 설정해 주어야 한다.

주의 사항

Baudrate를 다르게 변경하거나 다른 설정 값들을 변경 할 경우 DCU와 기기 사이의 설정 값이 달라져 통신이 되지 않는다

ComSet 창에서 Com1(RS485)번 포트의 Stop Bit 을 1Bit 로 설정한다.

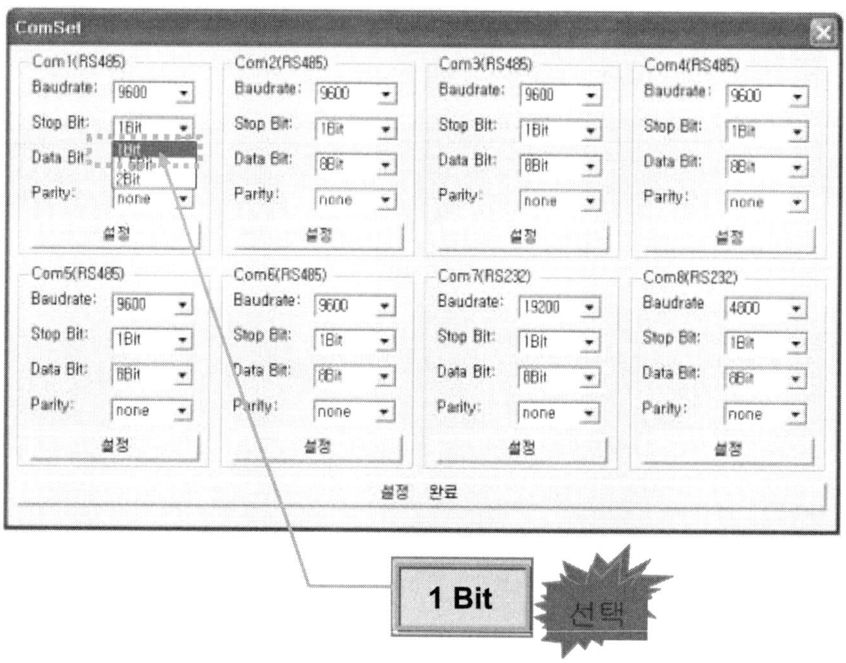

ComSet 창에서 Com1(RS485)번 포트의 Data Bit 을 8Bit 로 설정한다.

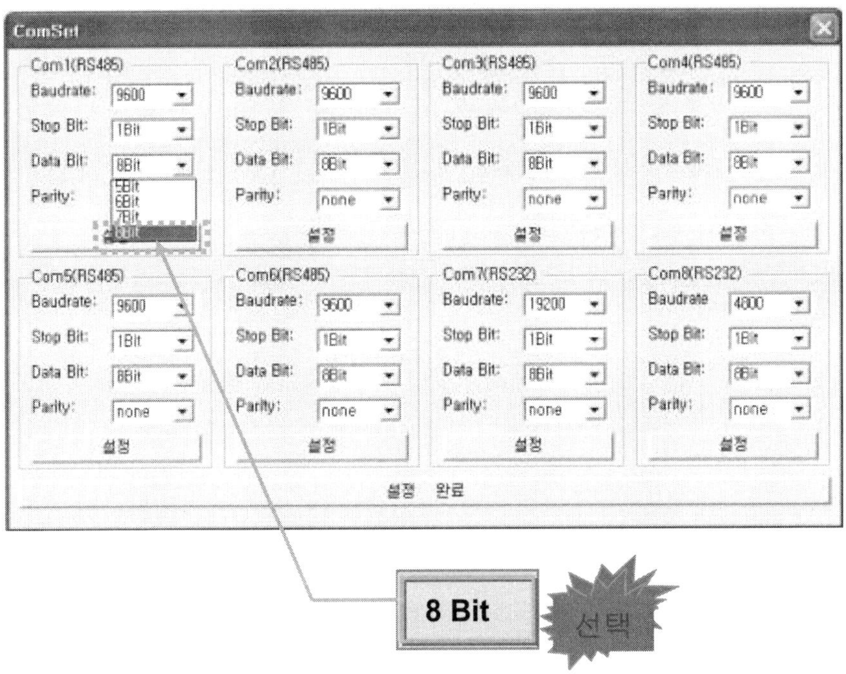

ComSet 창에서 Com1(RS485)번 포트의 Parity 을 none 로 설정한다.

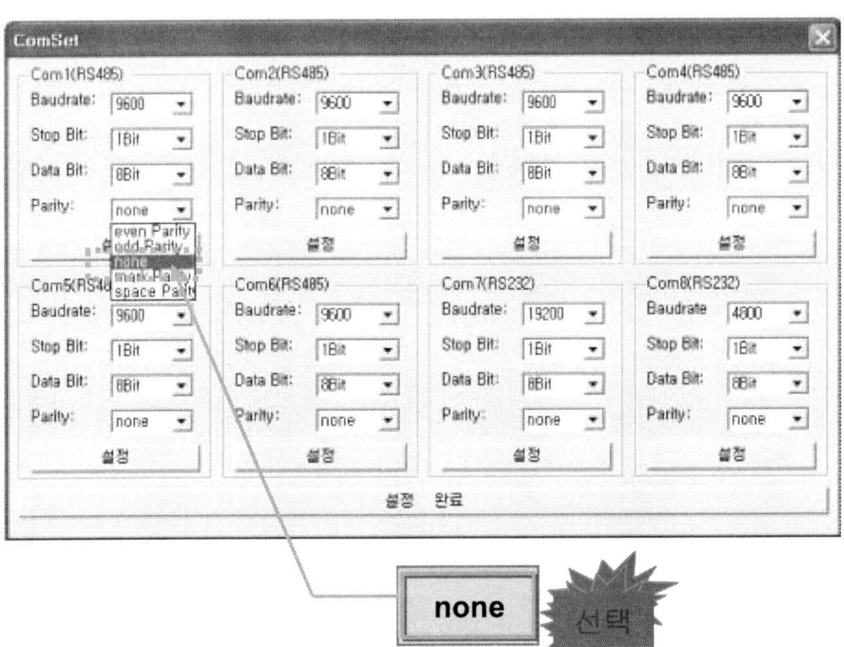

ComSet 창에서 Com1(RS485)번 포트의 설정이 다 되었으면 설정 버튼을 클릭한다 .

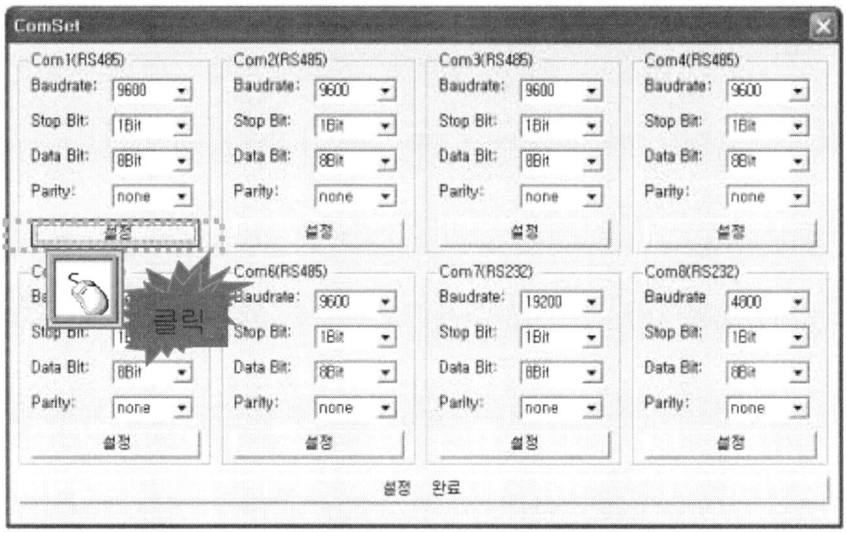

설정 버튼을 클릭하며 “설정 되었습니다”의 창이 생성된다

확인버튼을 클릭하면 Gateway 모듈의 RS4851(DCU1)에 조명제어 모듈의 통신 Port가 서로 연결 되었으며 교육용 PC에서 조명제어가 가능 하게 된다

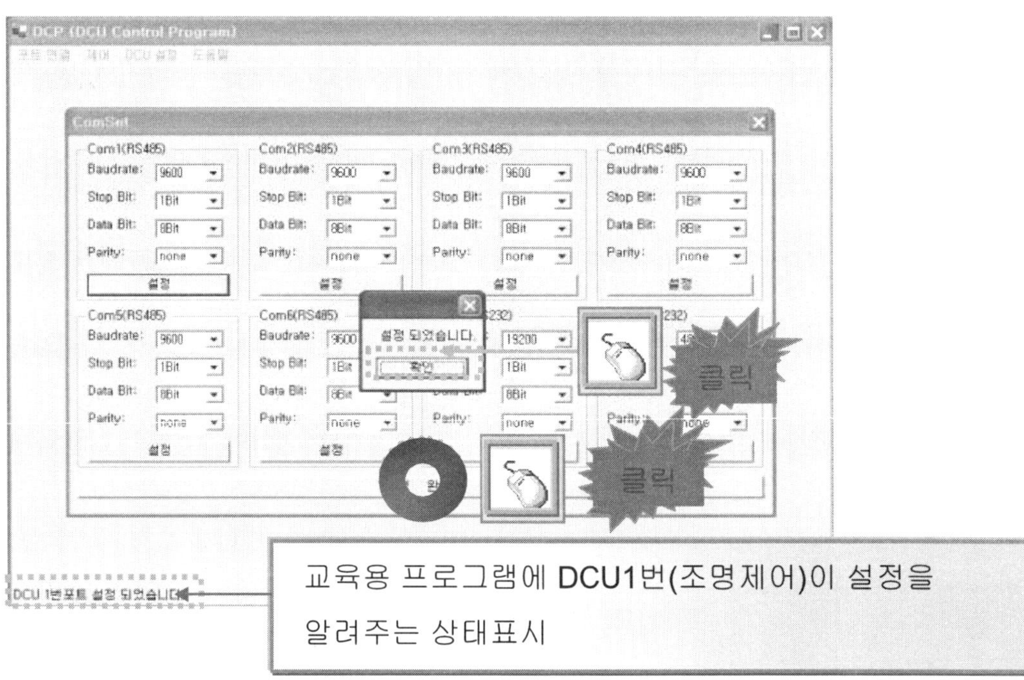

“설정 완료” 버튼을 클릭하여 조명제어장비의 통신설정이 완료된다

모든 설정이 완료 되면 교육용 PC에서 운영프로그램을 이용하여 난방제어 장비의 기능을 PC의 운영프로그램으로 제어 하도록 한다

먼저 메뉴화면에서 “제어” 을 선택한다

“단일 ” “그룹” “전체 Ctrl+A ” 의 선택 창이 생성된다

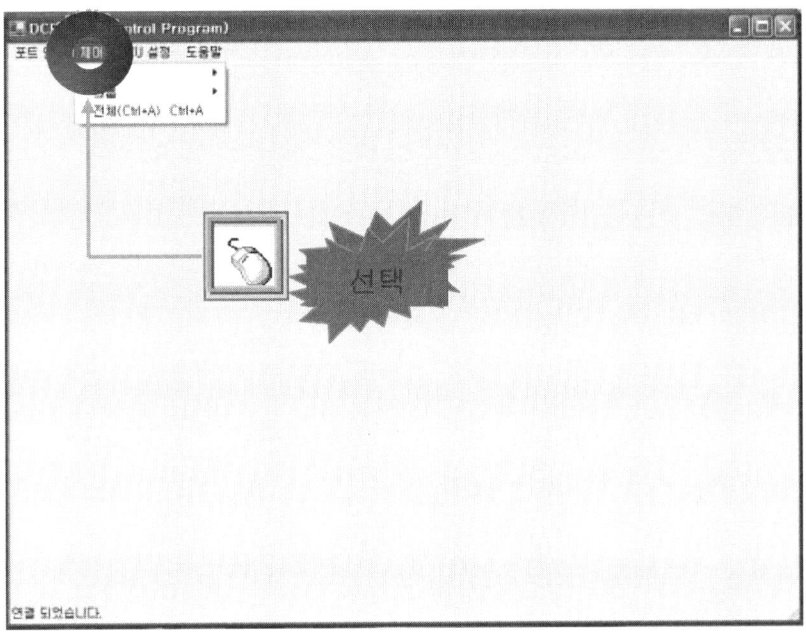

NOTE

1. 단일 제어는 다음의 과정을 거처서 동작을 시킬 수 있다.
   1) 첫번째 텍스트 창에 기기제어 메시지를 입력 후 송신버튼 클릭
   2) 송신 창에 실제 기기에 보내지는 메시지 표시
   3) 수신 창에 송신 메시지에 대한 수신메시지 표시
2. 그룹제어는 RS485 단일제어의 창을 6개,RS232창을 2개를 만들어 준다
   또한 접점은 DCPControlIP창을 생성하여 ON/OFF버튼을 클릭하여 제어한다
3. 전체제어는 그룹제어의 RS485,RS232,접점의 창을 모두 띄워 각각에 대한 메시지를 입력한다

제어화면에서 “단일” 선택하면 RS-485-1 ~ 6,Rs232-1,2의 선택 창이 활성화 된다

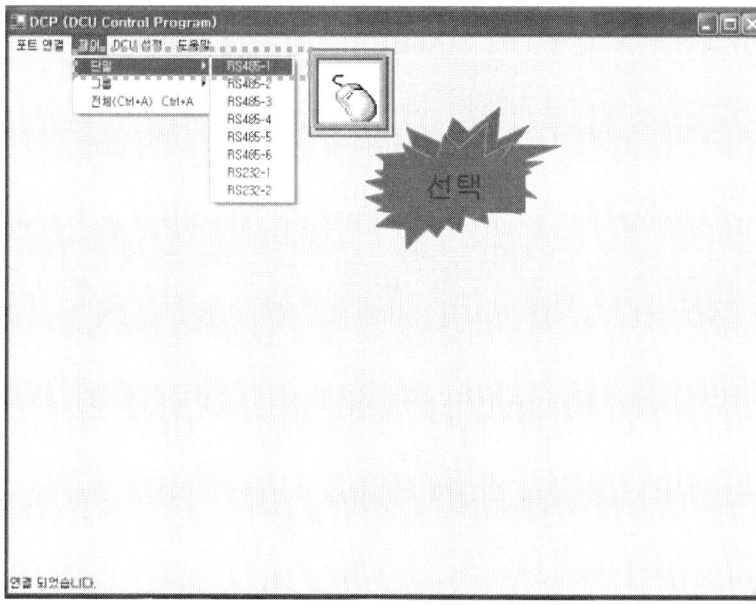

DCU설정에서 난방제어 Port 설정한 RS-485선택하면 DCPControlRS 창이 생성되며 이 창에서 난방제어 Control Data를 송수신하여 난방 밸브를 제어한다

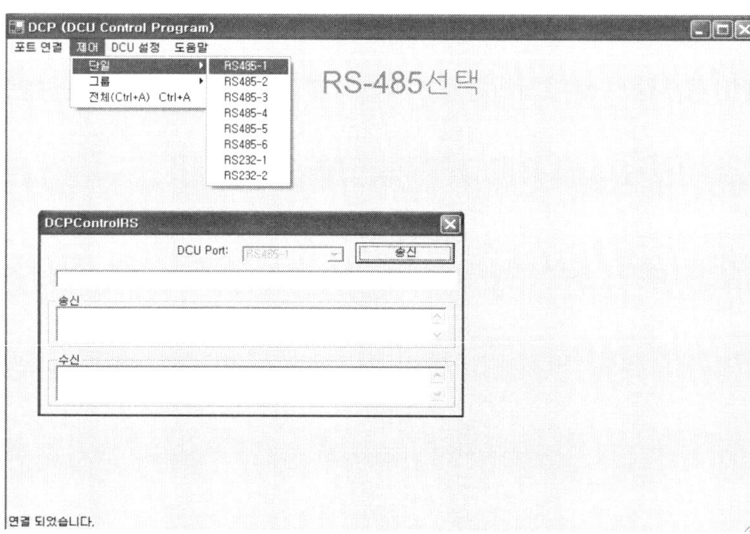

부록 B. 홈 디바이스 제어 패킷 명령어

▒ 프로토콜 분석에 의한 기기제어 명령어

B-1. 조명제어(on/off제어)

ㄱ) 조명-1 ON 송,수신 메시지 Packet 분석

송신메시지 : 조명1-ON 메시지(Relay 메시지)
f2(STX) 0b(Length) 01(ID 고정) 10(CMD:Write) 29(ADH) 10(ADL) 00(NWH) 01(NWL) 02(NBY) 00(Data) 01(Data:1번on) dd(CRCL) c2(CRCH) 35(Check) f3(ETX)
수신 메시지 : 조명-1ON메시지에 대한 응답
f2(STX) 08(Length) 01(ID고정) 10(CMD:write) 29(ADH) 10(ADL) 00(NWH) 01(NWL) 08(CRCL) 50(CRCH) 71(Check) f3(ETX)
DCU프로토콜
DCU에 보내는 메시지는 수정할 수 있는 부분이 없기 때문에 각각의 바이트들이 무엇을 나타내는지 간단히 설명 하도록 한다.
조명-1켜기 메시지 : f2 0b 01 10 29 10 00 01 02 00 01 dd c2 35 f3
송신 창 : aa aa aa 11 04 f2 0b 01 10 29 10 00 01 02 00 01 dd c2 35 f3 b5 bb
수신 창 : aa aa aa 0e 04 f2 08 01 10 29 10 00 01 08 50 71 f3 a9 bb
파란색으로 표시된 부분이 DCU에서 만들어 주는 부분이다.
송신 창 메시지 중에서
aa aa aa : STX(고정)
11 : 검정색으로 표시된 data의 길이 +2 =17(헥사로 표현하면 11)
04 : DCU의 포트 번호(현재 조명의 경우 DCU포트 4번에 연결된 경우임)
b5 : 처음부터 data까지의 XOR값
bb : ETX(고정)
수신 창 메시지 중에서
aa aa aa : STX(고정)
0e : 검정색으로 표시된 data의 길이+2 = 14(헥사로 표현하면 0e)
04 : DCU의 포트 번호(현재 조명의 경우 DCU포트 4번에 연결된 경우임)
a9 : 처음부터 data까지의 XOR값
bb : ETX(고정)

ㄴ) 조명-1 OFF 송,수신 메시지 Packet 분석

조명-1 OFF

송신 메시지 : 조명-1OFF 메시지(Relay 메시지)

f2(STX) 0b(Length) 01(ID 고정) 10(CMD:Write) 29(ADH) 10(ADL) 00(NWH) 01(NWL) 02(NBY) 00(Data) 00(Data:1번off) 1c(CRCL) 02(CRCH) 35(Check) f3(ETX)

수신 메시지 : 조명-1OFF메시지에 대한 응답

f2(STX) 08(Length) 01(ID고정) 10(CMD:write) 29(ADH) 10(ADL) 00(NWH) 01(NWL) 08(CRCL) 50(CRCH) 71(Check) f3(ETX)

DCU프로토콜

DCU에 보내는 메시지는 수정할 수 있는 부분이 없기 때문에 각각의 바이트들이 무엇을 나타내는지 간단히 설명 하도록 한다.

조명-1 끄기 메시지 : f2 0b 01 10 29 10 00 01 02 00 00 1c 02 35 f3

송신 창 : aa aa aa 11 04 f2 0b 01 10 29 10 00 01 02 00 00 1c 02 35 f3 b5 bb

수신 창 : aa aa aa 0e 04 f2 08 01 10 29 10 00 01 08 50 71 f3 a9 bb

파란색으로 표시된 부분이 DCU에서 만들어 주는 부분이다.

송신 창 메시지 중에서

aa aa aa : STX(고정)

11 : 검정색으로 표시된 data의 길이 +2 =17(헥사로 표현하면 11)

04 : DCU의 포트 번호(현재 조명의 경우 DCU포트 4번에 연결된 경우임)

b5 : 처음부터 data까지의 XOR값

bb : ETX(고정)

수신 창 메시지 중에서

aa aa aa : STX(고정)

0e : 검정색으로 표시된 data의 길이+2 = 14(헥사로 표현하면 0e)

04 : DCU의 포트 번호(현재 조명의 경우 DCU포트 4번에 연결된 경우임)

a9 : 처음부터 data까지의 XOR값

bb : ETX(고정)

ㄷ) 조명-2 ON 송,수신 메시지 Packet 분석

조명-2 ON

송신메시지 : 조명-2ON 메시지(Relay 메시지)

f2(STX) 0b(Length) 01(ID 고정) 10(CMD:Write) 29(ADH) 10(ADL) 00(NWH) 01(NWL) 02(NBY) 00(Data) 02 (Data:2번on) 9d (CRCL) c3 (CRCH) 77 (Check) f3(ETX)

수신 메시지 : 조명-2ON메시지에 대한 응답

f2(STX) 08(Length) 01(ID고정) 10(CMD:write) 29(ADH) 10(ADL) 00(NWH) 01(NWL) 08(CRCL) 50(CRCH) 71(Check) f3(ETX)

DCU프로토콜

DCU에 보내는 메시지는 수정할 수 있는 부분이 없기 때문에 각각의 바이트들이 무엇을 나타내는지 간단히 설명 한다.

조명-2 켜기 메시지 : f2 0b 01 10 29 10 00 01 02 00 02 9d c3 77 f3

송신 창 : aa aa aa 11 04 f2 0b 01 10 29 10 00 01 02 00 02 9d c3 77 f3 b5 bb

수신 창 : aa aa aa 0e 04 f2 08 01 10 29 10 00 01 08 50 71 f3 a9 bb

파란색으로 표시된 부분이 DCU에서 만들어 주는 부분이다.

송신 창 메시지 중에서

aa aa aa : STX(고정)

11 : 검정색으로 표시된 data의 길이 +2 =17(헥사로 표현하면 11)

04 : DCU의 포트 번호(현재 조명의 경우 DCU포트 4번에 연결된 경우임)

b5 : 처음부터 data까지의 XOR값

bb : ETX(고정)

수신 창 메시지 중에서

aa aa aa : STX(고정)

0e : 검정색으로 표시된 data의 길이+2 = 14(헥사로 표현하면 0e)

04 : DCU의 포트 번호(현재 조명의 경우 DCU포트 4번에 연결된 경우임)

a9 : 처음부터 data까지의 XOR값

bb : ETX(고정)

ㄹ) 조명-2 OFF 송,수신 메시지 Packet 분석

조명-2 OFF

송신메시지 : 조명-2OFF 메시지(Relay 메시지)

f2(STX) 0b(Length) 01(ID 고정) 10(CMD:Write) 29(ADH) 10(ADL) 00(NWH) 01(NWL) 02(NBY) 00(Data) 00(Data:2번off) 1c(CRCL) 02(CRCH) 35(Check) f3(ETX)

수신 메시지 : 조명-2OFF 메시지에 대한 응답

f2(STX) 08(Length) 01(ID고정) 10(CMD:write) 29(ADH) 10(ADL) 00(NWH) 01(NWL) 08(CRCL) 50(CRCH) 71(Check) f3(ETX)

DCU프로토콜

DCU에 보내는 메시지는 수정할 수 있는 부분이 없기 때문에 각각의 바이트들이 무엇을 나타내는지 간단히 설명 한다.

조명-2 끄기 메시지 : f2 0b 01 10 29 10 00 01 02 00 00 1c 02 35 f3

송신 창 : aa aa aa 11 04 f2 0b 01 10 29 10 00 01 02 00 00 1c 02 35 f3 b5 bb

수신 창 : aa aa aa 0e 04 f2 08 01 10 29 10 00 01 08 50 71 f3 a9 bb

파란색으로 표시된 부분이 DCU에서 만들어 주는 부분이다.

송신 창 메시지 중에서

aa aa aa : STX(고정)

11 : 검정색으로 표시된 data의 길이 +2 =17(헥사로 표현하면 11)

04 : DCU의 포트 번호(현재 조명의 경우 DCU포트 4번에 연결된 경우임)

b5 : 처음부터 data까지의 XOR값

bb : ETX(고정)

수신 창 메시지 중에서

aa aa aa : STX(고정)

0e : 검정색으로 표시된 data의 길이+2 = 14(헥사로 표현하면 0e)

04 : DCU의 포트 번호(현재 조명의 경우 DCU포트 4번에 연결된 경우임)

a9 : 처음부터 data까지의 XOR값

bb : ETX(고정)

B-2. 조명제어(Dimming제어)

ㄱ) 조명-1 Dimming(0%) 송,수신 메시지 Packet 분석

조명-1 Dimming(0%)

송신 메시지 : f2(STX) 0b(Length) 01(ID 고정) 10(CMD:write) 29(ADH)
03(ADL 1번 디밍) 00(NWH) 01(NWL) 02(NBY) 00(Data)
00(Data: 0) 1e(CRCL) a1(CRCH) 87(Check) f3(ETX)

수신 메시지 : f2(STX) 08(Length) 01(ID 고정) 10(CMD:write) 29(ADH) 03(ADL)
00(NWH) 01(NWL) f9(CRCL) 95(CRCH) 56(Check) f3(ETX)

DCU프로토콜

DCU에 보내는 메시지는 수정할 수 있는 부분이 없기 때문에 각각의 바이트들이 무엇을 나타내는지 간단히 설명 한다.

Dimming(0%) 메시지 : f2 0b 01 10 29 03 00 01 02 00 00 1e a1 87 f3

송신 창 : aa aa aa 11 04 f2 0b 01 10 29 03 00 01 02 00 00 1e a1 87 f3 b5 bb

수신 창 : aa aa aa 0e 04 f2 08 01 10 29 03 00 01 f9 95 56 f3 a9 bb

파란색으로 표시된 부분이 DCU에서 만들어 주는 부분이다.

송신 창 메시지 중에서

aa aa aa : STX(고정)

11 : 검정색으로 표시된 data의 길이 +2 =17(헥사로 표현하면 11)

04 : DCU의 포트 번호(현재 조명의 경우 DCU포트 4번에 연결된 경우임)

b5 : 처음부터 data까지의 XOR값

bb : ETX(고정)

수신 창 메시지 중에서

aa aa aa : STX(고정)

0e : 검정색으로 표시된 data의 길이+2 = 14(헥사로 표현하면 0e)

04 : DCU의 포트 번호(현재 조명의 경우 DCU포트 4번에 연결된 경우임)

a9 : 처음부터 data까지의 XOR값

bb : ETX(고정)

ㄴ) 조명-1 **Dimming(40%)** 송,수신 메시지 **Packet** 분석

조명-1 Dimming(40%)

송신 메시지 : f2(STX) 0b(Length) 01(ID 고정) 10(CMD:write) 29(ADH)
03(ADL 1번 디밍) 00(NWH) 01(NWL) 02(NBY) 00(Data)
28 (Data: 40) 1e(CRCL) bf (CRCH) b1 (Check) f3(ETX)

수신 메시지 :f2(STX) 08(Length) 01(ID 고정) 10(CMD:write) 29(ADH)
03(ADL) 00(NWH) 01(NWL) f9(CRCL) 95(CRCH) 56(Check) f3(ETX)

DCU프로토콜

DCU에 보내는 메시지는 수정할 수 있는 부분이 없기 때문에 각각의 바이트들이 무엇을 나타내는지 간단히 설명 하도록 한다.

Dimming(40%) 메시지 : f2 0b 01 10 29 03 00 01 02 00 28 1e bf b1 f3

송신 창 : aa aa aa 11 04 f2 0b 01 10 29 03 00 01 02 00 28 1e bf b1 f3 b5 bb

수신 창 : aa aa aa 0e 04 f2 08 01 10 29 03 00 01 f9 95 56 f3 a9 bb

파란색으로 표시된 부분이 DCU에서 만들어 주는 부분이다.

송신 창 메시지 중에서

aa aa aa : STX(고정)

11 : 검정색으로 표시된 data의 길이 +2 =17(헥사로 표현하면 11)

04 : DCU의 포트 번호(현재 조명의 경우 DCU포트 4번에 연결된 경우임)

b5 : 처음부터 data까지의 XOR값

bb : ETX(고정)

수신 창 메시지 중에서

aa aa aa : STX(고정)

0e : 검정색으로 표시된 data의 길이+2 = 14(헥사로 표현하면 0e)

04 : DCU의 포트 번호(현재 조명의 경우 DCU포트 4번에 연결된 경우임)

a9 : 처음부터 data까지의 XOR값

bb : ETX(고정)

ㄷ) 조명-1 Dimming(70%) 송,수신 메시지 Packet 분석

조명-1 Dimming(70%)

송신 메시지 : f2(STX) 0b(Length) 01(ID 고정) 10(CMD:write) 29(ADH)
03(ADL 1번 디밍) 00(NWH) 01(NWL) 02(NBY) 00(Data)
46 (Data: 70) 9f (CRCL) 53 (CRCH) b2 (Check) f3(ETX)

수신 메시지 : f2(STX) 08(Length) 01(ID 고정) 10(CMD:write) 29(ADH)
03(ADL) 00(NWH) 01(NWL) f9(CRCL) 95(CRCH) 56(Check) f3(ETX)

DCU프로토콜

DCU에 보내는 메시지는 수정할 수 있는 부분이 없기 때문에 각각의 바이트들이 무엇을 나타내는지 간단히 설명 하도록 한다.

Dimming(70%) 메시지 : f2 0b 01 10 29 03 00 01 02 00 46 9f 53 b2 f3

송신 창 : aa aa aa 11 04 f2 0b 01 10 29 03 00 01 02 00 46 9f 53 b2 f3 b5 bb

수신 창 : aa aa aa 0e 04 f2 08 01 10 29 03 00 01 f9 95 56 f3 a9 bb

파란색으로 표시된 부분이 DCU에서 만들어 주는 부분이다.

송신 창 메시지 중에서

aa aa aa : STX(고정)

11 : 검정색으로 표시된 data의 길이 +2 =17(헥사로 표현하면 11)

04 : DCU의 포트 번호(현재 조명의 경우 DCU포트 4번에 연결된 경우임)

b5 : 처음부터 data까지의 XOR값

bb : ETX(고정)

수신 창 메시지 중에서

aa aa aa : STX(고정)

0e : 검정색으로 표시된 data의 길이+2 = 14(헥사로 표현하면 0e)

04 : DCU의 포트 번호(현재 조명의 경우 DCU포트 4번에 연결된 경우임)

a9 : 처음부터 data까지의 XOR값

bb : ETX(고정)

ㄹ) 조명-1 **Dimming(100%)** 송,수신 메시지 **Packet** 분석

조명-1 Dimming(100%)

송신 메시지 : f2(STX) 0b(Length) 01(ID 고정) 10(CMD:write) 29(ADH)
03(ADL 1번 디밍) 00(NWH) 01(NWL) 02(NBY) 00(Data)
64(Data: 100) 1f (CRCL) 4a (CRCH) 09 (Check) f3(ETX)

수신 메시지 : f2(STX) 08(Length) 01(ID 고정) 10(CMD:write) 29(ADH)
03(ADL) 00(NWH) 01(NWL) f9(CRCL) 95(CRCH) 56(Check) f3(ETX)

DCU프로토콜

DCU에 보내는 메시지는 수정할 수 있는 부분이 없기 때문에 각각의 바이트들이 무엇을 나타내는지 간단히 설명 하도록 한다.

Dimming(100%) 메시지 : f2 0b 01 10 29 03 00 01 02 00 64 1f 4a 09 f3

송신 창 : aa aa aa 11 04 f2 0b 01 10 29 03 00 01 02 00 64 1f 4a 09 f3 b5 bb

수신 창 : aa aa aa 0e 04 f2 08 01 10 29 03 00 01 f9 95 56 f3 a9 bb

파란색으로 표시된 부분이 DCU에서 만들어 주는 부분이다.

송신 창 메시지 중에서

aa aa aa : STX(고정)

11 : 검정색으로 표시된 data의 길이 +2 =17(헥사로 표현하면 11)

04 : DCU의 포트 번호(현재 조명의 경우 DCU포트 4번에 연결된 경우임)

b5 : 처음부터 data까지의 XOR값

bb : ETX(고정)

수신 창 메시지 중에서

aa aa aa : STX(고정)

0e : 검정색으로 표시된 data의 길이+2 = 14(헥사로 표현하면 0e)

04 : DCU의 포트 번호(현재 조명의 경우 DCU포트 4번에 연결된 경우임)

a9 : 처음부터 data까지의 XOR값

bb : ETX(고정)

ㅁ) 조명-2 **Dimming(0%)** 송,수신 메시지 **Packet** 분석

조명-2 Dimming(0%)

송신 메시지 : f2(STX) 0b(Length) 01(ID 고정) 10(CMD:write) 29(ADH)
04 (ADL 2번 디밍) 00(NWH) 01(NWL) 02(NBY) 00(Data)
00 (Data: 0) 1f (CRCL) 16 (CRCH) 36 (Check) f3(ETX)

수신 메시지 : f2(STX) 08(Length) 01(ID 고정) 10(CMD:write) 29(ADH) 04 (ADL)
00(NWH) 01(NWL) 48 (CRCL) 54 (CRCH) 21 (Check) f3(ETX)

DCU프로토콜

DCU에 보내는 메시지는 수정할 수 있는 부분이 없기 때문에 각각의 바이트들이 무엇을 나타내는지 간단히 설명 하도록 한다.

Dimming(0%) 메시지 : f2 0b 01 10 29 04 00 01 02 00 00 1f 16 36 f3

송신 창 : aa aa aa 11 04 f2 0b 01 10 29 04 00 01 02 00 00 1f 16 36 f3 b5 bb

수신 창 : aa aa aa 0e 04 f2 08 01 10 29 04 00 01 48 54 21 f3 a9 bb

파란색으로 표시된 부분이 DCU에서 만들어 주는 부분이다.

송신 창 메시지 중에서

aa aa aa : STX(고정)

11 : 검정색으로 표시된 data의 길이 +2 =17(헥사로 표현하면 11)

04 : DCU의 포트 번호(현재 조명의 경우 DCU포트 4번에 연결된 경우임)

b5 : 처음부터 data까지의 XOR값

bb : ETX(고정)

수신 창 메시지 중에서

aa aa aa : STX(고정)

0e : 검정색으로 표시된 data의 길이+2 = 14(헥사로 표현하면 0e)

04 : DCU의 포트 번호(현재 조명의 경우 DCU포트 4번에 연결된 경우임)

a9 : 처음부터 data까지의 XOR값

bb : ETX(고정)

ㅂ) 조명-2 **Dimming(40%)** 송,수신 메시지 **Packet** 분석

조명-2 Dimming(40%)

송신 메시지 : f2(STX) 0b(Length) 01(ID 고정) 10(CMD:write) 29(ADH)
04 (ADL 2번 디밍) 00(NWH) 01(NWL) 02(NBY) 00(Data)
28 (Data: 40) 1f (CRCL) 08 (CRCH) 00 (Check) f3(ETX)

수신 메시지 : f2(STX) 08(Length) 01(ID 고정) 10(CMD:write) 29(ADH) 04 (ADL)
00(NWH) 01(NWL) 48 (CRCL) 54 (CRCH) 21 (Check) f3(ETX)

DCU프로토콜

DCU에 보내는 메시지는 수정할 수 있는 부분이 없기 때문에 각각의 바이트들이 무엇을 나타내는지 간단히 설명 하도록 한다.

Dimming(40%) 메시지 : f2 0b 01 10 29 04 00 01 02 00 28 1f 08 00 f3

송신 창 : aa aa aa 11 04 f2 0b 01 10 29 04 00 01 02 00 28 1f 08 00 f3 b5 bb

수신 창 : aa aa aa 0e 04 f2 08 01 10 29 04 00 01 48 54 21 f3 a9 bb

파란색으로 표시된 부분이 DCU에서 만들어 주는 부분이다.

송신 창 메시지 중에서

aa aa aa : STX(고정)

11 : 검정색으로 표시된 data의 길이 +2 =17(헥사로 표현하면 11)

04 : DCU의 포트 번호(현재 조명의 경우 DCU포트 4번에 연결된 경우임)

b5 : 처음부터 data까지의 XOR값

bb : ETX(고정)

수신 창 메시지 중에서

aa aa aa : STX(고정)

0e : 검정색으로 표시된 data의 길이+2 = 14(헥사로 표현하면 0e)

04 : DCU의 포트 번호(현재 조명의 경우 DCU포트 4번에 연결된 경우임)

a9 : 처음부터 data까지의 XOR값

bb : ETX(고정)

ㅅ) 조명-2 Dimming(70%) 송,수신 메시지 Packet 분석

조명-2 Dimming(70%)

송신 메시지 : f2(STX) 0b(Length) 01(ID 고정) 10(CMD:write) 29(ADH)
04 (ADL:2번 디밍) 00(NWH) 01(NWL) 02(NBY) 00(Data)
46 (Data 70) 9e (CRCL) e4 (CRCH) 03 (Check) f3(ETX)

수신 메시지 : f2(STX) 08(Length) 01(ID 고정) 10(CMD:write) 29(ADH) 04 (ADL)
00(NWH) 01(NWL) 48 (CRCL) 54 (CRCH) 21 (Check) f3(ETX)

DCU프로토콜

DCU에 보내는 메시지는 수정할 수 있는 부분이 없기 때문에 각각의 바이트들이 무엇을 나타내는지 간단히 설명 하도록 한다.

Dimming(70%) 메시지 : f2 0b 01 10 29 04 00 01 02 00 46 9e e4 03 f3

송신 창 : aa aa aa 11 04 f2 0b 01 10 29 04 00 01 02 00 46 9e e4 03 f3 b5 bb

수신 창 : aa aa aa 0e 04 f2 08 01 10 29 04 00 01 48 54 21 f3 a9 bb

파란색으로 표시된 부분이 DCU에서 만들어 주는 부분이다.

송신 창 메시지 중에서

aa aa aa : STX(고정)

11 : 검정색으로 표시된 data의 길이 +2 =17(헥사로 표현하면 11)

04 : DCU의 포트 번호(현재 조명의 경우 DCU포트 4번에 연결된 경우임)

b5 : 처음부터 data까지의 XOR값

bb : ETX(고정)

수신 창 메시지 중에서

aa aa aa : STX(고정)

0e : 검정색으로 표시된 data의 길이+2 = 14(헥사로 표현하면 0e)

04 : DCU의 포트 번호(현재 조명의 경우 DCU포트 4번에 연결된 경우임)

a9 : 처음부터 data까지의 XOR값

bb : ETX(고정)

ㅈ) 조명-2 **Dimming(100%)** 송,수신 메시지 **Packet** 분석

조명-2 Dimming(100%)

송신 메시지 : f2(STX) 0b(Length) 01(ID 고정) 10(CMD:write) 29(ADH)
04 (ADL 2번디밍) 00(NWH) 01(NWL) 02(NBY) 00(Data)
64 (Data:100) 1e (CRCL) fd (CRCH) b8 (Check) f3(ETX)

수신 메시지 : f2(STX) 08(Length) 01(ID 고정) 10(CMD:write) 29(ADH) 04 (ADL)
00(NWH) 01(NWL) 48 (CRCL) 54 (CRCH) 21 (Check) f3(ETX)

DCU프로토콜

DCU에 보내는 메시지는 수정할 수 있는 부분이 없기 때문에 각각의 바이트들이 무엇을 나타내는지 간단히 설명 하도록 한다.

Dimming(100%) 메시지 : f2 0b 01 10 29 04 00 01 02 00 64 1e fd b8 f3

송신 창 : aa aa aa 11 04 f2 0b 01 10 29 04 00 01 02 00 64 1e fd b8 f3 b5 bb

수신 창 : aa aa aa 0e 04 f2 08 01 10 29 04 00 01 48 54 21 f3 a9 bb

파란색으로 표시된 부분이 DCU에서 만들어 주는 부분이다.

송신 창 메시지 중에서

aa aa aa : STX(고정)

11 : 검정색으로 표시된 data의 길이 +2 =17(헥사로 표현하면 11)

04 : DCU의 포트 번호(현재 조명의 경우 DCU포트 4번에 연결된 경우임)

b5 : 처음부터 data까지의 XOR값

bb : ETX(고정)

수신 창 메시지 중에서

aa aa aa : STX(고정)

0e : 검정색으로 표시된 data의 길이+2 = 14(헥사로 표현하면 0e)

04 : DCU의 포트 번호(현재 조명의 경우 DCU포트 4번에 연결된 경우임)

a9 : 처음부터 data까지의 XOR값

bb : ETX(고정)

B-3. 개별 난방제어

ㄱ) 난방-1 ON 송,수신 메시지 **Packet** 분석

난방-1 ON

송신 메시지 : 3a(Header) f0(Destination ID) f0(Source ID)
08(Byte Count : Function + Data)31(Function room1 write & read)
01(Mode:heat Mode) 00(Reserve set value) 00(Timer set value)
01(Heat_H set value:255) 05(Heat_L set value:5)
00(Save_H set value) 00(Save_L set value)
c8(CheckSum : (Function ~ Data all add and Complement +1)의 하위1바이트) 3b(Terminator)

수신 메시지 : 3a(Header) f0(Destination ID) f0(Source ID)
0b(Byte Count : Function + Data) 31(Function: room1 write & read)
01(Mode:heat Mode) 05(Reserve set value:0.5hour)
0a(Timer set value:10min) 01(Heat_H set value:255)
09(Heat_L set value:9) 00(Save_H set value)
b4(Save_L set value:180) 00(Current Temperature_H)
00(Current Temperature+L)00(value state:close)
01(Checksum) 3b(Terminator)

DCU프로토콜

DCU에 보내는 메시지는 수정할 수 있는 부분이 없기 때문에 각각의 바이트들이 무엇을 나타내는지 간단히 설명 하도록 한다.

난방-1 ON 메시지 : 3a f0 f0 08 31 01 00 00 01 05 00 00 c8 3b

송신 창 : aa aa aa 10 00 3a f0 f0 08 31 01 00 00 01 05 00 00 c8 3b 4f bb

수신 창 : aa aa aa 13 00 3a f0 f0 0b 31 01 05 0a 01 09 00 b4 00 00 00 01 3b 31 bb

파란색으로 표시된 부분이 DCU에서 만들어 주는 부분이다.

송신 창 메시지 중에서

aa aa aa : STX(고정)

10 : 검정색으로 표시된 data의 길이 +2 =16(헥사로 표현하면 10)

00 : DCU의 포트 번호(현재 조명의 경우 DCU포트 0번에 연결된 경우임)

4f: 처음부터 data까지의 XOR값

bb : ETX(고정)

수신 창 메시지 중에서

aa aa aa : STX(고정)

13: 검정색으로 표시된 data의 길이+2 = 19(헥사로 표현하면 13)

00 : DCU의 포트 번호(현재 조명의 경우 DCU포트 0번에 연결된 경우임)

31: 처음부터 data까지의 XOR값

bb : ETX(고정)

ㄴ) 난방-1 OFF 송,수신 메시지 Packet 분석

난방-1 OFF

송신 메시지 : 3a(Header) f0(Destination ID) f0(Source ID)
08(Byte Count : Function + Data) 31(Function room1 write & read)
05(Mode : out Mode) 00(Reserve set value) 00(Timer set value)
00(Heat_H set value:0) 00(Heat_L set value:0) 00(Save_H set value)
00(Save_L set value) ca(CheckSum : (Function ~ Data all add and Complement +1)의 하위1바이트) 3b(Terminator)

수신 메시지 : 3a(Header) f0(Destination ID) f0(Source ID)
0b(Byte Count : Function + Data)31(Function : room1 write & read)
05(Mode : out Mode) 05(Reserve set value : 0.5hour)
0a(Timer set value: 10min) 00(Heat_H set value:0)
fa(Heat_L set value : 250) 00(Save_H set value: 0)
b4(Save_L set value : 180) 00(Current Temperture_H)
00(Current Temperature _L) 00(value state : close)
0d(Checksum) 3b(Terminator)

DCU프로토콜

DCU에 보내는 메시지는 수정할 수 있는 부분이 없기 때문에 각각의 바이트들이 무엇을 나타내는지 간단히 설명 하도록 한다.

난방-1 OFF 메시지 : 3a f0 f0 08 31 05 00 00 00 00 00 00 ca 3b
송신 창 : aa aa aa 10 00 3a f0 f0 08 31 05 00 00 00 00 00 00 ca 3b 4d bb
수신 창 : aa aa aa 13 00 3a f0 f0 0b 31 05 05 0a 00 fa 00 b4 00 00 00 0d 3b cb bb

파란색으로 표시된 부분이 DCU에서 만들어 주는 부분이다..

송신 창 메시지 중에서
aa aa aa : STX(고정)
10 : 검정색으로 표시된 data의 길이 +2 =16(헥사로 표현하면 10)
00 : DCU의 포트 번호(현재 조명의 경우 DCU포트 0번에 연결된 경우임)
4d: 처음부터 data까지의 XOR값
bb : ETX(고정)

수신 창 메시지 중에서
aa aa aa : STX(고정)
13: 검정색으로 표시된 data의 길이+2 = 19(헥사로 표현하면 13)
00 : DCU의 포트 번호(현재 조명의 경우 DCU포트 0번에 연결된 경우임)
cb: 처음부터 data까지의 XOR값
bb : ETX(고정)

ㄷ) 난방-1 온도 25℃ 설정 송,수신 메시지 Packet 분석

난방-1 온도 25℃ 설정

송신 메시지 : 3a(Header) f0(Destination ID) f0(Source ID)
08(Byte Count : Function + Data)31(Function room1 write & read)
01(Mode : heat Mode) 00(Reserve set value) 00(Timer set value)
00(Heat_H set value:0) fa(Heat_L set value:250)
00(Save_H set value)00(Save_L set value)
d4(CheckSum : (Function ~ Data all add and Complement +1)
의 하위1바이트) 3b(Terminator)

수신 메시지 : 3a(Header) f0(Destination ID) f0(Source ID)
0b(Byte Count : Function + Data) 31(Function : room1 write & read)
01(Mode : heat Mode) 05(Reserve set value : 0.5hour)
0a(Timer set value : 10min) 00(Heat_H set value:0)
fa(Heat_L set value : 250) 00(Save_H set value :0)
b4(Save_L set value: 180) 00(Current Temperture_H)
00(Current Temperture _L) 00(value state : close)
11(Checksum) 3b(Terminator)

DCU프로토콜

DCU에 보내는 메시지는 수정할 수 있는 부분이 없기 때문에 각각의 바이트들이 무엇을 나타내는지 간단히 설명 하도록 한다.

난방 25도 : 3a f0 f0 08 31 01 00 00 00 fa 00 00 d4 3b
송신 창 : aa aa aa 10 00 3a f0 f0 08 31 01 00 00 00 fa 00 00 d4 3b ad bb
수신 창 : aa aa aa 13 00 3a f0 f0 0b 31 01 05 0a 00 fa 00 b4 00 00 00 11 3b d3 bb

파란색으로 표시된 부분이 DCU에서 만들어 주는 부분이다.

송신 창 메시지 중에서
aa aa aa : STX(고정)
10 : 검정색으로 표시된 data의 길이 +2 =16(헥사로 표현하면 10)
00 : DCU의 포트 번호(현재 조명의 경우 DCU포트 0번에 연결된 경우임)
ad: 처음부터 data까지의 XOR값
bb : ETX(고정)

수신 창 메시지 중에서
aa aa aa : STX(고정)
13: 검정색으로 표시된 data의 길이+2 = 19(헥사로 표현하면 13)
00 : DCU의 포트 번호(현재 조명의 경우 DCU포트 0번에 연결된 경우임)
d3: 처음부터 data까지의 XOR값
bb : ETX(고정)

B-4. 가스제어

가스 **Close** 송,수신 메시지 **Packet** 분석

송신 메시지 : 3a(Header) e0(Destination ID) a0(Source ID)
01(Byte Count : Function + Data) 30(Function : write gas valve close & read valve Status) d0(CheckSum : (Function ~ Data all add and Complement +1)의 하위1바이트) 3b(Terminator)

수신 메시지 : 3a(Header) a0(Destination ID) e0(Source ID)
03(Byte Count : Function + Data) 30(Function : write gas valve close & read valve status) 00(Data : valve close) 00(gas : Release (01일 경우: gas Detect)) d0(Checksum) 3b(Timinator)

DCU프로토콜

DCU에 보내는 메시지는 수정할 수 있는 부분이 없기 때문에 각각의 바이트들이 무엇을 나타내는지 간단히 설명 하도록 한다.

가스 Close : 3a e0 a0 01 30 d0 3b

송신 창 : aa aa aa 09 00 3a e0 a0 01 30 d0 3b 03 bb

수신 창 : aa aa aa 0b 00 3a a0 e0 03 30 00 00 d0 3b 03 bb

파란색으로 표시된 부분이 DCU에서 만들어 주는 부분이다.

송신 창 메시지 중에서

aa aa aa : STX(고정)

09 : 검정색으로 표시된 data의 길이 +2 =9(헥사로 표현하면 09)

00 : DCU의 포트 번호(현재 조명의 경우 DCU포트 0번에 연결된 경우임)

03: 처음부터 data까지의 XOR값

bb : ETX(고정)

수신 창 메시지 중에서

aa aa aa : STX(고정)

0b: 검정색으로 표시된 data의 길이+2 = 11(헥사로 표현하면 0b)

00 : DCU의 포트 번호(현재 조명의 경우 DCU포트 0번에 연결된 경우임)

d3: 처음부터 data까지의 XOR값

bb : ETX(고정)

B-5. 콘센트 ON/OFF제어(전력선통신)제어

ㄱ) PLC 콘센트-1 ON 송,수신 메시지 Packet 분석

PLC 콘센트-1 ON제어

송신 메시지 : fe(STX) 03(Length) 34(CMD ON)
07(Message(address) 콘센트 1번) ce(C/S)

수신 메시지 : 06(RS232 통신 성공) : Response fe(STX) 03(Length)
5c(전력선 송신 완료) 07(Message 콘센트 1번) a6(C/S) : Result1
fe(STX) 03(Length) 3b(기기상태 ON)
07(Message 콘센트 1번) c1(C/S) : Result2

DCU프로토콜

DCU에 보내는 메시지는 수정할 수 있는 부분이 없기 때문에 각각의 바이트들이 무엇을 나타내는지 간단히 설명 하도록 한다.

PLC 콘센트1 ON 메시지 : fe 03 34 07 ce

송신 창 : aa aa aa 07 07 fe 03 34 07 ce aa bb

수신 창 : aa aa aa 0d 07 06 fe 03 5c 07 a6 fe 03 3b 07 c1 a6 bb

파란색으로 표시된 부분이 DCU에서 만들어 주는 부분이다.

송신 창 메시지 중에서

aa aa aa : STX(고정)

07 : 검정색으로 표시된 data의 길이 +2 =7(헥사로 표현하면 07)

07 : DCU의 포트 번호(현재 콘센트의 경우 DCU포트 7번에 연결된 경우임)

aa : 처음부터 data까지의 XOR값

bb : ETX(고정)

수신 창 메시지 중에서

aa aa aa : STX(고정)

0d : 검정색으로 표시된 data의 길이+2 = 13(헥사로 표현하면 0d)

07 : DCU의 포트 번호(현재 조명의 경우 DCU포트 7번에 연결된 경우임)

a6 : 처음부터 data까지의 XOR값

bb : ETX(고정)

ㄴ) PLC 콘센트-1 OFF 송,수신 메시지 Packet 분석

PLC 콘센트-1 OFF제어

송신 메시지 : fe(STX) 03(Length) 3c (CMD OFF)
07(Message(address) 콘센트 1번) c6 (C/S)

수신 메시지 : 06(RS232 통신 성공) : Response fe(STX) 03(Length)
5c(전력선 송신 완료) 07(Message 콘센트 1번) a6(C/S) : Result1
fe(STX) 03(Length) 37 (기기상태 OFF) 07(Message 콘센트 1번)
cd (C/S) : Result2

DCU프로토콜

DCU에 보내는 메시지는 수정할 수 있는 부분이 없기 때문에 각각의 바이트들이 무엇을 나타내는지 간단히 설명 하도록 한다.

PLC 콘센트-1 OFF 메시지 : fe 03 3c 07 c6

송신 창 : aa aa aa 07 07 fe 03 3c 07 c6 aa bb

수신 창 : aa aa aa 0d 07 06 fe 03 5c 07 a6 fe 03 37 07 cd a6 bb

파란색으로 표시된 부분이 DCU에서 만들어 주는 부분이다.

송신 창 메시지 중에서

aa aa aa : STX(고정)

07 : 검정색으로 표시된 data의 길이 +2 =7(헥사로 표현하면 07)

07 : DCU의 포트 번호(현재 콘센트의 경우 DCU포트 7번에 연결된 경우임)

aa : 처음부터 data까지의 XOR값

bb : ETX(고정)

수신 창 메시지 중에서

aa aa aa : STX(고정)

0d : 검정색으로 표시된 data의 길이+2 = 13(헥사로 표현하면 0d)

07 : DCU의 포트 번호(현재 조명의 경우 DCU포트 7번에 연결된 경우임)

a6 : 처음부터 data까지의 XOR값

bb : ETX(고정)

ㄷ) PLC 콘센트-2 ON 송,수신 메시지 Packet 분석

PLC 콘센트-2 ON제어

송신 메시지 : fe(STX) 03(Length) 34(CMD ON)
08 (Message(address) 콘센트 2번) c1 (C/S)

수신 메시지 : 06(RS232 통신 성공) : Response fe(STX) 03(Length)
5c(전력선 송신 완료) 08 (Message 콘센트 2번) a9 (C/S) : Result1
fe(STX) 03(Length) 3b(기기상태 ON) 08 (Message 콘센트 2번)
ce (C/S) : Result2

DCU프로토콜

DCU에 보내는 메시지는 수정할 수 있는 부분이 없기 때문에 각각의 바이트들이 무엇을 나타내는지 간단히 설명 하도록 한다.

- PLC 콘센트-1 ON 메시지 : fe 03 34 08 c1
- 송신 창 : aa aa aa 07 07 fe 03 34 08 c1 aa bb
- 수신 창 : aa aa aa 0d 07 06 fe 03 5c 08 a9 fe 03 3b 08 ce a6 bb

파란색으로 표시된 부분이 DCU에서 만들어 주는 부분이다.

송신 창 메시지 중에서

aa aa aa : STX(고정)

07 : 검정색으로 표시된 data의 길이 +2 =7(헥사로 표현하면 07)

07 : DCU의 포트 번호(현재 콘센트의 경우 DCU포트 7번에 연결된 경우임)

aa : 처음부터 data까지의 XOR값

bb : ETX(고정)

수신 창 메시지 중에서

aa aa aa : STX(고정)

0d : 검정색으로 표시된 data의 길이+2 = 13(헥사로 표현하면 0d)

07 : DCU의 포트 번호(현재 조명의 경우 DCU포트 7번에 연결된 경우임)

a6 : 처음부터 data까지의 XOR값

bb : ETX(고정)

ㄹ) PLC 콘센트-2 OFF 송,수신 메시지 Packet 분석

PLC 콘센트-2 OFF제어

송신 메시지 : fe(STX) 03(Length) 3c (CMD OFF)
08 (Message(address) 콘센트 2번) c9 (C/S)

수신 메시지 : 06(RS232 통신 성공) : Response fe(STX) 03(Length)
5c(전력선 송신 완료) 08 (Message 콘센트 2번) a9 (C/S) : Result1
fe(STX) 03(Length) 37 (기기상태 OFF) 08 (Message 콘센트 2번)
c2 (C/S) : Result2

DCU프로토콜

DCU에 보내는 메시지는 수정할 수 있는 부분이 없기 때문에 각각의 바이트들이 무엇을 나타내는지 간단히 설명 하도록 한다.

- PLC 콘센트-2 OFF 메시지 : fe 03 3c 08 c9
- 송신 창 : aa aa aa 07 07 fe 03 3c 08 c9 aa bb
- 수신 창 : aa aa aa 0d 07 06 fe 03 5c 08 a9 fe 03 37 08 c2 a6 bb

파란색으로 표시된 부분이 DCU에서 만들어 주는 부분이다.

송신 창 메시지 중에서

aa aa aa : STX(고정)
07 : 검정색으로 표시된 data의 길이 +2 =7(헥사로 표현하면 07)
07 : DCU의 포트 번호(현재 콘센트의 경우 DCU포트 7번에 연결된 경우임)
aa : 처음부터 data까지의 XOR값
bb : ETX(고정)

수신 창 메시지 중에서

aa aa aa : STX(고정)
0d : 검정색으로 표시된 data의 길이+2 = 13(헥사로 표현하면 0d)
07 : DCU의 포트 번호(현재 조명의 경우 DCU포트 7번에 연결된 경우임)
a6 : 처음부터 data까지의 XOR값
bb : ETX(고정)

B-6. 도어 락 **Open** 제어**(**무선통신**)**

도어 락 **Open**제어 송,수신 메시지 **Packet** 분석은 업체 보안상 설명은 하지 않는다

도어 락 **Open**제어

DCU프로토콜
도어 락 OPEN 메시지 : 05 91 02 11 82 0f
송신 창 : aa aa aa 08 06 05 91 02 11 82 0f ae bb
수신 창 : aa aa aa 08 06 05 19 02 11 0a 0f ae bb
파란색으로 표시된 부분이 DCU에서 만들어 주는 부분이다.

송신 창 메시지 중에서
aa aa aa : STX(고정)
08 : 검정색으로 표시된 data의 길이 +2 =8(헥사로 표현하면 08)
06 : DCU의 포트 번호(현재 콘센트의 경우 DCU포트 6번에 연결된 경우임)
ae : 처음부터 data까지의 XOR값
bb : ETX(고정)
수신 창 메시지 중에서
aa aa aa : STX(고정)
08 : 검정색으로 표시된 data의 길이+2 = 8(헥사로 표현하면 08)
06 : DCU의 포트 번호(현재 조명의 경우 DCU포트 6번에 연결된 경우임)
ae : 처음부터 data까지의 XOR값
bb : ETX(고정)

도어 락 CLOSE : 없음

B-7. 접점 제어

접점 수도 접점 도어 락 접점 커튼은 실제 보내고 받는 바이트 메시지는 존재(내부적으로)하나 DCP에서 바이트 메시지는 확인 할 수 없습니다.

이를 확인 하는 방법은 DCP에서 그룹제어 접점제어를 선택한 다음 해당 접점을 체크 하고 on/off 메시지를 보내 확인해야 합니다.

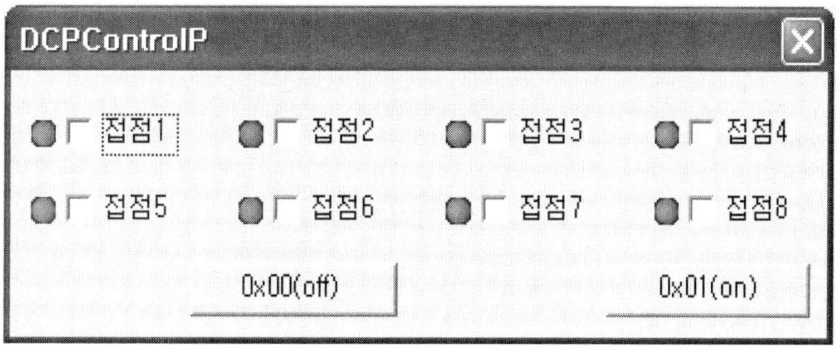

[제어->그룹->접점 선택의 화면]

- 수도 open : 접점1 on
- 수도 close : 접점1 off
- 접점 도어 락 open : 접점2 on
- 접점 도어 락 close : 접점2 off
- 커튼 open : 접점3 on
- 커튼 close : 접점4 on
- 커튼 stop : 접점5 on

ㄱ) 수도 **Open/ CLOSE** 접점 제어 (**DCU**프로토콜)

■ 수도 **Open** 송신 : aa aa aa 03 0a 01 a2 bb

aa aa aa : STX(고정)

03 : 검정색으로 표시된 부분+2 =3(헥사 03)

0a : DCU포트(접점1)

01 : Data(Message : on)

a2 : 처음부터 data까지의 XOR값

bb : ETX(고정)

■ 수도 **Open** 응답 : aa aa aa 03 0a 01 a2 bb

aa aa aa : STX(고정)

03 : 검정색으로 표시된 부분+2 =3(헥사 03)

0a : DCU포트(접점1)

01 : Data(Response : on)

a2 : 처음부터 data까지의 XOR값

bb : ETX(고정)

■ 수도 **CLOSE** 송신 : aa aa aa 03 0a 00 a3 bb

aa aa aa : STX(고정)

03 : 검정색으로 표시된 부분+2 =3(헥사 03)

0a : DCU포트(접점1)

00 : Data(Message : off)

a2 : 처음부터 data까지의 XOR값

bb : ETX(고정)

■ 수도 **CLOSE** 응답 : aa aa aa 03 0a 00 a3 bb

aa aa aa : STX(고정)

03 : 검정색으로 표시된 부분+2 =3(헥사 03)

0a : DCU포트(접점1)

01 : Data(Response : off)

a2 : 처음부터 data까지의 XOR값

bb : ETX(고정)

ㄴ) 도어 락 **Open/ CLOSE** 접점 제어 (**DCU**프로토콜)

▒ 도어 락 **Open** 송신 : aa aa aa 03 0b 01 a3 bb
aa aa aa : STX(고정)
03 : 검정색으로 표시된 부분+2 =3(헥사 03)
0b : DCU포트(접점2)
01 : Data(Message : on)
a3 : 처음부터 data까지의 XOR값
bb : ETX(고정)

▒ 도어 락 **Open** 응답 : aa aa aa 03 0b 01 a3 bb
aa aa aa : STX(고정)
03 : 검정색으로 표시된 부분+2 =3(헥사 03)
0b : DCU포트(접점2)
01 : Data(Response : on)
a3 : 처음부터 data까지의 XOR값
bb : ETX(고정)

▒ 도어 락 **CLOSE** 송신 : aa aa aa 03 0b 00 a2 bb
aa aa aa : STX(고정)
03 : 검정색으로 표시된 부분+2 =3(헥사 03)
0b : DCU포트(접점2)
00 : Data(Message : off)
a2 : 처음부터 data까지의 XOR값
bb : ETX(고정)

▒ 도어 락 **CLOSE** 응답 : aa aa aa 03 0b 00 a2 bb
aa aa aa : STX(고정)
03 : 검정색으로 표시된 부분+2 =3(헥사 03)
0b : DCU포트(접점2)
00 : Data(Response : off)
a2 : 처음부터 data까지의 XOR값
bb : ETX(고정)

ㄷ) 커튼 **Open/ CLOSE/ Stop** 접점 제어 **(DCU**프로토콜 **)**

▒ 커튼 **Open** 송신 : aa aa aa 03 0c 01 a4 bb
aa aa aa : STX(고정)
03 : 검정색으로 표시된 부분+2 =3(헥사 03)
0c : DCU포트(접점3)
01 : Data(Message : on)
a4 : 처음부터 data까지의 XOR값
bb : ETX(고정)

▒ 커튼 **Open** 응답 : aa aa aa 03 0c 01 a4 bb
aa aa aa : STX(고정)
03 : 검정색으로 표시된 부분+2 =3(헥사 03)
0c : DCU포트(접점3)
01 : Data(Response : on)
a4 : 처음부터 data까지의 XOR값
bb : ETX(고정)

▒ 커튼 **CLOSE** 송신 : aa aa aa 03 0d 01 a5 bb
aa aa aa : STX(고정)
03 : 검정색으로 표시된 부분+2 =3(헥사 03)
0d : DCU포트(접점4)
01 : Data(Message : on)
a5 : 처음부터 data까지의 XOR값
bb : ETX(고정)

▒ 커튼 **CLOSE** 응답 : aa aa aa 03 0d 01 a5 bb
aa aa aa : STX(고정)
03 : 검정색으로 표시된 부분+2 =3(헥사 03)
0d : DCU포트(접점4)
01 : Data(Response : on)
a5 : 처음부터 data까지의 XOR값
bb : ETX(고정)

- **커튼 Stop 송신 : aa aa aa 03 0e 01 a6 bb**

  aa aa aa : STX(고정)

  03 : 검정색으로 표시된 부분+2 =3(헥사 03)

  0e : DCU포트(접점5)

  01 : Data(Message : on)

  a6 : 처음부터 data까지의 XOR값

  bb : ETX(고정)

- **커튼 Stop 응답 : aa aa aa 03 0e 01 a6 bb**

  aa aa aa : STX(고정)

  03 : 검정색으로 표시된 부분+2 =3(헥사 03)

  0e : DCU포트(접점5)

  01 : Data(Message : on)

  a6 : 처음부터 data까지의 XOR값

  bb : ETX(고정)

B-8. 감지기 제어

감지기는 회사 보안규정상 프로토콜을 공개할 수 없다.

따라서 접점제어로 학습한다

홈-네트워크 장비 실습

2007년 2월 27일 1판 1쇄 인 쇄
2007년 3월 2일 1판 1쇄 발 행

지은이 / 신경철 · 박양수 · 박정섭 · 김민정
펴낸이 / 박 정 태

펴낸곳 / **광 문 각**

121-130
서울시 마포구 구수동 42-2 영풍빌딩 2층
등 록 / 1991. 5. 31 제12-484호
전화(代) / 02) 713-2122
팩 스 / 02) 713-2125
E-mail / kwangmk@unitel.co.kr
홈페이지 / www.kwangmoonkag.co.kr

• ISBN : 978-89-7093-413-0 93560

값 13,000원

불법복사는 지적재산을 훔치는 범죄행위입니다.

저작권법 제97조의 5(권리의 침해죄)에 따라 위반자는 5년 이하의 징역 또는 5천만원 이하의 벌금에 처하거나 이를 병과할 수 있습니다.